KB213291

PHARMACEUTICAL
DRUG PRICING POLICIES
의약품
약가정책의 현장

약학박사 **임형식** 저

내하출판사

머리말

긴 시간과 막대한 연구개발비를 투자하여 탄생된 신약 후보물질은 단계별 임상시험을 거쳐 그 효능이 우수하고 안전해야 비로소 시판할 수 있으며 보험약가는 정부와 담당 전문가들이 합의하여 국민의 이익을 최대로 반영한 가운데 엄정한 심사를 거쳐 결정하는 것이다. 우리나라는 국가주도의 단일보험자(국민건강보험공단: NHIS)에 의한 전 국민 건강보험을 실시하고 있고, 신약을 포함한 모든 급여의약품이 건강보험의 약가제도 운영내에서 내에서 사용되고 있다. 따라서 약가제도(보험등재 및 사후관리제도)가 제약산업에 미치는 영향은 매우 크다. 건강보험 재정에서 2019년 기준 약 19조원이 약품비로 지급되어 제약산업 전체 규모에 매우 큰 비중을 차지하므로 약가제도는 우리나라 제약산업의 성공여부와 밀접한 관계를 형성하고 있는 매우 중요한 요소이다. 보험약가는 보험이 적용되는 의약품의 공식 가격을 의미한다. 제약회사는 높은 가격의 보험약가를 받기를 원하고 정부는 보험재정에서 약값이 차지하는 비중을 낮추기 위하여 보험약가를 낮추기를 원하고 있는 상황에서 서로가 객관적이고 합리적인 자료를 바탕으로 협상하여 보험약가를 결정한다. 보험약가는 약국에서 환자가 처방전에 적힌 약을 조제 받고 약값을 지불할 때 약값 산정의 기준이 된다. 같은 내용의 처방전을 가지면 전국 어느 약국에서 약을 지어도 약값은 동일하다. 보험약가가 전국 어디에서나 동일하게 적용받도록 법으로 정했기 때문이다. 물론 의원, 종합병원, 3차병원에 따라 환자본인 부담금 약제비는 차이가 있다. 하지만 처방전 없이 그냥 살 수 있는 OTC 의약품은 약국마다 가격이 다를 수 있다. OTC 의약품은 공식가격이나 정가가 없이 주로 제약사가 가격을 정하여 약국에 공급하며 약국에서는 자율적으로 마진을 붙여서 판매가를 정할 수 있기 때문이다.

의약품의 보험등재 및 약가산정은 의약품 시장 확대에 막대한 영향이 있기 때문에, 의약품 개발 시 약가에 대한 사전 예측 및 전략수립이 필요하다. 의약품 특성별 보험약가 산정이 필요하고 의약품 보험약가 산정이 투명하고 객관적이어야 한다.

약가는 정부와의 협상도 있지만 회사와 정부의 접점을 찾아 최대한 빨리 도입하려 한다. 환자를 우선으로 한다면 약가를 낮추면 되는 것 아닌가라고 생각할 수 있다. 극단적으로 얘기하면, 진정 환자를 위한다면 치료제를 무료로 공급하는 것이 가장 좋을 수 있지만, 회사는 지속적인 발전을 통하여 이익을 창출하고 고용을 확대해야 하기에 적절한 약가를 받아야 한다.

글로벌제약회사는 보험약가와 본사승인 약가의 차이 때문에 어려움이 있지만 국내 환자들이 최대한 빠른 혜택을 받을 수 있도록 노력해야 한다. 글로벌제약회사 입장에서는 천문학적인 비용을 투자하여 신약을 개발했는데, 만약 적절한 약가를 받지 못해 오히려 적자가 발생한다면 그 어떤 회사도 신약 개발에 투자할 수 없을 것이다. 이를 방지하기 위해 무조건적인 낮은 약가가 아니라 적절한 약가가 필요하다. 아시아 시장이 커지면서 중국, 태국, 사우디 등 한국 약가를 참조하는 나라들이 늘어나고 있다. 우리나라 약가를 참조하는 나라들이 늘어나면서 '코리아패싱'에 대한 우려까지 제기되고 있어 정부에 적극적인 질의를 통하여 '코리아패싱'이 없도록 하는 것이 국익에 도움이 될 것이다.

약가는 신약, 개량신약, 제네릭, 바이오의약품, 특정항암제, 희귀의약품 등 약품별로 다양한 가격이 형성되므로 이런 정책을 정확히 이해해야 한다.

제약산업에서 의약품 가격이란 다른 산업에서의 제품, 서비스와 마찬가지로 시장의 수요 및 공급에 기반을 둔 경제법칙에 기반한다. 그러나 제약산업의 다양한 구조적 차이들로 인해 추가적인 고려요인들이 반영된다. 예를 들면 다른 산업과 달리 제품을 처방하는 의사와 최종소비자인 환자와 비용을 지급하는 결제자가 일치하지 않는 이유 등, 산업의 구조적 특성에 의해 차별화된 가격 시스템을 갖게 된다.

환급이 되는 시장의 경우에는 의약품을 제조하는 제약회사와 이를 구매, 지급하는 정부 간의 역학관계에 따라 가격이 결정되지만 보험이 되지 않은(혹은 일부분만 보험이 되는) 제품의 경우에는 의사와 환자의 제품에 대한 가치 인지도에 따라 가격 선정방식이 다르다. 일반의약품(OTC)의 경우처럼, 의사의 처방이 필요하지 않은 제품의 경우에는 제품의 특성과 경쟁구도에 의한 구매의사의 최종결정을 하는 소비자와 간접적으로 관여하는 약사의 역학관계에 따라 제품의 가격이 결정된다.

제약산업에 대한 정부 가격정책은 급속한 인구의 고령화로 인한 의약품 수요의 증가로 인하여 미래의 보험재정의 건전성을 유지하기 위하여 보험약가 인하정책의 지속과 저가 및 제네릭의약품 처방하도록 유도하고 저가구매 인센티브제도와 리베이트 쌍벌제 시행으로 약제비를 절감하고 제약기업의 R&D 활성화 하는데 초점을 맞추는 등 제약환경 변화에 많은 영향을 주고 있다. 이처럼 제약기업은 많은 시련과 도전을 받고 있는 상황으로 시장 변화에 맞는 전략이 필요한 상황이다. 대형 블록버스터 제품의 특허 만료로 제네릭의약품 시장이 확대되는 한편 바이오 의약품 등 새로운 의약 파이프라인을 통한 시장이 성장하고 있는데 이는 경쟁이 매우 치열해진다는 의미와 동시에 국내 제약기업이 성장할 수 있는 기회가 되는 결정적인 것은 제품의 의약품의 약가가 어떻게 형성되는지 이해하고 대처해야 하기 때문이다.

국내 제약산업은 인구 고령화에 따른 만성질환 및 삶의 질(QOL: quality of life) 향상을 위한 의약품 수요증대와 특허만료에 따른 제네릭의약품 시장의 성장, 정부의 중증질환의 급여확대정책 등을 이해해야 한다.

의약품 가격은 정부와 관련부처 그리고 다양한 이해관계자들과 관련되어 있다. 의약품 가격형성 과정을 이해하고 결정하는 것은 매우 복잡하고 중요하기 때문에 정부의 약가정책과 시장 환경을 정확하게 이해해야 효과적인 가격전략을 세울 수 있다.

제약 산업은 대표적인 지식 집약적 산업으로 신약 개발과 해외시장 진출을 모색하기 위해 의약품의 전주기에 대한 법적·과학적 지식을 갖춘 전문 인력 확보가 중요하다. 그 중에서도 의약품 약가 업무를 위해서는 제품 개발단계에서 부터 의약품 시판 후 안전관리에 이르기까지 상황에 따라 다양한 역량을 필요로 한다. 제약사는 시간과 비용을 줄이기 위해 현장에 바로 적응할 수 있는 준비된 인재를 원하므로 제약 약가 전문가가 되기 위해선 필요한 지식을 사전에 이해하는 것이 중요하다.

식품의약품안전처 2019년 의약품허가보고서에 의하면 2019년에 신약 35개, 희귀 의약품 9개, 개량신약 13개, 자료제품의약품 207개가 허가 되었다. 이런 허가받은 의약품들이 적절한 약가를 받고 시장에 출시하기 위해 제약사는 약가 전문가를 필요로 하고 있다. 또한 의약품 관련 제도의 국제 기준에 부응하고, 국내 제약회사의 해외진출을 위해 글로벌 능력을 갖춘 의약품 약가 전문가에 대한 수요가 계속해서 증가하고 있으며 향후에도 꾸준히 증가할 것으로 보고 있다. 하지만 현재 국내에는 전문가 양성을 위한 체계적인 교육 시스템 부족으로 제약기업 재직자 중심의 단발성 교육이 주로 이루어지고 있으며, 이로 인해 의약품 개발에서부터 등록까지의 전주기에 대한 종합적인 지식을 갖춘 전문가를 배출하는 데 어려움을 겪고 있다.

이 책은 건강보험에서 차지하는 약제비, 신약의 약가과정, 개량신약의 약가과정, 제네릭의 약가, 희귀의약품의 약가 등 전체 의약품 약가 절차에 대해 다루고 있으며, 약가정책방향을 정확하게 이해하고 향후 대책을 모색하기 위하여 본문 사이사이에 Issue와 Workshop 자료를 제시하고 있다. 또한 국내회사에서 가장 고민하고 있는 향후 제네릭의약품의 약가정책과 방향을 제시하고 있다. 이 책으로 제약 약가 분야에 종사하고 있거나, 진출하고자 하는 학생들이 전문가로써 발돋움 하는데 조금이나마 보탬이 되어 우리나라 제약산업이 진일보할 수 있기를 기대한다.

임형식

CHAPTER 01

국민건강보험

01 국민건강보험 개요

1) 국민건강보험제도의 의의

건강보험제도는 질병이나 부상으로 인해 발생한 고액의 진료비로 가계에 과도한 부담이 되는 것을 방지하기 위하여, 국민들이 평소에 보험료를 내고 보험자인 국민건강보험공단이 이를 관리, 운영하다가 필요시 보험급여를 제공함으로써 국민 상호 간 위험을 분담하고 필요한 의료서비스를 받을 수 있도록 하는 사회보장제도이다.

2) 특성

① 의무적인 보험가입 및 보험료 납부

보험가입을 기피할 수 있도록 제도화될 경우 질병위험이 큰 사람만 보험에 가입하여 국민 상호간 위험분담 및 의료비 공동해결이라는 건강보험제도의 목적을 실현할 수 없기 때문에 일정한 법적요건이 충족되면 본인의 의사와 관계없이 건강보험가입이 강제되며 보험료 납부의무가 부여된다.

② 부담능력에 따른 보험료 부과

민간보험은 보장의 범위, 질병위험의 정도, 계약의 내용 등에 따라 보험료를 부담하는데 비해, 사회보험방식으로 운영되는 국민건강보험은 사회적 연대를 기초로 의료비 문제를 해결하는 것을 목적으로 하므로 소득수준 등 보험료 부담능력에 따라서 보험료를 부과한다.

③ 균등한 보장

민간보험은 보험료 수준과 계약내용에 따라 개인별로 다르게 보장되지만, 사회보험인 국민건강보험은 보험료 부담수준과 관계없이 관계법령에 의하여 균등하게 보험급여가 이루어진다.

3) 의료보장제도로서 건강보험

① 사회보험(SHI)

사회보험은 국가가 기본적으로 의료보장에 대한 책임을 지지만, 의료비에 대한 국민의 자기 책임을 일정부분 인정하는 체계이다.

정부기관이 아닌 보험자가 보험료를 통해 재원을 마련하여 의료를 보장하는 방식으로, 정부에 대해 상대적으로 자율성을 지닌 기구를 통한 자치적 운영을 근간으로 하며 의료공급자가 국민과 보험자간에서 보험급여를 대행하는 방식이다.

독일, 프랑스 등이 사회보험방식으로 의료보장을 제공하는 대표적인 국가이다.

② 국민건강보험(NHI)

국민건강보험은 사회보험과 마찬가지로 사회연대성을 기반으로 보험의 원리를 도입한 의료보장체계이지만 다수 보험자를 통해 운영되는 전통적인 사회보험방식과 달리 단일한 보험자가 국가전체의 건강보험을 관리, 운영한다.

이러한 NHI방식 의료보장체계를 채택한 대표적인 국가는 한국과 대만을 들 수 있다.

③ 국민보건서비스(NHS)

국민보건서비스는 국민의 의료문제는 국가가 모두 책임져야 한다는 관점에서 정부가 일반조세로 재원을 마련하고 모든 국민에게 무상으로 의료를 제공하여 국가가 직접적으로 의료를 관장하는 방식이다.

이 경우 의료기관의 상당부분이 사회화 내지 국유화되어 있으며, 영국의 비버리지가 제안한 이래 영국, 스웨덴, 이탈리아 등의 유럽에 확산되었다.

4) 법적근거

① 헌법

대한민국 헌법은 제34조 제1항 및 제2항에서 국민의 인간다운 생활을 할 권리와 이를 실현하기 위한 국가의 사회복지 증진의무를 규정함으로써 사회보장제도의 법적근간이 된다.

② 사회보장기본법

사회보장에 관한 기본법인 「사회보장기본법」 제3조는 '사회보장'이란 출산, 양육, 실업, 노령, 장애, 질병, 빈곤 및 사망 등의 사회적 위험으로부터 모든 국민을 보호하고 국민 삶의 질을 향상시키는 데 필요한 소득·서비스를 보장하는 사회보험, 공공부조, 사회서비스를 말한다고 하여 사회보장의 법적범위를 규정하고 있다.

③ 국민건강보험법

국민의 질병·부상에 대한 예방·진단·치료·재활과 출산·사망 및 건강증진에 대하여 보험급여를 실시함으로써 국민건강을 향상시키고 사회보장을 증진함을 목적으로 하는 「국민건강보험법」 이 국민건강보험제도를 구체화하고 있다. 이 법은 의료보험제도의 통합 운영에 따라 종전의 「의료보험법」 과 「국민의료보험법」 을 대체하여 제정되었다.

5) 기능과 역할

① 의료보장 기능

건강보험은 피보험대상자 모두에게 필요한 기본적 의료를 적정한 수준까지 보장함으로써 그들의 의료문제를 해결하고 누구에게나 균등하게 적정수준의 급여를 제공한다.

② 사회연대 기능

건강보험은 사회보험으로서 건강에 대한 사회공동의 책임을 강조하여 비용(보험료)부담은 소득과 능력에 따라 부담하고 가입자 모두에게 균등한 급여를 제공함으로써 사회적 연대를 강화하고 사회통합을 이루는 기능을 가지고 있다.

③ 소득재분배 기능

질병은 개인의 경제생활에 지장을 주어 소득을 떨어뜨리고 다시 건강을 악화시키는 악순환을 초래하기 때문에 각 개인의 경제적 능력에 따른 일정한 부담으로 재원을 조성하고 개별부담과 관계없이 필요에 따라 균등한 급여를 제공하여 질병의 치료부담을 경감시키는 건강 보험은 소득재분배 기능을 수행한다.

6) 연혁

전국민 의료보험 실현(1989)	
1998	국민의료보험법 제정(공무원 및 사립학교 교직원의료보험관리공단과 지역의료보험조합 통합)
1999	국민건강보험법 제정 국민의료보험관리공단과 직장의료보험조합 통합
2000	국민건강보험법 시행(2000. 7. 1)
2008	노인장기요양보험법 시행(2008. 7. 1)
2011	사회보험 징수통합(건강보험, 국민연금, 고용보험, 산재보험)

WORKSHOP

건강보험에 가입할 수 없는 대상은?

ISSUE ❶

우리나라 건강보험제도는 왜 강제가입인가?

건강보험은 국민의 질병, 부상 등에 대하여 보험급여를 실시함으로써 국민보건을 향상시키고 사회보장을 증진함을 목적으로 하며, 보험원리에 의거 국민들이 평소에 보험료를 납입하여 기금화 하였다가 질병 등이 발생할 경우 보험급여를 해줌으로서 일시에 큰 비용이 발생할 수 있는 가계의 부담을 덜어줌으로써 국민상호간 위험을 분담하는 사회보장제도이다. 또한 보험료는 재산 소득 등 부담능력에 따라 차등부과 하지만, 보험급여는 차등 없이 균등하게 하므로 소득재분배 기능을 가지며, 가입자가 연대하여 고액의 진료비가 소비되어 가계가 파탄되는 것을 방지하는 위험분산기능과 상부상조의 정신을 지니고 있기 때문에 법률에 의한 강제가입과 보험료납부의 강제성을 띄고 있다. 만약 건강보험의 자격이 임의가입과 임의탈퇴가 가능하다면 질병 부상 등 진료가 필요할 때는 가입하고 그렇지 않을 경우에는 탈퇴하는 현상이 나타날 것이며, 이는 건강보험의 취지와 목적에도 어긋나며 더 나아가 건전한 보험재정을 유지하지 못해 사회보장제도로써의 건강보험제도가 무너질 수밖에 없기 때문이다.

02 국민건강보험의 이해

1) 운영구조

① 보건복지부(MOHW : Ministry of Health and Welfare)

◉ **건강보험 제도관련 정책 결정**

- 보험료율 및 보험료 부과기준, 요양급여의 범위 등을 결정하며 관리운영주체인 건강보험공단의 예산 및 규정 등을 승인
- 세부적으로 급여결정 영역에 있어 신의료기술평가, 급여의 기준(방법, 절차, 범위, 상한 등)과 약제, 치료재료의 상한금액 결정 및 급여의 상대가치를 결정하고 고시

② 국민건강보험공단(NHIS : National Health Insurance Service)

◉ **건강보험 보험자**

- 건강보험 가입자의 자격을 관리
- 보험료를 부과하고 징수
- 요양기관에 대한 비용지급
- 제약회사와 협상을 통해 약가결정
- 상대가치 점수당 단가(환산지수)계약 체결

③ 건강보험심사평가원(HIRA : Health Insurance Review & Assessment Service)

◉ **심사·평가 전문기관**

- 요양급여비용의 심사 및 요양급여의 적정성 평가
- 심사기준 및 평가기준의 개발

④ 건강보험정책심의위원회

보건복지부 장관 소속 위원회는 건강보험법 제4조에 따라 설립된 기관으로, 건강보험 요양급여의 기준, 요양급여비용·보험료 등 건강보험정책에 관한 중요사항을 심

의·의결하기 위한 보건복지부 장관 자문 및 의결기구다. 건강보험의 주요 결정은 모두 건강보험정책심의위원회 의결을 받도록 건강보험법에 명시되어 있다.

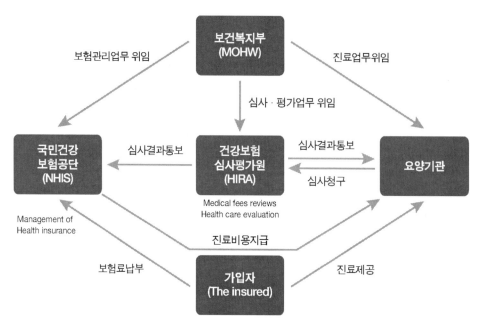

그림 1.1 ▌보건의료체계

2) 적용대상 및 인구

① 적용대상

건강보험은 직장가입자와 지역가입자로 적용대상을 구분하는데, 직장가입자는 사업장의 근로자 및 사용자와 공무원 및 교직원, 그리고 그 피부양자로 구성되고 지역가입자는 직장가입자를 제외한 자를 대상으로 한다. 건강보험 대상자 중 피부양자는 직장가입자에 의하여 주로 생계를 유지하는 자로서 보수 또는 소득이 없는 자를 의미하며, 직장가입자의 배우자, 직계존속(배우자의 직계존속 포함), 직계비속(배우자의 직계비속 포함) 및 그 배우자, 형제·자매를 포함한다.

② 적용인구 현황

우리나라는 사회보험인 건강보험과 공적부조인 의료급여를 통해 국내에 거주하는 전 국민의 의료보장을 포괄하고 있다.

표 1.1 ▌적용인구 현황

분류		적용인구(단위:천 명)	비율(단위:%)
총계		52,834	100.0
건강보험	계	51,338	97.2
	직장	37,235	70.5
	지역	14,103	26.7
의료급여		1,496	2.8

(2020년 4월 기준)

3) 보험료

① 직장가입자 보수월액보험료

◉ 개요

보수월액보험료는 가입자의 보수월액에 보험료율을 곱하여 보험료를 산정한 후, 경감률 등을 적용하여 가입자 단위로 부과

◉ 보험료 산정방법

- 건강보험료 = 보수월액 × 건강보험료율(6.67%)
- 장기요양보험료 = 건강보험료 × 장기요양보험료율(10.25%)

표 1.2 ▌직장가입자 건강보험료율(2020년 기준)

■ 건강보험료율: 6.67%

구분	계	가입자부담	사용자부담	국가부담
근로자	6.67(100)	3.335(50)	3.335(50)	-
공무원	6.67(100)	3.335(50)	-	3.335(50)
사립학교교직원	6.67(100)	3.335(50)	2.001(30)	1.2921.334(20)

◉ 건강보험료 경감 종류 및 경감률

- 국외근무자 경감 : 가입자 보험료의 50%(국내에 피부양자가 있는 경우)
- 섬·벽지 경감 : 가입자 보험료액의 50%

- 군인 경감 : 가입자 보험료액의 20%
- 휴직자 경감 : 가입자 보험료액의 50%(다만, 육아휴직자는 60%)
- 임의계속가입자 경감 : 가입자 보험료액의 50%
- 종류가 중복될 경우 최대 경감률은 50%임(육아휴직자는 60%)

● 건강보험료 면제 사유

국외 체류(여행·업무 등으로 1월 이상 체류하고 국내 거주 피부양자가 없는 경우), 현역병 등으로 군 복무, 교도소 기타 이에 준하는 시설에 수용

● 장기요양보험료 경감

장기요양보험료 경감 사유 및 경감률등록장애인(1~2급), 희귀난치성질환자(6종) : 30%

② 지역보험료

● 개요

지역가입자의 건강보험료는 가입자의 소득, 재산(전월세 포함), 자동차, 생활수준 및 경제활동참가율을 참작하여 정한 부과요소별 점수를 합산한 보험료 부과점수에 점수당 금액을 곱하여 보험료를 산정한 후, 경감률 등을 적용하여 세대 단위로 부과

● 보험료 산정방법

- 건강보험료 = 보험료 부과점수 × 점수당 금액(195.8원)
- 장기요양보험료 = 건강보험료 × 장기요양보험료율(10.25%)

표 1.3 ▌지역가입자 건강보험료율(2020년 기준)

■ 점수당 금액 : 195.8원

구분	2020년도
산정기준	건강보험료 부과점수
점수당 금액	195.8원

■ 가입자 월 건강보험료 산정방법 : 보험료 부과점수 × 부과점수 당 금액

보험료부과점수 범위	점수당 금액	월 건강보험료 산정
20점 미만	195.8원	=20점 × 195.8원
20점 이상~12,680점 이하	195.8원	=보험료부과점수 × 195.8원
12,680점 초과	195.8원	=12,680점 × 195.8원

◎ 보험료 부과점수의 기준

- 소득 점수(75등급) : 이자소득, 배당소득, 사업소득, 근로소득, 연금소득, 기타 소득
- 재산 점수(50등급) : 주택, 건물, 토지, 선박, 항공기, 전월세
- 자동차 점수(7등급, 28구간)
- 생활수준 및 경제활동참가율 점수(30등급)

❗ WORKSHOP

직장가입자 보험료 부과방식은? 지역가입자 보험료 부과 방식은?

4) 보험재정

국민건강보험제도 운영에 소요되는 재원은 보험료와 정부지원금(국고, 기금) 및 기타 수입으로 구성되며 「국민건강보험법」에서 다음과 같이 규정함.

- 보험료(국민건강보험법 제69조 보험료) 보험자는 건강보험사업에 드는 비용에 충당하기 위하여 보험료의 납부의무자로부터 보험료를 징수한다.
  - 직장가입자 : 보수월액 × 보험료율 … 사용자와 근로자 50%씩 부담
  - 지역가입자 : 소득, 재산, 자동차 등을 점수화하고 점수 당 금액을 곱하여 산정
- 정부지원(국민건강보험법 제108조 보험재정에 대한 정부지원)
- 정부지원금 : 보험료 수입의 20%에 상당하는 금액 지원
  ※ 정부지원(20%) : 국고지원 14% + 증진기금(6%)

- (국고지원) 국가는 매년 예산의 범위 안에서 당해연도 보험료 예상수입액의 100분의 14에 상당하는 금액을 국고에서 공단에 지원한다.
- (기금지원) 공단은 「국민건강증진법」에서 정하는 바에 따라 같은 법에 따른 국민건강기금에서 자금을 지원받을 수 있다.

5) 보험급여

① 보험급여

가입자 및 피부양자의 질병과 부상에 대한 예방, 진단, 치료, 재활, 출산, 사망 및 건강증진에 대하여 법령이 정하는 바에 따라 현물 또는 현금의 형태로 제공하는 서비스를 말한다.

② 보험급여의 종류

구분		수급권자
현물급여	요양급여	가입자 및 피부양자
	건강검진	가입자 및 피부양자
현금급여	요양비	가입자 및 피부양자
	장애인보장구	가입자 및 피부양자 중 장애인복지법에 의해 등록한 장애인
	본인부담액 상한제	가입자 및 피부양자
	임신·출산 진료비	가입자 및 피부양자 중 임산부

6) 요양급여비용의 산정

최초 등재제품의 약제 상한금액을 결정할 때 국민건강보험공단 이사장과 해당 약제의 제조업자 등이 협상을 통해 상한금액을 결정하고, 그 상한금액의 범위 내에서 요양기관의 약제 구입금액 등을 고려하여 해당 약제의 요양급여비용을 상환하고 있다.

* 근거법령: 「국민건강보험 요양급여의 기준에 관한 규칙」 제11조의 2 제6항

7) 비급여

일반적으로 건강보험 혜택이 적용되는 진료항목을 급여, 그렇지 않은 항목은 비급여라고 한다. 주로 업무나 일상생활에 지장이 없는 질환으로, 예를 들어 시력교정술(라식, 라섹) 치과보철료(골드크라운-금니), 도수치료, 일반진단서 등이 있다. 또한, 건강보험 급여항목이지만 급여기준에 따라 비급여로 적용되고 있는 초음파검사료, MRI 진단료, 보조생식술 등이 해당된다. 이러한 비급여 항목은 의료기관이 자체적으로 금액을 정하여 병원마다 금액의 차이가 있으며 비용의 전액을 환자가 부담한다.

TIP! 근거법령: 「국민건강보험법」 제41조 제4항

「국민건강보험 요양급여의 기준에 관한 규칙」 제9조 제1항 관련 [별표 2]에 따른 비급여의 종류

❶ 업무 또는 일상생활에 지장이 없는 경우
❷ 신체의 필수 기능개선 목적이 아닌 경우
❸ 질병·부상의 진료를 직접 목적으로 하지 아니하는 경우 등에 실시 또는 사용되는 행위·약제 및 치료재료
❹ 보험급여 시책상 요양급여로 인정하기 어려운 경우 및 그 밖에 건강보험 급여원리에 부합하지 아니하는 경우
❺ 「국민건강보험법 시행령」 별표 2 제2호의 규정에 의하여 보건복지부장관이 정하여 고시하는 질병군에 대한 입원진료의 경우
❻ 건강보험제도의 여건상 요양급여로 인정하기 어려운 경우
❼ 약사법령에 따라 허가를 받거나 신고한 범위를 벗어나 약제를 처방·투여하려는 자가 보건복지부장관이 정하여 고시하는 절차에 따라 의학적 근거 등을 입증하여 비급여로 사용할 수 있는 경우 등

8) 본인부담 상한제

◎ 입원

총진료비의 20%

◎ 외래

- 상급종합병원 : 진찰료 총액 + 나머지 진료비의 60%(임산부 외래진료의 경우에는 요양급여비용 총액의 40/100)

- 종합병원 : 요양급여비용 총액의 45%(읍, 면지역, 임신부 외래진료의 경우에는 30/100), 50%(동지역, 임신부 외래진료의 경우에는 30/100)

- 병원 : 요양급여비용 총액의 35%(읍, 면지역, 임신부 외래진료의 경우에는 20/100), 40%(동지역, 임신부 외래진료의 경우에는 20/100)

- 의원 : 요양급여비용 총액의 30%(임신부의 외래진료의 경우에는 10/100)

  ※단, 65세 이상 요양급여비용 총액이 15,000원 이하이면 1,500원

  ※보건소, 보건지소, 보건진료소

   - 요양급여비용이 12,000원 초과 시 총액의 30%

   - 요양급여비용이 12,000원 이하 시 정액제 적용

- 약국 : 요양급여비용 총액의 30%

  단, 65세 이상 요양급여비용 총액이 10,000원 이하이면 1,200원

- 경증질환(52개)으로 대형병원 외래 진료 시 처방약제비 본인부담률 차등적용 (2011.10.1)

  ※감기 등 경증질환(52개)으로 외래진료 후 약국 요양급여비용 본인부담률은 상급종합병원 30% → 50%, 종합병원 30% → 40%(경증 질환 52종은 고시)

  ※경증질환(52개) 처방약제비 본인부담 차등적용은 상급종합병원 또는 종합병원 외래 진료 시 발급된 원외처방에 의한 약국 조제 시에만 적용하며, 입원환자나 의약분업예외환자에 대해서는 적용하지 않음.

◎ 6세 미만 아동

- 외래 : 성인 본인부담률의 70% 적용

단, 보건소·보건지소·보건진료소 정액제 및 약국 직접조제는 경감 대상 아님.

• 입원 : 요양급여비용의 10%(2008.1.1.)

○ 산정특례 대상자

• 암·희귀난치질환 등록자 : 등록일부터 5년간 암은 총진료비의 5%, 희귀난치질환은 총진료비의 10%

• 뇌혈관질환자 및 심장질환자 : 산정특례 적용 기준에 해당하는 경우 최대 30일 동안 총진료비의 5%

  ※복잡선천성 심기형질환자 또는 심장이식술은 받은 경우 최대 60일 적용

• 결핵 등록자 : 결핵 치료기간동안 총진료비의 0%

• 중증화상 등록자 : 등록일로부터 1년간 총진료비의 5%

입원진료 : 20%

■ 진료비의 20% 본인부담

외래진료 : 30~60%

■ 요양기관의 종별에 따라 상이(의원 30%, 병원 40%, 종병 50%, 상급종병 60%)

약국 : 30%

■ 감기 등의 경증질환으로 대형병원 진료 시 본인부담률 상승(종병 40%, 상급종병 50%)

희귀 · 난치성 & 중증질환자 : 5~10%

■ 희귀 · 난치성 & 중증질환자의 보호를 위해 낮은 진료비 혜택 제공
  희귀 · 난치성질환(10%) : 혈우병, 만성신부전, 정신질환, 장기이식 환자 등
  중증질환(5%) : 암, 심혈관계질병, 뇌혈관 관계질병, 결핵, 중증화상 등

그림 1.2 ▌진료비 본인 부담률(2020년 기준)

- 중증외상 : 손상중증도점수(ISS) 15점 이상에 해당하는 중증외상환자가 「응급 의료에 관한 법률」 제30조의2에 따른 권역외상센터에 입원하여 진료를 받은 경 우 최대 30일 동안 총진료비의 5%

❖ 노인장기요양보장제도

노인장기요양보험제도란 고령이나 노인성 질병등으로 일상생활을 혼자서 수행하 기 어려운 이들에게 신체활동 및 일상생활 지원 등의 서비스를 제공하여 노후 생활의 안정과 그 가족의 부담을 덜어주기 위한 사회보험제도이다. 즉, 노화 등에 따라 거동 이 불편한 사람에 대하여 신체활동이나 일상 가사활동을 지속적으로 지원해주는 것이 다. 특히, 급격한 고령화와 함께 핵가족화, 여성의 경제활동참여가 증가하면서 종래 가족의 부담으로 인식되던 장기요양문제가 이제는 개인이나 가계의 부담으로 머물지 않고 이에 대한 사회적 국가적 책무가 강조되고 있다. 이와 같은 사회 환경의 변화와 이에 대처하기 위하여 노인장기요양보장제도를 도입하여 운영하고 있다.

❖ 노인장기요양보험제도의 주요 특징

■ 건강보험제도와 별도 운영

장기요양보험제도를 건강보험제도와 분리 운영하는 경우 노인등에 대한 요양 필 요성 부각이 비교적 용이하여 새로운 제도도입에 용이하며, 건강보험 재정에 구속되 지 않아 장기요양급여 운영, 장기요양제도의 특성을 살릴 수 있도록 「국민건강보험 법」과는 별도로 「노인장기요양보험법」을 제정하였다.

■ 사회보험방식을 기본으로 한 국고지원 부가방식

우리나라 장기요양보장제도는 사회보험방식을 근간으로 일부는 공적부조방식을 가미한 형태로 설계, 운영되고 있다.

* 국민건강보험법의 적용을 받는 건강보험가입자의 장기요양보험료
  [건강보험료액 × 10.25%(2020년도 보험료 기준)]
* 국가 및 지방자치단체 부담
  장기요양보험료 예상수입액의 20% + 공적부조의 적용을 받는 의료급여수급권자의 장기요양급여비용

■ 보험자 및 관리운영기관의 일원화

우리나라 장기요양보험제도는 이를 관리·운영할 기관을 별도로 설치하지 않고 「국민건강보험법」에 의하여 설립된 기존의 국민건강보험공단을 관리운영기관으로 하고 있다. 이는 도입과 정착을 원활하기 위하여 건강보험과 독립적인 형태로 설계하되, 그 운영에 있어서는 효율성 제고를 위하여 별도로 관리운영기관을 설치하지 않고 국민건강보험공단이 이를 함께 수행하도록 한 것이다.

■ 노인중심의 급여

우리나라 장기요양보험제도는 65세 이상의 노인 또는 65세 미만의 자로서 치매, 뇌혈관성 질환 등 노인성질병을 가진자 중 6개월 이상 혼자서 일상생활을 수행하기 어렵다고 인정되는 자를 그 수급 대상자로 하고 있다. 여기에는 65세 미만자의 노인성질병이 없는 일반적인 장애인은 제외되고 있다.

❖ 노인장기요양보험 적용

■ 적용대상

건강보험 가입자는 장기요양보험의 가입자가 된다(법 제7조제3항). 이는 건강보험의 적용에서와 같이 법률상 가입이 강제되어 있다. 또한 공공부조의 영역에 속하는 의료급여 수급권자의 경우 건강보험과 장기요양보험의 가입자에서는 제외되지만, 국가 및 지방자치단체의 부담으로 장기요양보험의 적용대상으로 하고 있다(법 제12조).

■ 장기요양인정

장기요양보험 가입자 및 그 피부양자나 의료급여수급권자 누구나 장기요양급여를 받을 수 있는 것은 아니다. 일정한 절차에 따라 장기요양급여를 받을 수 있는 권리(수급권)가 부여되는데 이를 장기요양인정이라고 한다.

장기요양인정절차는 먼저 공단에 장기요양인정신청으로부터 출발하여 공단직원의 방문에 의한 인정조사와 등급판정위원회의 등급판정 그리고 장기요양인정서와 표준장기요양이용계획서의 작성 및 송부로 이루어진다.

*장기요양인정 신청자격 : 장기요양보험 가입자 및 그 피부양자 또는 의료급여수급권자 중 65세 이상의 노인 또는 65세 미만자로서 치매, 뇌혈관성 질환 등 노인성 질병을 가진 자.

❖ 노인장기요양보험 재원

노인장기요양보험 운영에 소요되는 재원은 가입자가 납부하는 장기요양보험료 및 국가 지방자치단체 부담금, 장기요양급여 이용자가 부담하는 본인일부부담금으로 조달된다.

■ 장기요양보험료 징수 및 산정(「노인장기요양보험법」 제8조, 제9조)

장기요양보험 가입자는 건강보험 가입자와 동일하며, 장기요양보험료는 건강보험료액에 장기요양보험료율(2020년 현재 : 10.25%)을 곱하여 산정한다. '장기요양보험료율'은 매년 재정상황 등을 고려하여 보건복지부장관소속 '장기요양위원회'의 심의를 거쳐 대통령령으로 정하고 있다.

■ 국가의 부담(「노인장기요양보험법」 제58조)

- 국고 지원금 : 국가는 매년 예산의 범위 안에서 해당 연도 장기요양보험료 예상 수입액의 100분의 20에 상당하는 금액을 공단에 지원한다.
- 국가 및 지방자치단체 부담 : 국가와 지방자치단체는 의료급여수급권자에 대한 장기요양급여비용, 의사소견서 발급비용, 방문간호지시서 발급비용 중 공단이 부담해야 할 비용 및 관리운영비의 전액을 부담한다.

■ 본인일부부담금(「노인장기요양보험법」 제40조)

재가 및 시설 급여비용 중 수급자의 본인일부부담금(장기요양기관에 직접 납부)은 다음과 같다.

- 재가급여 : 당해 장기요양급여비용의 100분의 15
- 시설급여 : 당해 장기요양급여비용의 100분의 20
- 국민기초생활보장법에 따른 의료급여 수급자는 본인일부부담금 전액 면제
- 희귀난치성 질환자이면서 차상위, 만성질환자이면서 차상위, 저소득대상자를 기준으로 장기요양급여이용의 활성화를 도모하고자 장기요양급여이용 시에 본인일부부담금을 50%를 감경한다.

ISSUE ②

약제비 본인부담(차등적용) 제도가 의료전달체계를 개선할 수 있을까?

약제비 본인부담 (차등적용) 제도: 고혈압, 감기 등 의원 또는 병원에서 진료가 가능한 비교적 가벼운 질환에 대해 상급종합병원 또는 종합병원 외래진료를 받는 경우 약국 약제비에 대한 환자 부담을 높게 적용하여 의원 또는 병원 이용을 유도함으로써 의료전달체계를 개선하기 위한 제도이다. 따라서 약제비 본인부담 차등적용 질병으로 상급종합병원 또는 종합병원 외래진료 후 처방전을 발급받아 약국에서 조제 받는 경우 약제비 총액의 10~20%를 환자가 더 부담하게 되고 약제비에 본인 부담률을 차등 적용함으로써 비교적 감기같은 가벼운 질환은 의원에서 진료받고, 대형병원은 중증진료에 집중함으로써 의료기관간 적절한 역할 분담에 기여할 수 있는 제도이다.

약국 약제비 본인부담 차등적용 질병에 해당되는 경우 상급종합병원 또는 종합병원 외래진료시 발급하는 처방전에 특정기호 'V252', 'V352'와 'V100'을 기재토록 하고 있으며, 약국에서는 처방전에 기재된 특정기호를 확인하여 약제비 본인부담률을 적용하고 있다. 상급종합병원 또는 종합병원에서 발급하는 처방전에 특정기호('V252' 또는 'V352')가 기재된 경우 약국 약제비 본인부담 차등적용이 되고, 'V100'이 기재된 경우는 예외적용으로 약제비 차등이 되지 않는다. 예외적으로, 일부 질환의 경우 질환 특성을 고려해 6세 미만 소아를 제외되고, 의원에서 종합병원(상급종합병원 제외)으로 진료를 의뢰하는 경우 종합병원에 진료의뢰서가 접수된 날로부터 90일간은 약제비 본인부담 차등을 적용하지 않는다.

약제비 차등부담에 대한 예를 들면, 동네의원에서 감기등의 이유로 본인부담금을 제외한 약제비가 10,000원이라면, 본인 부담금 30%인 3,000원을 지불하지만, 상급종합병원을 이용하였다면, 5,000원(50% 요율)을 본인부담금으로 지불해야 한다.

표 1.4 ▌약국 약제비 본인 부담률 현황 및 외래이용 현황

■ 약국 약제비 본인부담률 현황

대상 질병	구분	약국 본인부담률
100개 질병 (보건복지부 고시)	상급종합병원에서 발행한 처방전으로 약 구입시	50%
	종합병원에서 발행한 처방전으로 약 구입시	40%
	병원, 의원에서 발행한 처방전으로 약 구입시	30%
그 외 질병	모든 의료기관에서 발행한 처방전으로 약 구입시	30%

■ 외래이용 현황 (단위 : %)

구분	상급종합병원				의원			
	전체		(52개 질환)		전체		(52개 질환)	
	'10년	'16년	'10년	'16년	'10년	'16년	'10년	'16년
내원 일수	5.2	5.6	15.1	9.0	79.5	79.3	48.1	54.2
진료 비용	17.5	18.4	8.0	4.6	57.8	55.4	39.7	42.6

출처 : 건강보험심사평가원(2017)

WORKSHOP

왜 환자들은 대형병원에서 진료받기를 원하는가? 이유는?

9) 진료비 지불제도

진료비 지불제도는 건강보험 가입자나 피부양자에게 의료서비스를 제공한 의료공급자 등에게 국민건강보험공단이 대가를 지불하는 보상방식을 말한다. 현행 국민건강보험제도에서 진료비 지불체계는 '요양기관(요양급여비용 청구) → 건강보험심사평가원(심사·평가) → 국민건강보험공단(사전점검 및 지급) → 요양기관' 구조로 이뤄져 있다.

진료비 지불제도와 관련해서는 행위별수가제, 포괄수가제, 일당정액제, 인두제, 총액계약제, 상대가치수가제 등 다양한 방식이 존재하는데, 무엇을 택하느냐에 따라 의료서비스의 구성, 제공 행태, 진료비 심사 및 관리방식에 결정적인 영향을 미치게 된다.

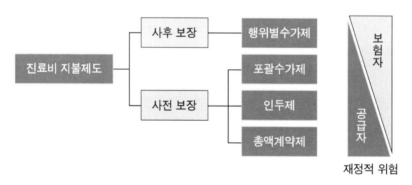

그림 1.3 ▌의료비 지불제도 방법별 특성 비교

① 행위별수가제(Fee-for-Service)

행위별수가제는 진료에 소요되는 약제 또는 재료비를 별도로 산정하고, 의료인이 제공한 진료행위 하나하나 마다 항목별로 가격을 책정하여 진료비를 지급하도록 하는 제도이다. 가장 보편적이고 시장접근적인 방법으로서 대부분의 자본주의 경제체제를 가진 국가에서는 이 행위별수가제를 많이 채택하고 있다. 우리나라는 의료보험 제도 도입 때부터 기본적으로 행위별수가제 지불방식을 운영하고 있다. 행위별수가 제는 의료인이 제공한 시술내용에 따라 값을 정하여 의료비를 지급하는 것으로서 전 문의의 치료방식에 적합하다. 즉, 위중하거나 진료에 시간이 많이 걸리며 특별한 기 술을 요하는 질병이나 진료재료가 많이 소요되는 질병에 대하여는 정확히 그만큼 많 은 진료비를 의료인에게 지급하게 된다. 이는 일반 상행위의 원칙이 가장 많이 적용 되는 방식으로서 의료인이 가장 선호하는 방식이기도 하다. 적은 횟수의 더 철저한 검사보다는 짧고 빈도가 많은 진료를 유도하게 된다. 또한, 행위별 수가제는 의료인 들로 하여금 의료장비·기술의 개발을 촉진하게 하는 유인효과가 있어 신의료기술 발 달 및 임상연구 발전에 기여하는 등 양질의 의료서비스 제공을 가능하게 하는 장점 도 있다.

행위별수가제에서 수가금액을 산출하는 방법은 다음과 같다.

수가금액 = 상대가치점수 × 요양 기관 유형별 점수당 단가(환산 지수)

여기서 상대가치점수는 의료행위(급여)에 소요되는 시간·노력 등의 업무량, 인력· 시설·장비 등 자원의 양, 요양급여의 위험도 및 빈도를 종합적으로 고려하여 산정한 가치를 의료행위 별로 비교하여 상대적인 점수로 나타낸 것을 말한다.

표 1.5 ┃ 상대가치 항목

상대가치 항목	설명
업무량 (의료서비스)	주시술자(의사, 약사)의 전문적인 노력에 대한 보상으로 시간과 강도를 고려한 상대가치
진료 비용 (임상인력, 의료장비, 치료재료)	주시술자(의사)를 제외한 보조의사, 간호사, 의료기사 등 임상인력의 임금, 진료에 사용되는 시설과 장비 및 치료재료 등을 고려한 상대가치
위험도 (의료분쟁해결비용)	의료사고 빈도나 관련 비용조사를 통하여 의료사고 관련 전체비용을 추정하고, 진료과별 위험도를 고려한 상대가치

표 1.6 ▌요양 기관 유형별 점수당 단가(환산 지수, 2019년 기준)

유형별 분류	점수 단가
병원, 요양병원, 종합병원	74.9원
의원	83.4원
치과의원, 치과병원	84.8원
한의원, 한방병원	84.8원
약국	85.0원
보건소	81.5원

　현행 행위별 수가제에서는 실시한 행위의 각 항목에 따라 비용이 지불되기 때문에 불필요한 의료서비스가 제공될 가능성이 있다. 또한 의료공급자로 하여금 환자에게 가능한 고급서비스를 제공하도록 하는 유인할 수 있다. 이 경우 의료자원의 낭비는 물론 오히려 특정 질환을 초래할 가능성이 있다. 반대로, 행위별수가제 하에서는 의료제공자에게 이익이 되지 않는 경우 의료서비스의 감소 가능성도 있다. 이밖에도 개별 의료행위에 대한 적정 수가를 정하는 것이 쉽지 않고, 의료기관이나 시술자에 따라 질적 수준에 차이가 있음에도 같은 행위에 대해서는 같은 수가를 받는다는 단점도 있다. 이 같은 행위별수가제의 문제점 일부를 해결하기 위해서는 다음과 같은 개선방안이 필요하다. 첫째, 의료서비스 항목 간 불균형을 교정할 수 있는 목표의료비를 설정하는 것이다. 이는 미국에서 의료비 상승표의료비 제도를 도입하는 것으로, 실제 의료비가 목표의료비를 초과하면 다음 해의 수가 인상률에 이를 반영하여 수가의 인상을 감소시키는 것을 말한다. 둘째, 진단명 기준 포괄수가제를 일부 도입하여 행위별 수가제가 가지고 있는 많은 비효율성을 개선하는 것이다. 포괄수가제는 개별 병원에게 진단명별로 보상해 주는 가격수준을 해당 진단명을 가진 환자를 치료하는 데 전체 병원에서 평균적으로 소요되는 비용에 맞춤으로써 서로 다른 병원 간에 암묵적으로 비용 인하 경쟁을 유도하는 효과를 가진다.

출처: Posted 12/02/13 on Medscape Connect's Care and Cost Blog

그림 1.4 ▍Getting Beyond Fee-For-Service

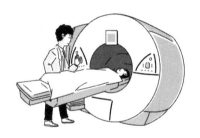  

경미한 증상에도 CT, MRI 검사 권유　　　　환자 입원기간 늘리기　　　　발치, 치질 수술 등 과잉진료 권유

그림 1.5 ▍과잉진료 유형

② 포괄수가제 (DRG)

포괄수가제는(DRG; Diagnosis Related Group Payment System)는 질병군(DRG, Diagnosis related groups)[1]별 환자분류체계를 이용하여 입원기간 동안 제공된 검사, 수술, 투약 등 의료서비스의 양과 질에 관계없이 어떤 질병의 진료를 위해 입원했었는가에 따라 미리 책정된 일정금액을 보상하는 지불제도로 질병별(진료량과 무관)로 건당 일정액이 미리 책정된 의료비 지불제도이다.

---

1) 병원경영개선을 목적으로 개발된 입원환자 분류체계를 말한다. 진단명, 부상병명, 수술명, 연령, 성별, 진료결과 등에 따라 유사한 진료내용을 진료군으로 분류한다. 이때 하나의 질병군을 DRG라 부른다.

미국에서 의료비의 급격한 상승을 억제하기 위하여 1983년부터 DRG에 기초를 둔 선불상환제도로 개발하였고 연방정부가 운영하는 메디케어 환자의 진료비지급방식으로 사용되고 있다. 이 제도는 의료비용의 사전예측이 가능하기 때문에 장기입원에 대한 인센티브를 제거할 수 있다. DRG 지불제도 하에서는 현재와 같은 행위별 심사는 약화되는 대신에 의료기관들의 진단명조작이나 의료의 질 저하를 방지하기 위한 활동(모니터링 등)을 담당하는 기능이 필요해지며 이것을 현재의 심사기구가 수행하게 된다. DRG 코드의 조작에 대한 감시와 조정은 포괄수가제의 안정적인 정착을 위해 꼭 필요한 조치이다. 의료비를 허위로 청구하는 upcoding 등의 의료범죄 행위를 방지를 위하여 각 의료기관의 입원율, 재원일수, 입원건수, 중증도지표 등의 지속적인 모니터링을 통해 문제의 소지가 있는 의료기관이 포착되면 이에 대한 정밀심사를 하는 방안 등 보험심사기구에서 설정한 종합적인 감시방안이 병행된다.

포괄수가제는 과잉의료를 방지하여 진료비를 낮추어 환자에게 부담을 감소시키고 건보재정 건전성을 제고할 수 있는 장점이 있지만 현실적으로는 이를 상쇄하는 여러 가지 단점들을 가지고 있다. 현재 7개 질병군 포괄모형이 가지는 한계점, 의사비용과 병원비용의 미분리, 포괄 부적절 항목 별도 청구 기전 부재, 신의료기술 도입 기전 미비, 장기입원에 대한 지불정확성 문제 등으로 인해 의료기관에서는 환자를 기피하고 환자와 의사간 마찰을 야기한다.

표 1.7 ▌ 포괄수가제의 장단점

환자에게 좋은 점	의료기관에 좋은 점	단점
본인 부담금 감소	과잉진료 방지	환자 기피 현상
건강보험 보장성(혜택) 확대	의료자원의 효율적 사용	과다진료 제공 가능성
병원비 예산가능	의료공급자(병원) 심사기관과의 마찰해소	의료서비스 최소화로 환자와 의료기관과의 마찰 야기
건강보험 지속가능	진료비 청구와 계산방법 간소화 (신속 지급)	조작을 통한 부당 청구 가능성 높아짐
과잉진료 방지	건강보험 진료비 신속 지급	의료다양성 반영 미흡

현재 포괄수가제는 시행에 따른 문제점을 해소하지 못한 채 지속됨에 따라 의료제공자의 수용성은 미흡한 것으로 보이며, 제도의 유용성 역시 거두지 못하고 있는 것으로 판단된다. 포괄수가제 도입의 목적인 보험지출의 합리적인 관리측면은 지불체계의 개편으로만 달성하기 어렵고, 전체 건강보험체계에 대한 검토가 함께 이루어져야 할 것으로 사료되며, 지불제도 개편에 있어 중요하게 고려해야 할 점은 의료제공자들은 최선의 진료를 제공할 수 있고, 의료소비자들은 더 나은 의료서비스를 선택할 수 있는 여건이 마련되어야 한다.

향후 포괄수가제에 대한 개선방향으로는 다음의 내용들을 고려할 수 있다. 첫째, 포괄수가제를 원칙적으로는 의료급여서비스와 국·공립의료기관을 대상으로 적용하여 비효율적인 진료관행을 바로 잡고 진료의 효율화를 도모한다. 둘째, 포괄수가제도는 지불제도 개혁을 위해 10여년에 걸쳐 막대한 투자를 해 시행하고 있는 제도이니 만큼 현행 시행하고 있는 7개 질환에 대하여 포괄수가제 선택형을 유지한다. 이를 의료비절감의 목적으로 사용하기보다는 혼합형 지불체계 시도를 통해 경영과 진료의 효율화와 의료의 질 확보를 함께 담보할 수 있는 방안의 모색이 필요하다. 셋째, 병원서비스와 의사의 진료행위 분리를 통해 포괄수가제도 하에서 의료의 질 확보 기전을 구축하고, 질병군별 적정수가를 마련한다. 이러한 개선사항들을 토대로 합리적인 의료비 관리 수단과 수가 정상화 방안을 제시하여 의료제공자와 보험자 모두가 만족할 수 있는 의료비 지불제도가 필요하다고 생각한다.

⚠ WORKSHOP

- 우리나라의 포괄수가제 (DRG) 비율은?
- 포괄수가제 (DRG) 비율이 낮은 이유는?

TIP! 사례별로 어떻게 포괄수가제를 적용할 것인가?

사례 ❶_ 만약 맹장수술 한다면?

- 중증도, 요양기관 종별에 따라 진료비 정액 책정 → 20% 환자 부담
- 상급병실료, 선택진료료, 초음파 등 비급여로 적용되는 비용은 별도 추가

질병군		요양기관종별	점수	금액(원)	야간·공휴	
분류번호	명칭				점수	금액(원)
G08100	복잡한 주진단에 의한 충수절제술, 심각한 혹은 중증의 합병증이나 동반상병 미동반	상급종합병원 종 합 병 원 병 원 의 원	31,616.65 26,932.81 24,568.11 22,437.58	2,134,120 1,817,960 1,658,350 1,575,400	3,247.05 3,122.16 2,997.28 2,767.56	219,180 210,750 202,320 194,010
G08101	복잡한 주진단에 의한 충수절제술, 중증의 합병증이나 동반상병 동반	상급종합병원 종 합 병 원 병 원 의 원	37,199.44 31,688.57 28,905.74 26,624.49	2,510,960 2,138,980 1,951,140 1,866,380	3,247.05 3,122.16 2,997.28 2,767.56	219,180 210,750 202,320 194,010
G08102	복잡한 주진단에 의한 충수절제술, 심각한 합병증이나 동반상병 동반	상급종합병원 종 합 병 원 병 원 의 원	47,006.87 40,043.26 36,514.43 33,718.74	3,712,960 2,702,920 2,464,720 2,363,680	3,247.05 3,122.16 2,997.28 2,767.56	219,180 210,750 202,320 194,010

자료: 질병군 급여목록 상대가치 점수표 및 적용지침 中

사례 ❷_ 행위별 수가와 차이는?

포괄수가제 확대 적용 당시 보건복지부 보도자료에 따르면, 산모 이모씨는 A병원에서 제왕절개수술로 아이를 낳고 일주일간 입원해 있었다. 입원료, 식대, 마취료, 수술료 등 총 약 170만원이 발생하였고, 그 중 약 75만원을 지불했다. 똑같이 제왕절개수술하고 일주일간 B병원에 입원한 김모씨는 진료비가 총 150만원이 발생하였고, 그 중 27만원을 지불했다. 환자를 위한 비급여 투여가 과잉진료인가?

구분		이모씨(행위별수가)	김모씨(포괄수가)
총 진료비(A+B)		1,746,610원	1,501,180원
본인부담금 (급여 20% + 비급여 100%)		746,570원	270,920원
보험자부담금		1,000,040원	1,230,260원
진료비	급여(A)	1,276,610원	1,501,180원
	비급여(B)	470,000원	–

급여항목: 처치, 수술료, 마취료, 약제료, 검서료, 식대, 입원료

비급여항목: 자궁유착방지제(15만원), 영양제(16만원), 빈혈제 등 약제(10만원). 특수반창고(5.9만원). 기타

* 상급병실료, 선택진료료, 초음파 등 포괄수가와 행위별수가 모두 비급여로 적용되는 비용은 제외

_ **구체적 사례 ①**

환자의 보장성 확대인가, 추가진료 불가로 인한 침해인가

(사례 1) 탈장수술 받으러 온 환자가 속이 쓰리다 한다. 병원은 내시경을 공짜로 해줘야 하는 상황. 검진을 따로 받는 형식을 취해야 하는데 환자를 설득하기 쉽지 않다.
(사례 2) 맹장수술 환자의 장에 작은 혹이 있어서 떼어줘도 수가는 맹장수술로만 받을 수 있으므로 추가치료를 줄이게 된다.

과잉진료 억제인가, 환자의 치료 편의 저해인가

(사례 1) 제왕절개수술 후 자궁유착방지제 처방 : 의료계는 자궁이 흉터 없이 잘 아물고 다음 제왕절개 시 수월하다는 이유로 많이 사용하나 행위별수가제 상 임상증거 부족으로 인해 비보험 대상이다.
(사례 2) 동시수술 불인정으로 자궁수술을 하며 요실금 수술을 하는 사례 감소. 향후 요실금 치료를 위한 재수술 필요.

_ **구체적 사례 ②**

보험재정과 병원재정 사이

(사례 1) 맹장이 의심되는 환자가 임산부일 경우 CT를 찍을 수 없으므로 MRI를 찍어야 하지만, 수십 만원대인 MRI 검사비로 인해 초음파를 이용한다.
(사례 2) 고위험산모가 입원하여 최대한 분만을 늦추고 자연분만을 유도 하지만 여의치 않을 경우 제왕절개수술을 한다. 그 사이에 환자에게 사용한 각종 약물치료 등의 비용을 받을 수 없고, 제왕절개수술 수가만 받을 수 있다.
(사례 3) 기존의 비보험 대상인 치료, 기기, 치료제의 포괄수가제 포함
      - 편도 및 아데노이드 수술 시 사용하는 코블레이터(coblator)
      - 제왕절개 시 자궁유착방지제
      - 백내장 수술 전 각막형태 검사(ORB CT)
      - 맹장수술 시 사용하는 창상봉합용 액상접착제

❖ 심사평가원 홈페이지에서 포괄수가에 따른 예상 진료비 확인 가능하다.

● 포괄수가 한번에 계산하기

- 포괄수가 진료비를 간편하게 확인할 수 있는 화면입니다.
- 수술명, 수술 시행 날짜, 입원일수, 자격기준, 복강경시술, 양측시술, 외과전문의 가산여부, 야간·공휴 여부 등을 선택하면 요양기관 **? ?** 종류에 따른 총 진료비와 본인부담금을 확인할 수 있습니다. (환자가 실제 납부하는 본인부담금은 전문의선택진료 **?** 료, 초음파검사, 상급병실료, 식대, 외과 전문의 가산, 자가통증조절법(PCA, 무통주사) 등이 추가됨에 따라 달라질 수 있습니다.)

수술명	충수절제술(맹장수술) ▼
수술 시행 날짜	20170429　🗓 입력 예) 20120701
입원일수	2 ▼ • 1일부터 30일 입원까지가 포괄수가에 적용되며 31일 이후 입원은 포괄수가에서 제외됩니다. • 입원일수에 따라 진료비가 달라집니다.
자격기준	일반(본인부담금20%) ▼ 자격기준에 따라 본인부담금이 달라집니다.
상세수술명	☑복잡한 주진단에 의한 충수절제술(맹장수술)(G0810) ☐복잡한 주진단이 없는 충수절제술(맹장수술)(G0820) ☐복강경을 이용한 복잡한 주진단에 의한 충수절제술(맹장수술)(G0830) ☐복강경을 이용한 복잡한 주진단이 없는 충수절제술(맹장수술)(G0840) 복잡한 경우는 충수의 암이나 복막염을 동반한 경우를 의미합니다.
야간·공휴 여부	☐ 야간, 공휴 수술 야간, 공휴수술은 18시~09시 또는 공휴일에 응급진료가 불가피하여 수술을 행한 경우를 말합니다. 해당하는 경우에만 체크하시기 바랍니다.

검색하기

2016. 12월 일산병원 연구보고서에 의하면, 상급종합병원 산부인과에서 포괄수가제 적용 이후 진료형태의 변화를 가져왔다. 해당 연구의 수행기관은 일산병원 연구소이며, 포괄수가제를 도입한 43개 상급종합병원을 연구 대상으로 하였다. 해당 연구는 의료공급자가 진료이익 극대를 위해 진료 효율성을 추구하는 진료형태를 보이나, 그 행위가 비윤리적으로 과도하지 않은 것으로 결론을 내렸으며(재입원율 등), 실제로 재원일수, 응급수술 빈도 등이 감소하였다. 의료비 증가에 대해 단기적으로 정책목표 달성 평가는 어려우나 보험자 부담금이 큰 폭으로 증가함으로써 의료 보장성 강화되었다. 아마도 병원 내부적으로 소요비용 절감으로 효율화 추구, 효율적 진료에 대한 협의 및 치료 관리 표준화가 있었을 것으로 보인다. 진료의 질이 감소한다는 주장은 일정부분 근거가 있다고 보인다(특히, 고가의 재료를 사용하는 동시수술 시술 등).

❖ 신포괄수가제(New Bundled-Payment)

현행하는 의료비 지불제도중 기존의 포괄수가제에 행위별 수가제가 반영된 신포 괄수가제는 2009년 4월 국민건강보험공단 일산병원에서 일부 시작되어, 2012년 7월 1일부터 국민건강보험공단 일산병원 및 지방공사의료원 등 약 40개소에서 혈우병, 에이즈, 다발성외상 등 550개 질병군을 대상으로 시범사업으로 시행하고, 점차 확대 하여 2020년 현재 99개 국공립 및 민간의료기관이 567개 질병군을 대상으로 시범사 업에 참여하고 있다.

신포괄수가제는 입원기간 동안 발생한 입원료, 처치 등 진료에 필요한 기본적인 서비스는 포괄수가로 묶고, 의사의 수술, 시술 등은 행위별 수가로 별도 보상하는 제도로 포괄수가제의 단점을 보완하기 위하여 고안되었지만, 행위별수가제와 포괄 수가제의 장점보다는 단점이 부각되고 있다는 비판적 시각도 있다.

신포괄수가제 = 포괄수가제 + 행위별수가제

입원기간 동안 발생한 진료에 대해 기본 서비스 의사가 제공하는 수술, 시술, 선택진료비, 상급 병실료, 식대 등

비판적 시각은 첫째, 분류체계 및 수가의 적절성, 신의료기술 제한 등 논쟁이 있을 수 있고, 둘째, 7개 질병군 포괄수가제는 암이나 중증질환 등 복잡한 수술을 포함하 는 전체 질병군으로 확대가 어려움이 있다. 적용 질병군 증가가 아닌 적용 기관 확대 로서 추진하고 있다.

표 1.8 ▮ 7개 질병군 포괄수가제와 신포괄수가제 비교

구분	*급여 구분	7개 질병군 포괄수가제	신포괄수가제	
포괄 수가 영역	급여	전체 비용(외과가산료 포함)	단가 10만원 미만	전체 비용
			단가 10만원 이상	비용의 20%
	비급여	• 치료목적의 전체 항목비용 • 임의비급여 비용 중 50%	• 치료목적의 단가 10만원 미만 항목비용 • 초음파검사비용 · 임의비급여 전체비용	
행위별 수가 보상	급여	• 식대 • PCA • 입원일 30일 초과 진료비용	• 단가 10만원 이상 항목의 80% 비용 • 외과가산료 · 식대 · PCA • 정상군 상단일자 이후의 진료비용	
	비급여	• 초음파검사비용 · MRI · PET • 병실료차액 등 치료목적 외 비급여 비용	• 치료목적의 단가 10만원 이상 항목비용 • 병실료차액 등 치료목적 외 비급여 비용	
열외군 보상	기준	행위별수가 - 포괄수가 〈 100만원	행위별수가 - 포괄수가 〈 200만원	
	금액	100만원 초과금액의 100% 보상	200만원 초과금액의 100% 보상	

* 급여여부 : 행위별수가제에서의 급여기준

출처 : 의협신문(http://www.doctorsnews.co.kr)

③ 봉급제(Salary)

사회주의국가나 영국과 같은 국영의료체계의 병원급 의료기관의 근무의에게 주로 적용되는 방식으로 농·어촌 등 벽·오지에 거주하는 국민이라도 쉽게 필요한 때 의료 서비스를 제공받을 수 있으나 그 진료수준은 낮은 편이다.

법·제도상으로 공공의료의 혜택을 모든 국민이 받을 수 있게 되어 있으나, 제한된 의료시설 및 인력 때문에 의사의 윤리적 기준이 낮은 나라의 경우 개인적인 친밀관계나 뇌물수수관계에 따라 의료혜택의 기회가 부여될 여지가 있다.

봉급제의 단점은 의사의 관심이 환자진료보다는 승진 또는 더 높은 보수를 위해서 승진결정권을 가진 상사나 고위공직자의 만족에 맞추어진다는 것이다.

④ 인두제(Capitation)

인두제는 문자 그대로 의사가 맡고 있는 환자수, 즉 자기의 환자가 될 가능성이 있는 일정지역의 주민수에 일정금액을 곱하여 이에 상응하는 보수를 지급 받는 방식

이다.

주민이 의사를 선택하고 등록을 마치면, 등록된 주민이 환자로서 해당 의사의 의료서비스를 받든 안 받든 지간에 보험자 또는 국가로부터 각 등록된 환자수에 따라 일정수입을 지급 받게 된다.

인두제는 기본적이고 비교적 단순한 1차 보건 의료에 적용되며, 의료전달체계의 확립이 선행되어야 한다. 따라서 주치의사 또는 가정의의 1차 진료 후에 후송의뢰가 필요한 경우에만 전문의의 진료를 받을 수 있다.(영국의 일반가정의에게 적용되는 방식)

⑤ 총액계약제(Global Budget)

보험자 측과 의사단체(보험의협회)간에 국민에게 제공되는 의료서비스에 대한 진료비 총액을 추계하고 협의한 후, 사전에 결정된 진료비 총액을 지급하는 방식으로 (의사단체는 행위별 수가기준 등에 의하여 각 의사에게 진료비를 배분함) 독일의 보험의에게 적용되는 방식이다.

총액계약제는 전체 보건의료체계 또는 보건의료체계의 특정 부문에 국한하여 적용이 가능하다.

전체 보건의료체계 또는 총액계약제가 적용되는 보건의료 부문의 비용에 대한 효과적 조정이 가능하므로, 진료의 가격과 양을 동시에 통제 및 조정함으로써 진료비 지출 증가 속도를 조절하고 예측할 수 있다. 그러나 이 제도는 의료서비스 제공자가 과소진료를 제공하거나 건강상태가 좋지 못한 환자를 기피하는 현상도 발생할 수 있다.

표 1.9 ▋진료비 지불제도의 장·단점

지불방식	장점	단점
행위별수가제 (Fee-for- service)	• 환자에게 충분한 양질의 의료서비스 제공 가능 • 신의료기술 및 신약개발 등에 기여 • 의료의 다양성이 반영될 수 있어 의사·의료기관의 제도 수용성이 높음	• 환자에게 많은 진료를 제공하면 할수록 의사 또는 의료기관의 수입이 늘어나게 되어 과잉진료, 과잉검사 등을 초래할 우려가 있음 • 과잉진료 및 지나친 신의료기술 등의 적용으로 국민의료비 증가 우려 • 수가 구조의 복잡성으로 청구오류, 허위·부당청구 우려
포괄수가제 (Burdled- Payment)	• 경영과 진료의 효율화 • 과잉진료, 의료서비스 오남용 억제 • 의료인과 심사기구·보험자간의 마찰 감소 • 진료비 청구방법의 간소화 • 진료비 계산의 투명성 제고	• 비용을 줄이기 위하여 서비스 제공을 최소화하여 의료의 질적 수준 저하와 환자와의 마찰 우려·조기 퇴원 • DRG코드조작으로 의료기관의 허위·부당청구 우려 • 의료의 다양성이 반영되지 않으므로 의료기관의 불만이 크고 제도 수용성이 낮음
봉급제 (Salary)	• 의료서비스 제공을 위한 직접비용이 독립계약 하에서 보다 상대적으로 적음	• 개인적 경제적 동기가 적어 진료의 질을 높인다거나 효율성 제고 등의 열의가 낮음 • 관료화, 형식주의화, 경직화 등 우려 • 진료의 질적수준 저하
인두제 (Capitation)	• 진료비 지불의 관리 운영이 편리지출 비용의 사전 예측 가능 • 자기가 맡은 주민에 대한 예방의료, 공중보건, 개인위생 등에 노력 • 국민의료비 억제 가능	• 의사들의 과소 진료 우려 • 고급의료, 최첨단 진료에 대한 경제적 유인책이 없어 신의료기술의 적용 지연 • 중증 질병환자의 등록기피 발생 우려
총액계약제 (Global- budget)	• 과잉 진료·청구의 시비가 줄어들게 됨 • 진료비 심사·조정과 관련된 공급자 불만이 감소됨 • 의료비 지출의 사전 예측이 가능하여 보험 재정의안정적 운영 가능 • 의료 공급자의 자율적 규제 가능	• 보험자 및 의사 단체간 계약 체결의 어려움 상존 • 전문과목별, 요양기관별로 진료비를 많이 배분 받기 위한 갈등 유발 소지 • 신기술 개발 및 도입, 의료의 질 향상 동기가 저하되며, 의료의 질 관리가 어려움 (과소 진료의 가능성)

출처: 건강보험심사평가원

WORKSHOP

- 영국이 시행하는 인두세의 장점은?

- 독일이 시행하는 총액계약제를 우리나라에 적용하면 장점과 단점은?

표 1.10 ▌각국의 진료비 지불제도

지불방식	의원급	병원급
한국	•행위별수가제 •일부 DRG 실시	•행위별수가제 •일부 DRG 실시
독일	•총액계약제 •보험자단체와 보험의협회가 진료비 총액을 연간 계약하고 그 총액을 보험의 협회에게 일괄하여 지불함 •보험의협회에서 개개 의사에게 수가표를 기준으로 행위별수가제로 지불	•총액계약제 •보험자단체와 보험의협회가 진료비 총액을 연간 계약하고 그 총액을 보험의 협회에게 일괄하여 지불함 •보험의협회에서 개개 의사에게 수가표를 기준으로 행위별수가제로 지불
프랑스	•선불 상환 방식에 의한 행위별수가제(총액규제실시) •의사조합과의 전국 협약을 통해 총액범위 내의 외래진료비 지급	•공적병원: 총액계약제(1984년~) •민간병원: 환자 1일당 입원료로서 정액 지불(일부진료에 대한 포괄수가제 실시)
일본	•행위별 수가제	•행위별 수가제 •DRG 시범 사업 중
대만	•총액 계약제 •치과외래(1998.07.),한방(2000.07.) •외과외래(2001.07.),병원(2002.07.) •인두제, 포괄수가제	•행위별 수가제 •일부 포괄수가제 실시
미국	•행위별 수가제 •진료보수점수표에 의거 상대가치수가 •(RBRVS)방식으로 지불 •인두제	•DRG
영국	•인두제	•병원 근무의는 공무원으로서 봉급제

WORKSHOP

우리나라에서 사용되는 지불보상제도는? 행위별수가제, OO수가제, OOOO수가제가 있다.

출처: Posted on April 18, 2017 by henrykotula

그림 1.6 ▮ Cartoon - Fee for Service Healthcare

WORKSHOP

약제비 본인부담 가산(약제비 본인부담 차등) 제도가 건강보험재정에 미치는 영향은?

WORKSHOP

■ 약제비 비중이 OECD국가 평균보다 높은 이유는?

■ 포괄수가제 비율이 증가할까? 줄어들가? 그 이유는?

ISSUE ❸

현재 한국의 의사수와 진료시간은 적절한가?

보건복지부는 'OECD 보건통계(Health Statistics) 2020'의 주요지표별 수준 및 현황 등을 분석한 결과에 따르면, 2018년 기준 우리나라 임상의사 수(한의사 포함)는 인구 1천 명당 경제협력개발기구(OECD) 평균 3.5명보다 낮은 2.5명으로 낮고, OECD 국가 중 최하위 수준이었다.

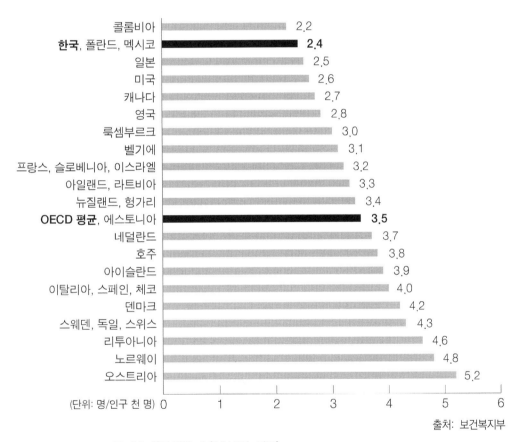

(단위: 명/인구 천 명)

출처: 보건복지부

그림 1.7 ▌OECD 국가별 임상의사 수(2018년 기준)

■ 한국의 의사수와 진료시간

복건복지부 ▶ 서울의 종로, 강남, 중구에는 인구 1000명당 의사 수는 11명이고 경북의 군위, 영양, 봉화의 의사 수는 0.7명밖에 되지 않아서 진료공백이 있다는 주장.

의료계 답변 ▶ '국가별 의사 밀도'(10km²당 의사가 얼마나 있는가를 보여주는 지표)는 이스라엘(12.4명), 벨기에(10.7명), 한국(10.4명) 등의 순서로 '의사의 접근성 측면에서 한국은 의사의 수가 부족하지 않다'고 주장한다.

■ 한국의 환자1인 진료시간

보건복지부 ▸ 환자 1명당 1차 의료기관에서의 진료 시간이 한국은 4.2분인데 OECD 11국 평균은 17.5분이라는 주장이다.

대한의사협회의 답변 ▸ '한국인의 1년 병원 방문 횟수는 16.9회로 OECD평균 6.8회보다 크게 많다'고 주장한다.

정부는 의사가 부족하다는 입장이고 의협은 OECD 평균 대비 의사는 부족하지 않다는 주장이다. 한 마디로, 의협은 의사가 부족하다는 정부의 주장이 잘못됐다는 것이다. 누구의 주장이 옳은가?

정부와 의료계 주장의 타당성을 검증하기 위해서는 한국의 의료체계인 공적의료보험과 그 핵심인 최고 가격(특히 의료수가) 제도를 이해해야 한다. 여기에서 최고가격이란 정부에 의해 고정되고 자유시장가격 보다 언제나 낮은 가격을 말한다. 그러나 최고가격은 일정시점에는 고정되었지만 장기적으로는 인상되 어 왔다. 지난 3년간에는 의료수가는 변동이 없어 최고가격은 자유시장가격보다 더 낮아졌다. 그리고 최고가격이 자유시장가격보다 얼마나 낮은가는 진료과목에 따라 모두 다르다. 예를 들어, 응급의료는 최고가격이 너무 낮아 대형병원도 응급의료를 유지하는 일은 손실이 크게 발생한다. 자유시장가격일 때 와 비교하여, 최고가격은 의료서비스 공급을 적게 하고 수요는 증대하게 만든다. 의료수가가 낮게 고정 되어 있기 때문에 의사는 최대한 많이 진료하지 않을 수 없는 환경이다. 즉, 행위별수가제의 부작용이 발생한다. 당연히 1인당 진료시간은 최대한 짧아지지 않을 수 없다. 1차 의료기관에서 진료시간이 평균 4-5분밖에 안 되는 것은 의료수가 규제 때문이다. 즉 진료시간이 매우 짧은 것은 의료수가를 최고가격 으로 규제한 결과이지 의사의 수와 관련이 없다는 것이다. 의료수가가 최고가격인 상황에서는 의사들은 병원 경영이 쉽거나 적절한 소득을 확보하기가 쉬운 장소에서 병원을 개업하기를 원한다. 특히 인구가 감소하고 있는 농촌 지역은 기피의 대상이 되지 않을 수 없다. 지역별 의사 수의 격차가 큰 것은 가격 규제의 당연한 귀결이다. 여기에 자녀 교육 환경 등도 의원 개업 장소의 선정에 영향을 미친다.

의사들의 진료과 선택의 쏠림현상이 지속화되어 내과, 외과, 산부인과, 소아과, 응급의학 등은 의사가 턱없이 모자라고 성형외과, 피부과, 정형외과 등에서는 의사가 차고 넘친다. 의사들의 진료과목 선택은 어떤 진료과목의 노력 대비 보상과 미래 전망, 자유시장가격을 적용할 수 있는 의료수요의 크기, 적성 등에 의해 결정된다. 예를 들어, 실리콘 유방 확대술과 같은 성형 수술은 자유시장가격일 뿐만 아니라 수요가 적지 않기 때문에 의사가 몰리는 것이다. 산부인과 의사와 분만실이 없어서 농촌을 포함한 중소 도시에서 아기를 분만하는 일은 이제 거의 불가능에 가깝다. 그러고도 정부는 농촌 사람들이 아기를 더 낳기를 바라고 있다. 인구의 대부분이 수도권에 거주하고 인구가 밀집된 지역에서는 의사의 수가 많기 때문에 국가별 의사밀도가 높게 나타나는 것은 당연하다. 그러나 농촌 지역에서는 상황이 완전히 정반대 이다. 이런 상황에서 의사의 접근성 측면에서 한국은 의사의 수가 부족하지 않다는 의사협회 주장은 농 촌지역의 적은 비중을 간과한 결과이다. 환자 입장에서는 진료비가 자유시장가격보다 매우 낮기 때문에 환자는 가벼운 증상에도 병원을 찾고, 경우에 따라서는 여러 병원을 전전한다. 서울의 대형 병원으로 환자가 몰리는 것도 환자가 지불하는 비용이 적기 때문이다. 더불어 KTX와 같은 교통의 발달도 대형 병원을 중심으로 환자가 몰리는 현상이 가속화된다. 그 결과 대형병원에서는 환자1인당 진료시간이 짧 아지고, 병상의 부족현상이 일어난다.

한국의 초진료, 재진료 적절한가?

  대한의사협회 의료정책연구소가 공개한 '주요국 의원급 의료기관 진찰료' 자료에 따르면 2020년 기준 한국의 초진료는 미국의 12.2%, 캐나다의 21.6%, 호주, 프랑스, 일본의 약 50% 수준인 것으로 나타났다.

  우리나라는 초진, 재진을 구분하고 있으며 의료기관 종별로 수가의 차이가 있다. 진찰료는 기본진찰료와 외래관리료의 합으로 이뤄지는데 올해 의원급 의료기관의 초진료는 1만 6,140원, 재진료는 1만 1,540원이다.

표 1.11 **|** 2020년, 2021 초진료 및 재진료 조정현황

(단위: 원)

구분		2020년	2021년	증가
의원	초진진찰료	16,140	16,470	330
	재진진찰료	11,540	11,770	230
병원	초진진찰료	15,920	16,150	230
	재진진찰료	11,530	11,700	170
종합병원	초진진찰료	17,700	17,960	260
	재진진찰료	13,320	13,520	200
상급종병	초진진찰료	19,490	19,780	290
	재진진찰료	15,110	15,330	220

출처: 의학신문

  초진료 기준 상위 3개국은 미국(13만 2001원), 캐나다(7만 4683원), 프랑스(3만 3183원) 등이며, 한국은 최하위였다. 재진료 기준 상위 3개국은 미국(9만 1924원), 캐나다(7만 4683원), 프랑스(3만 3183원)이며, 한국은 하위 두 번째로 미국의 12.6%, 캐나다의 15.5%, 호주, 프랑스의 30% 초반 수준이었다.

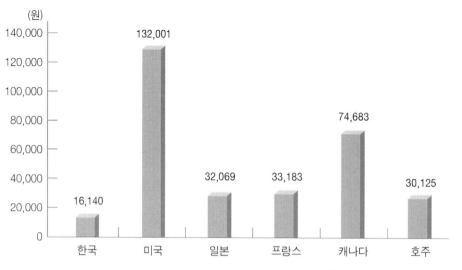

출처: 대한의사협회 의료정책연구소

그림 1.8 ▌주요국 의원 외래 초진 진찰료 수준 비교(2020년 기준)

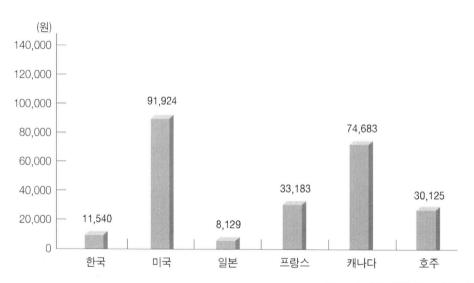

출처: 대한의사협회 의료정책연구소

그림 1.9 ▌주요국 의원 외래 재진 진찰료 수준 비교(2020년 기준)

> ⚠ **WORKSHOP**
>
> NHS(National Health Service) vs NHI(National Health Insurance)

> ⚠ **WORKSHOP**
>
> - 한국의 의사수 늘려야 하나? 줄여야 하나? 그 이유는?
> - 우리나라 전문의 vs 일반의 비율은? 한국 vs 영국

> ⚠ **WORKSHOP**
>
> - OECD 국가와 비교하여 우리나라의 초진, 재진 진찰료가 상대적으로 낮다. 그것이 약제비 비중에 미치는 영향은?
> - 우리나라에서 비대면 원격진료가 시행되지 못하는 이유는?

03 우리나라 국민건강보험의 특징

1) 국민건강보험공단의 독점적 지위(monopoly)와 3자 지불 방식

공공 보험은 "수요자" 즉 국민의 입장에서 수요를 예측하고 그에 맞게 가격을 결정한다. 가격을 결정하고 나면 국가가 국민 대신 약가에 대한 지불을 하는 3자 결정 과정이다. 그렇기 때문에 처방권자에 의한 도덕적 해이가 일어날 수 있는 구조이다.

이 구조를 잡기 위해 정부는 다양한 약가 규제 정책을 만들고 있다.

2) 문재인 케어

문재인 케어는 2019년 현재 보장률 63%에서 몇년 안에 보장률 70%로 올린다는 계획이다. 즉 비급여가 완전히 사라지는 것이 아닌, 보험률을 현재보다 대폭 올리는 정책이다. 문제는 이렇게 하기 위해서 엄청난 재원이 필요하다. 현재 건강보험 흑자 비축금이 20조가 쌓여 있는데 5년 안에 9조의 적자가 날 것으로 예측된다. 더불어 세계에서 가장 빠른 속도로 진행되는 노령화 등 정부의 의료비 지출은 계속 늘어날 것으로 전망하기 때문에 건강보험의 적자는 앞으로 증가할 것으로 예측이 된다. 결국 건강보험재정 악화로 인하여 더 강력하게 약가를 통제할 가능성은 점점 높아지고 있으며 일부는 현실화되고 있다.

3) 정부의 약가 통제 방식

기본적으로 정부는 가격을 통제하고 총량을 통제한다. 가격과 총량을 통제하면 지출이 통제되기 때문이다. 정부는 수요를 예측하여 약가 구매 가격을 내리도록 한다.

표 1.12 ▌정부의 개입에 의한 약가 통제 방식

가격 통제	총량 통제	지출 통제
가격(Price) ×	양(Volume) =	지출금액
• 직접적인 가격 규제 • 일괄 약가 인하 • 실거래가/적응증 확대 가격 인하 • 신약 경제성 평가 • 순가격을 낮추기 위한 환급 • 국가간 참조 가격제 • 특허 만료 약가 인하 • 본인부담금 • 선별급여(본인부담금 차등화)	• 심평원 처방 가이드라인(선별 등재방식) • 사후 재평가 및 기등록 목록 정비 • 위험부담제 • 약품별 사용량 규제 • 보험 적용 환자수 규정 (Utilization cap) (보험 협상 대상이 됨)	• 사용량 약가 연동제(일정량 이상의 사용량 발생시 약가 인하) • 성분별 처방 혹은 대체 조제 • 저가 구매 및 제네릭 사용 장려 • 총액 계약제(Total cap) • 인센티브

단위가격 인하	불필요한 처방 제한	전반적인 지출 규제 및 재정 건전성 확보

위의 표에 다양한 가격 통제 방식이 있다. 약가를 일괄 인하하기도 하고, 특허권을 이용하여 가격을 내리기도 한다. 또한 신약 등재를 기존 대체제(기존약, 복제약)과 효능을 비교하여 별 차이가 없으면 기존 싼 약값으로 정해버린다. 즉, 백만원짜리 신약도 기존 대체제나 기존에 있는 1,000원 짜리 약하고 같은 효능이라고 정부가 판단하면 1,000원으로 약가를 맞출 수 있다는 것이다. 그리고 사용량을 조절한다. 심사평가원의 심평의학, 사후 재평가를 통한 수요 통제, 약품별로 사용량 자체를 정해버린다. 또한 저가 구매 인센티브제도, 복제약 사용 장려정책 등으로 약의 사용 자체를 통제한다.

신약의 경우도 복잡한 트랙을 거치는데, 임상적 유용성, 비용 효과성 등을 건강보험심사평가원에서 판단을 하고 그 후 건강보험정책심의위원회를 통과하여 대체제, 기존 약과 효능을 분석하여 약제급여 평가 위원회를 거쳐 평가하게 된다.

만약 기존의 약 보다 환자가 1~3개월을 더 살게 하는데 가격 차이가 1억이 난다면 경제성이 없다고 평가 받을 것이다. 이런 경우는 신약 급여를 해줄 수 없는 반면, 1년을 더 살게 해주는 의약품의 가격이 기존 약보다 1천만 원 정도 더 비싼 경우에는 경제성이 있다고 판단하여 급여를 해줄 수가 있다. 환자가 1년간 생명을 유지하는 데 필요한 약값으로 통상 국민 1인당 GDP 수준으로 정한다. 2013년 11월부터 ICER 탄력적용이 이뤄져 그동안 1GDP 수준인 2,500만 원에서 2GDP 수준인 5,000만 원까지로 적용받고 있어 약제비 상승의 원인이라는 지적도 있다.

우리나라 약가 사후 관리의 원칙은 사용량이 많아지면 가격인하를 의미하고 할 수 있다. 처방이 많아져 사용량이 증가하면 의약품 가격은 내려간다는 의미이다. 즉, 사용량 증가 의미는 재정부담률이 올라간다는 이야기고 정부 지출이 늘어난다는 것이다. 그러므로 정부는 사용량 처방 연동제 등으로 가격을 통제한다. 또한 특허 만료시 약가를 인하한다. 약가를 20% 씩 한번 모든 제품을 다 내리기도 했다. 재정부담이 커지고 정부 지출이 늘면 늘수록 약가는 대체적으로 큰 비율로 인하된다. 이에 따라 제약 업계도 정부에 불만이 많다. 미국 쪽은 한국이 지적 재산권을 침해한다고 생각하기도 하지만 우리정부는 약가인하를 통제하고 있다. 약가인하의 문제는, 약가에 대해서 정부가 원가 반영을 잘 해주지 않고 개발비를 인정하지 않기 때문에 우리나라 제약사들이 과감한 투자를 하기 어려운 구조이기 때문이다. 많은 비용과 시간을 투자해서 신약개발을 해도 정부가 투자 가치를 인정해주지 않고, 오로지 현재 있는 약과의 비교를 통해서 현재 약과 비슷한 효능이면 무조건 같은 수가로 인정한다.

WORKSHOP

국민건강보험이 3자 지불방식으로 결정되는 이유는?

04 외국의 건강보험제도

1) 영국

영국의 국가의료제도(NHS: National Health Service)는 1948년에 시작되었다. NHS는 국가에서 운영하는 병원과 주치의(GP)를 지정해 의료 서비스를 제공하는 제도다. 환자들은 의약품 처방을 비롯한 모든 의료 및 치과 서비스를 무상으로 제공받을 수 있으며, NHS는 국민들의 세금으로 운영이 된다.

지난 50년간 의술의 발달(새로운 시술법, 치료법, 복잡한 검사, 현대 의약품 치료요법, 예방의학 등 모두 비싼 기술의 개발)과 함께 고령화 인구를 위한 의료서비스 증가로 의료비용이 급격히 증가했다. 이러한 비용증가를 벌충하기 위해 최근에는 환자들로부터 의료비 일정액을 청구하고 있다. 이제 일반처방, 치과 서비스, 그리고 안경에 대한 비용의 일정부분을 환자가 부담해야 한다. 그러나, 장애인에게는 아직 모든 서비스가 무료다.

현재 NHS는 영국 최대의 고용주다. 의술의 지속적인 발전은 보다 복잡하고 비싼 서비스를 낳고 있으며, 의료비에 대한 부담을 가중시키는 문제를 낳고 있다. 그 결과, NHS 자금 부족으로 제한적인 의료 서비스가 제공되는 사례가 발생하고 있으며, 응급환자의 검사와 치료를 제외한 경우에는 치료가 자주 지연되는 상황이 발생하고 있다. 이러한 지연과 불편함 때문에 많은 사람들이 개인병원을 찾고 있으며, 민간

의료보험에 따로 가입하고 있다.

　이렇게 영국 의료시설(병원, 치과, 안과 등)은 크게 둘로 나눌 수가 있다. 개인병원과 정부에서 지원을 받아서 운영하는 NHS다. 개인병원은 돈을 내면 쉽게 빨리 치료를 받을 수가 있다. NHS는 누구나 무료로 치료를 해 주고 있지만 치료를 받는데 시간이 걸린다. 우선 NHS에 가입하면 GP가 지정된다. 유럽연합국가의 국민이거나 영국과 상호 보건협정을 맺은 나라의 국민이거나 영국에서 6개월 이상 공부할 계획인 학생이면 출신 국가에 상관 없이 NHS의 혜택을 받을 수 있다. GP는 의사이어서 간단한 병은 직접 치료도 해 주지만 복잡한 치료가 필요한 경우에는 큰 병원에 있는 전문의와 약속을 만들어 줄 수도 있다. 그리고 감기약과 같은 약한 것 이외의 것을 구입하려면 GP로부터의 처방이 필요하다. 응급상황을 제외한 모든 경우에 환자는 무조건 주치의의 진료를 받도록 되어 있다. 응급상황의 경우에는 바로 병원 응급실로 갈 수 있지만, 그 외의 경우에는 GP의 추천 후에 전문의를 만날 수 있다. 모든 NHS 가입자들은 지정된 GP가 있으며, 환자의 모든 일차 의료서비스를 지정 GP가 책임지도록 되어있다. 그리고 GP는 의료 서비스를 제공하는 조건으로 NHS로부터 인두세에 기초한 연 수당을 지급받게 된다. 그래서 영국인들은 질병의 검사, 진단, 및 치료를 위해 해당 GP를 찾아가는 것이 일반적인 관례다. 그리고 GP가 판단하기에 전문의의 치료나 진단이 요구되는 경우에는 적절한 병원의 해당과로 추천이 된다. 대개 80%의 경우에는 전문의의 진찰 없이 GP 선에서 모든 진료가 끝난다.

　최근에는 GP가 정기적인 유아 백신 접종, 성인 건강검진, 임신부 검진과 더불어 특정 질병(천식, 당뇨병, 고혈압 등)을 관리하기 위해 특별 의원을 마련하고 있다. 그리고 일부 검사와 치료(피검사, 봉합술, 피부 조직검사 등)를 직접 행하기도 한다. 이러한 치료를 수행할 경우, NHS로부터 추가적인 품목 서비스 비를 받게 된다. GP는 의약 지식이 풍부하며, 가정에서 치료될 수 있는 모든 질병을 치료할 수 있는 사람이다.

2) 독일

◉ 제도유형

사회보험방식

○ 재원

독일 의료보험의 재원은 보험료, 연방정부의 보조금 그리고 기타 수입을 통해 조달된다. 보험료는 원칙적으로 보험가입자와 고용주, 연금보험자(관리기구) 또는 기타 기관들이 소득수준에 따라 부담하며 모두 이른바 건강기금으로 납입된다.

① **건강보험**

○ 보험료

- 보험료율 15.5%(사회법전 제5편 제241조(일반보험료율)
- 고용주 7.3%, 근로자 8.2%(7.3% + 0.9%(특별보험료)) 부담
- 특별보험료 0.9%는 상병수당 및 의치/틀니를 위한 보험료
- 부과소득 : 근로자 근로소득자영업자 자영업 수입 외 자본수입, 부동산소득, 연금소득 포함
- 부과상한선 : 2014년 기준 연 48,600 유로
  - 연방보조금
- 부족한 건강보험 재정을 충당하기 위해 조세를 재원
- 건강기금 재원의 약 9%를 구성(2011년 기준)

② **장기요양보험**

- 보험료로 모든 재원을 충당
- 보험료율 2.05%(무자녀인 경우 2.3%)
- 근로자와 고용주가 50:50
- 부과상한선 : 건강보험과 동일

3) 일본

일본은 피용자보험과 자영자보험으로 구분된다. 피용자보험은 보험자가 기업이냐 정부냐에 따라 조합관장 건강보험과 정부관장 건강보험으로 나뉘고, 자영자보험은 국민건강보험이 있다. 조합관장 건강보험의 경우 보험료는 원칙적으로 사업자와 피보험자가 반반씩 부담한다. 보험료율은 사업내용, 재정상황 등을 고려해 3%에서

9.5%의 범위내에서 자율적으로 결정할 수 있다. 2009년 기준으로 전 조합의 보험료율 평균은 6.93%이고 사용자의 부담은 3.82%, 피보험자의 부담은 3.11%로 나타났다. 정부관장 건강보험은 중소기업의 피용자를 대상으로 국가가 보험자가 되어 실시하고 있다. 보험료는 피용자의 소득에 비례하고 보험료율은 정률로 사업자와 피용자가 50%씩 부담하고 있으며 2009년 기준 보험료율은 8.2%다.

자영자보험에는 시정촌 국민건강보험과 국민건강보험조합이 있다. 시정촌 국민건강보험의 재정은 피용자보험과는 달리 보험료의 사업자부담이 없기 때문에 보험료 수입 외에 국가나 지방정부에서의 공적부담금과 보조금에 의해 재정을 충당한다. 보험자의 대부분이 소득, 자산, 피보험자당 균등, 세대당 균등의 4가지 보험료 부과방식 중 시정촌의 보험자 특성에 맞게 탄력적으로 운영하고 있다. 국민건강보험조합은 동종의 사업 또는 업무에 종사하는 300인 이상으로 조직된 공법인의 조합원으로 도도부현(都道府県)지사의 인가에 의해 설립됐다. 조합관장 건강보험은 협회관장 건강보험에 비해 보험료율이 낮은 조합이 많지만, 안에는 협회관장 건강보험의 보험료율(평균 9.34%)을 넘는 재정 기반이 취약한 조합이 존재한다. 보험료는 피보험자의 표준보수월액 및 표준상여액수에 보험료율을 곱하는 것으로 계산된다(보험료액 = 표준보수월액 × 보험료율).

4) 호주

● 제도유형
국가보건서비스(NHS)방식으로 전국민 건강보장프로그램(Medicare)운영

● 재원
공공재원 70%와 민간재원 30%로 구성

- 공공재원의 44%가 연방정부, 26%가 주정부 및 지방정부의 일반조세로 형성
  * 과세소득의 1.5%(민간보험 미가입 고소득자 이상은 2.5%)를 부과하는 메디케어 의료세, 지방세, 자동차등록세, 토지세 등
- 민간재원은 환자의 본인부담금(17%)과 민간보험(8%)으로 구성

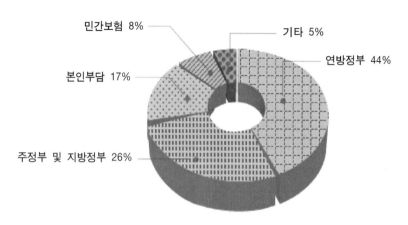

그림 1.10 ▎호주 보건의료재원 구성

5) 미국

◎ 제도유형

공적보험(메디케어, 메디케이드), 민영보험

◎ 재원

메디케어는 연방정부, 메디케이드는 주정부에 의해 운영되며, 전국민의 70%는 민영보험 가입자로 대부분 직장 고용주에 의해 건강보험을 제공받는다.

◎ American Patients First의 핵심 전략

① 경쟁촉진(Increased Competition)

허가 과정을 악용하지 못하도록 방지하고, 바이오시밀러의 활성화를 통해 바이오 의약품들의 경쟁을 장려한다는 내용이다.

② 더 나은 협상(Better Negotiation)

국영 보험이 가격 상승에 대응하기 위해 처방의약품 목록을 조정할 수 있도록 허용하고, 고비용 약물 의약물 관리를 위한 제도적 유연성을 두는 등 다양한 장치를 두겠다는 내용이다.

③ 정가를 낮추기 위한 인센티브(Incentives for Lower List Prices)

DTC(Direct to Consumer) 광고에 표시약가를 포함하는 방안을 검토하고 제네릭간 경쟁을 더욱 투명하게 하기 위하여 메디케어의 의약품 가격 대시보드를 UP DATE 한다는 내용이다.

④ 소비자 부담 비용 완화 (Lowering out-of-pocket Costs)

Pharmacy gag clauses라 불리는 보험 적용과 관련된 비용 전가 행위를 제한하고 약물가격의 증가나 저비용대체 약물에 대한 설명을 추가하도록 권고한다는 내용이다.

6) 한국과 미국의 의료정책

한국의 의료정책은 국민 모두가 돈이 없어 병원에 못가는 일이 발생하지 않도록 저렴한 보험료 부담으로 전 국민들의 의료 보장 체계를 갖추고 있다. 따라서 한국에서는 의료보험 가입은 국민들의 의무사항이자 권리이다. 한국의 의료정책은 다른 나라와 비교하면 단점보다는 장점이 많은 매우 좋은 시스템이다. 일부 단점을 찾는다면 일부 난치병 등에 대한 지원이 부족하거나 국민들이 비급여항목의 부담을 느끼는 정도다. 이 또한 희귀병, 난치병질환 치료제들도 지속적으로 급여 의약품 목록에 등재되고 있다. 즉 적당한 금액으로 높은 수준의 의료서비스를 받을 수 있다. 반면에 의료보험 체계 유지에 점점 더 많은 국가 예산이 투입되고 있으며, 의료보험공단의 재정 악화가 심각한 사회문제로 대두하기 시작했다. 약가는 환자의 의약품 접근성을 보장하면서 동시에 제약회사의 신약개발을 지속적으로 장려하고 보상할 수 있는 적절한 시스템을 근간으로 해야 혁신신약이 개발되고 환자의 건강권에도 공여할 수 있다. 우리나라 건강보험은 단일보험체제로 인하여 평등성을 강조하고 있으나 환자의 다양한 의료욕구를 만족시킬 수 없고 보험재정 적자는 급격하게 증가하고 있다. 이를 해결하기 위해서는 민간보험 도입과 의료영리법인 허용 등 다양한 대안을 고려해 기본적인 건강권을 확보함과 동시에 다양한 욕구를 충족시킬 수 있는 대안이 필요하다. 현재 시행하고 있거나 실행할 예정인 다양한 약가 및 등재정책들은 대부분 약가인하를 유발하고 있어 신약개발에 적합한 정책인지 의문이 있다. 특허권 등 지적재산권에 대한 보장 강화와 신약개발에 대한 과감한 정책이 있어야 한다.

미국의 의료보험제도는 각 개인은 의료보험을 꼭 가입해야 하는 법률이 없고 개인 또는 회사별로 각자 가입해야 한다. 대개의 경우 직장의료보험을 통해 의료혜택을 누리게 된다. 사업주와 본인이 일정한 배분에 의해 공동 부담하는 경우가 일반적이며, 보통 소액의 본인 부담금을 제외하고 그 이상의 의료비를 보험회사에서 처리한다. 미국에는 의료보험회사가 무수히 많으며 종류도 다양하므로 여러 의료보험회사를 살펴보고 자신의 예산과 실정에 맞는 회사를 선택해야 한다. 하지만 미국의 의료정책은 비싼 보험료를 낸 사람들은 의료보험 혜택을 볼 수 있지만, 의료보험 미가입자는 각자가 알아서 비싼 병원비를 부담하면서 병원을 찾아가야 한다. 미국의 의료보험 미가입자는 약 9%(약 3,000만 명)에 이른다. 보험 가입자에 대해서도 어떠한 수단을 강구해서라도 보험금의 지불거부로 인하여 이윤의 최대화를 올리는 의료보험 회사, 제약회사, 이에 유착한 정치가들을 폭로한 다큐멘터리 영화 'Sicko'에서 볼 수 있듯이 미국인들의 상당수 사람들은 의료보험 혜택에서 벗어나 있는 상황이다. 미국은 고령자와 저소득층을 위해 메디케어, 메디케이드와 같은 의료보험제도가 있다. 하지만 의료보험비용이 매우 비싸다. 문제는 저소득층도 아니고 그렇다고 해서 비싼 의료보험료를 감당하기에는 너무 잘 살지도 않는 사람들 즉 의료보험정책의 공백이 존재한다. 그런 문제를 해결하기 위해 오바마대통령이 들고 나왔던 것이 오바마케어이다.

 WORKSHOP

다큐멘터리 영화 'Sicko'를 통해 알 수 있는 한국 vs 미국의 의료보험제도 장단점은?

그림 1.11 ▌2007년 Sicko 다큐멘터리 영화

ISSUE ⑤

COVID 19 치료비용 한국 vs 미국

한국은 감염증 진단과 치료에 드는 비용을 전액 지원하고 있어 국민은 물론 외국인도 부담없이 검사를 받고 있다. 의사의 이상 소견이 없이 환자의 요구로 검사를 하는 경우를 제외하고는 검사와 격리, 치료 등에 드는 비용을 건강보험공단과 중앙정부, 지방자치단체가 전액 부담한다.

미국은 질병통제예방센터 CDC가 전담하는 코로나19 검사 비용은 '무료'이다. 그러나 CDC 검사 비용을 제외한 나머지 진료비와 병원 입원비 등은 환자 개인이 지불해야 한다. 민간의료보험을 중심으로 의료시스템이 구축돼 있어 의료보험료가 비싸다는 이유로 보험에 가입하지 않는 사람들이 많다. 전체 미국인의 9%에 달하는 약 3,000만 명 정도가 의료보험 미가입자인데 이들은 바이러스 증상이 나타나도 병원에 가기를 꺼리는 경우가 많다.

한국의 국가의료보험과 달리 미국의 민영의료보험 제도로 인해 보험 미가입자들이 검사와 치료를 꺼리는 상황이 나타나면서 우려를 낳고 있다.

미국 메사추세츠에 거주하는 대니아스키니 씨는 지난 2월 말부터 가슴통증과 고열로 세 차례 병원을 방문했고, 코로나19 판정을 받았다. 하지만 의료보험에 가입되지 않았던 그녀는 자신이 받은 검사비와 치료비 청구서를 SNS에 공개했다. 그녀가 공개한 코로나19 진단 검사비용은 907 달러로 한화 약 110만 원이었고, 치료비로 청구된 금액은 무려 3만4,972 달러로 한화 약 4,280만원이었다.

최근 트럼프 미국 대통령 코로나 19 치료비용을 추정하면 약 10만달러가 넘을 것으로 추정했다(트럼프 대통령의 치료비는 전액 연방정부에서 지원). 평범한 미국인이 도널드 트럼프 미국 대통령과 같은 의료적 혜택을 누리려면 10만달러(약 1억1천600만원)가 넘게 든다. 코로나 19의 양성판정을 받은 보험 미가입자는 환자는 어떻게 해야 하나? 난감한 상황이 아닐 수 없다.

한국은 모 대학병원에서 코로나19로 치료받은 환자가 공개한 치료비 명세서에 의하면 약 19일 동안 치료를 받았고, 병원 측으로부터 명세서를 받았는데, 진료비 총액이 970만 원이고, 환자부담총액은 140만원, 하지만 이 금액도 건강보험공단에서 부담했다. 결국 이 환자는 병원비 중 의료용품비 4만여 원만 지급했다.

코로나19 사태를 계기로 각 국가들은 의료보장제도 미비점에 대한 대책 마련에 나서고 있다. 전문가들은 코로나19 이후 건강보험 수요가 증가하고 건강보험 필요성에 대한 인식도 높아질 것이라고 예측하고 있다.

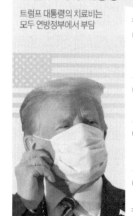

트럼프 미국 대통령 코로나19 치료 비용 추정

트럼프 대통령의 치료비는 모두 연방정부에서 부담

■ 입원 및 치료 비용 (60세 이상 환자 중간값)
→ 6만 1,912달러 (약 7,173만원)
※응급실 진료비, 병원 처방 약값 등 모두 포함

■ 응급헬기 왕복 탑승 비용 (에어 앰뷸런스)
→ 4만 달러 이상 (약 4,634만원 이상)

■ 코로나19 치료제 '렘데시비르'
→ 3,120달러 (약 361만원)
※민간 의료보험 가입자의 경우

■ 코로나19 검사비
→ 100달러 (약 12만원)

총 약 10만 달러 이상
(한화로 약 1억 1,600만원 이상 예상)

출처: NYT. 페어헬스

05 국민건강보험 개요

1) 현행 건강보험료 부과체계의 문제점

우리나라는 질병이나 부상으로 인해 발생한 고액의 진료비로 가계에 과도한 부담이 되는 것을 방지하게 위하여, 국민들이 평소에 보험료를 내고 보험자인 국민건강보험공단이 이를 관리·운영하다가 필요시 보험급여를 제공함으로써 국민 상호간 위험을 분담하고 필요한 의료서비스를 받을 수 있도록 하는 사회보장제도를 택하고 있다. 건강보험은 의료시스템의 작동에 있어서도 핵심적인 위치를 차지하고 있기 때문에 건강보험은 의료의 전 부문에 재원을 공급하는 역할을 담당하고 있다. 사회보험 방식으로 운영되는 국민건강보험은 사회적 연대를 기초로 의료비 문제를 해결하는 것을 목적으로 하므로 소득수준 등 보험료 부담능력에 따라서 보험료를 부과하는데, 직장가입자와 지역가입자로 적용대상을 구분하여 부과한다. 직장가입자는 사업장의 근로자 및 사용자와 공무원 및 교직원 그리고 그 피부양자로 구성되고 지역가입자는 직장가입자를 제외한 자를 대상으로 한다.

그러나, 우리나라의 건강보험료 부과체계는 형평의 문제를 악화시키는 구조로 설계되어 있어 건강보험제도에 대한 신뢰성 제고와 보험료 인상의 걸림돌로 작용하고 있다. 특히, 직장가입자 보다 지역가입자의 역차별이 형평성에 문제가 되고 있는데, 지역가입자의 경우 가족구성원 모두의 경제력이 보험료에 반영되는 반면, 직장가입자의 피부양자로 인정되는 경우에는 추가적 부담이 없기 때문이다. 또한, 건강보험 재정이 적자가 나는 근본적인 이유는 재정의 수입보다 국민들이 의료서비스를 받으면서 지출한 재정이 많기 때문에 보험료 일괄 인상보다는 현재의 보험제도를 개선이 필요할 것으로 생각된다. 따라서 부과방식 체계의 개선은 지역 간, 개인 간의 형평을 구현할 수 있도록 개인의 경제력이 보험료 부과에 반영되고, 직장과 지역 간 부과체계와 단위의 통일이 필요하며, 직종 간에도 소득파악 정도의 격차가 심한 점을 감안하여 소득에 전적으로 의존하는 보험료 부과체계를 지양하고, 사회보험 특성상 보험 가입자는 본인이 부담하는 액수와 혜택받는 정도를 인지한 방향에서 개선이 이루어져야 할 것으로 생각된다.

2) 대형병원으로의 의료 서비스 쏠림 현상

우리나라 국민은 사실상 큰 제약 없이 개인의 선호와 능력에 따라 의료기관을 선택할 수 있다. 국민건강보험 규칙에서 요양급여 이용단계를 2단계로 구분하고 있지만, 1단계 의료에서 환자가 요구하면 의사는 2단계 의료를 이용하기 위한 진료의뢰서 발급을 거부하기 어렵다. 따라서 법정 규정은 형식적 조건으로만 작용하고 있다. 단계적 의료이용에 대한 제한이 없는 상황에서, 보장성 확대에 따른 환자의 비용부담 완화, 행위별수가제의 양적 수입증대 상황은 의료기관 간 무한경쟁을 유도하여 국가적으로 중복투자를 초래하고 거대 투자 자본을 갖춘 수도권 대형병원으로 환자 쏠림 현상을 심화시키고 있다. 인구 1,000명당 의사 수는 2.2명으로 OECD 평균 3.3명에 비해 적고 회원국 중 가장 낮은 수준이지만, OECD 국가 중 국민1인당 외래방문횟수는 가장 높다. 결과적으로 의사 1인당 외래 환자 수가 가장 많은 우리나라에서 1차 의료의 질을 높이기 어렵다. 실제로 1차 의료의 질 지표로 활용되는 예방 가능한 입원율이 2006년 이후 계속 증가하고 있으며 특히 당뇨 입원이 차지하는 비중이 증가하고 있다. 예방 가능한 입원율이 높은 것은 입원 전 단계인 외래서비스가 부족했다는 것으로 해석되는데, 우리나라 상황에서 예방 가능한 입원율의 증가는 의료이용량의 부족보다는 의료의 질(Quality)과 결과(Outcomes) 향상에서 부진한 결과라고 할 수 있다. 국민 1인당 의료비가 2000년 이후 지속적으로 증가하는 추세와 대비할 때, 예방 가능한 입원율이 감소하지 않고 증가하는 추세는 고비용 비효율 시스템의 결과를 보여준다고 할 수 있다.

 WORKSHOP

왜 환자들은 대형병원에서 진료 받기를 원하는가? 이유는?

3) 과잉진료, 부당, 허위진료 등의 의료비 부적절 지출

건강보험은 보험자, 피보험자, 의료 서비스 제공자의 삼각관계를 기초로 한다. 피보험자는 어떠한 위해가 발생할 경우 일정 수준의 보상을 보장받는 조건으로 보험료를 납부한다. 그러나 의료보험이 적용되면 소비자(환자)는 비용의 일부만 부담하게 되므로 자원의 경제적 사용에 대한 동기를 잃게 된다. 의료보험에서의 도덕적 해이(Moral Hazard)는 의료보험 급여와 함께 발생하는 소비자의 소비행태를 지칭하는 용어로, 보험에 가입하고 나면 피보험자는 서비스 단위당 가격이 높거나 혹은 전체진료비용이 많이 드는 질 높은 의료서비스를 선호하게 된다. 소비자가 진료 가능성을 염두에 두고 건강증진을 위한 스스로 자기노력을 소홀히 하면 장기적으로 의료서비스에 더욱 많이 의존하게 된다. 또한 의료보험으로 인해 소비자가 가격에 둔감해지면서 의료공급자의 서비스 제공에 대해 견제하는 기능이 약해져, 의료시장에서 높은 가격 형성을 유발하기도 한다. 도덕적 해이에 따른 이와 같은 비효율성은 공적의료보험과 민영의료보험을 불문하고 발생한다.

소비자 이외에 공급자 또는 소비자의 대리인에 의해 의료비의 부적절한 지출이 일어나기도 한다. 의료 서비스 시장에는 의사와 환자 사이에 진료에 관한 정보 비대칭(Information Asymmetry)이 존재한다. 환자는 질병에 대한 정확한 정보를 가지고 있지 않아 대부분 의사의 진단 정보에 의존하게 되며, 그 영향력은 환자의 의료서비스 선택에 거의 절대적인 영향을 끼친다. 이와 같이 의료공급자의 비대칭적인 지식과 정보, 그리고 이에 입각한 서비스 제공은 의료시장이 공급자시장(Seller's Market)이 되게 하는 중요한 원인이다. 의료서비스의 양과 질이 소비자의 선택보다 경제적 인센티브에 따른 의사의 선택에 의해 결정된다. 이른바 공급자 유인수요(Supply Induced Demand)는 환자가 진료에 필요한 의료서비스의 양과 질을 초과하여 의료서비스를 실행하므로 의료비용을 상승시키는 원인이 되고 있다.

WORKSHOP

제3자 지불제도에서 도덕적 해이(Moral Hazard)를 차단하는 방법은?

CHAPTER 02

건강보험
약제비 관리제도

건강보험심사평가원이 최근 발간한 '2019년 손에 잡히는 의료 심사·평가 길잡이'에 따르면, 지난해 건강보험 진료비 청구액 중 약품비는 19조 3,400억원으로 전체 청구액 중 24.1%를 차지했다. 전체 건강보험 진료비 청구액에서 차지하는 비중은 2015년 26.2%에서 2016년 25.7% 하락하며 25%선으로 접어들었고, 이후에도 꾸준히 하락, 2018년 24.6%까지 줄어들며 25%선 아래로 내려와 이제 24%로 꾸준히 하락하고 있다. 하지만 약품비 자체는 2015년 14조 1,000억원에서 해마다 2016년 15조 4,300억 꾸준히 상승하여 2019년에는 약 19조3,400원, 2020년에는 20조원을 초과할 것으로 예상 된다.

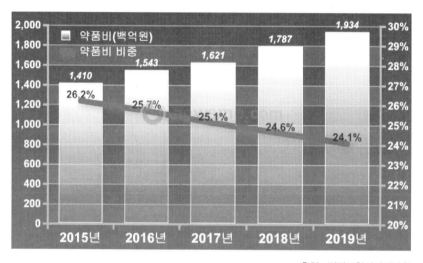

출처: 건강보험심사평가원

그림 2.1 ▮ 건강보험 진료비 중 약품비 추이

원내 처방 약품비와 약국 조제 약품비로 구분해 보면 원내 처방 약품비는 6조원선에 근접하고 있고, 약국 조제 약품비도 증가하여 13조원을 돌파했다. 처방전 건수는 2015년 4억 8,397만 건에서 2019년에 5억 1,580만건까지 증가했고, 청구액도 해마다 증가하여 2019년에는 13조 4,204억 원으로 증가했다. 환자당 처방전 건수도 꾸준히 늘어 2015년 10.9건에서 2019년에는 11.3건까지 증가했고, 환자 당 청구액은 21만 7,863원에서 29만 2,858원으로 전체 청구액과 함께 30%를 넘는 증가폭을 기록했다. 같은 기간 건당 청구액도 2만 51원에서 2만 6,019원으로 약 30% 늘어났다.

표 2.1 ▌원내 처방 약품비와 약국 조제 약품비

■ 원내 처방 약품비

구분	명세서건수	청구금액	환자당 명세서건수	환자당 청구금액	건당 청구금액
2015년	20,503	42,533	5.8	119,781	20,745
2016년	20,683	46,485	5.8	129,943	22,475
2017년	20,492	47,761	5.7	133,550	23,307
2018년	21,295	54,735	5.9	151,026	25,703
2019년	21,363	59,007	5.9	162,236	27,622

* 단위 : 만건, 억원, 건, 원, 원

■ 약국 조제 약품비

구분	처방전건수	청구금액	환자당 명세서건수	환자당 청구금액	건당 청구금액
2015년	48,397	97,043	10.9	217,863	20,051
2016년	50,084	106,420	11.1	236,790	21,248
2017년	50,511	114,419	11.1	252,418	22,652
2018년	51,278	124,029	11.2	271,668	24,188
2019년	51,580	134,204	11.3	292,858	26,019

* 단위 : 만건, 억원, 건, 원, 원

출처: 건강보험심사평가원

！ WORKSHOP

약제비 비중은 감소하는데 약제비 금액이 늘어나는 이유는?

！ WORKSHOP

- 약국 조제료가 전체 진료비에 미치는 영향은?
- 골다공증 Weekly 약제 4주(4T, Capsule)의 조제료는?

정부는 약제비 청구금액이 빠르게 증가함에 따라 의약품의 사전허가 및 사후관리 그리고 각종 약가 정책을 통해 약가에 대한 규제를 실시하고 있다. 구체적으로 보건복지부의 건강보험 약제비 적정화 방안에 따라, 건강보험심사평가원에서 의약품 경제성 평가를 실시하며, 이 자료를 토대로 국민건강보험공단이 약가에 대한 협상을 제약사와 하여 보험약가를 최종적으로 결정한다. 이러한 경제성 평가와 더불어, 대체 가능 약제 총 투약비용 OECD 및 싱가포르와 대만의 가격, 상대비교가, 해당 품목의 비교대상 국가 내 가격 등을 종합적으로 고려하여 보험약가가 결정된다. 또한 약가는 의약품이 최초로 출시될 당시 결정된 이후에도 3년 주기로 재평가된다. 정부의 약제비 절감정책은 2003년부터 실시되어 왔다. 제약업체들은 이러한 약가재평가 제도에 다양한 방식으로 대응하고 있다. 주성분의 함량을 바꾸어 새로운 약품으로 다시 출시하거나 다른 성분을 추가하여 복합제로 출시하기도 하며, 제형을 변경하여 복용방법의 차별화로 출시하기도 한다. 제약업체들은 이러한 대응을 통해 약가 재평가로 인한 보험약가 인하효과를 최소화하고 있다.

현재 우리나라의 약가제도는 신약개발을 장려하고 우수한 신약을 적절한 가격으로 보상하여 제약산업의 성장을 도모하는 제도보다는, 보험자의 관점에서 지출을 최대한 억제하고 약제비를 절감하는데 중점을 둔 통제 위주의 제도라고 할 수 있다. 이러한 약제비 통제로 인한 급여제한 혹은 비급여 의약품의 증가는 결과적으로 환자들에게는 의약품 접근성 제한을 유발시키고, 제약회사 입장에서는 신약을 개발하고도 투자비용을 회수하지 못하는 결과를 가져와, 궁극적으로 제약기업의 신약개발 투자 욕구를 저해하는 원인이 되고 있다. 실제로 국내의 낮은 약가로 인하여 국내제약회사 개발 신약이 해외시장진출에 장애요인이 되고 있는 경우도 있다.

우리나라는 신약의 약가수준이 다른 나라들에 비해 매우 낮고, 까다로운 보험등재 절차와 상대적으로 낮은 급여율로 인하여 비급여로 남아있는 품목이 있어 환자의 접근성이 제한받는 경우가 있다.

우리나라는 상대적인 임상적 유용성 및 비용효과성에 근거하여 건강보험 급여 및 가격이 결정되는 선별등재제도를 운영하여 왔으며, 경제성평가가 약가결정에 있어 핵심적인 역할을 해왔다.

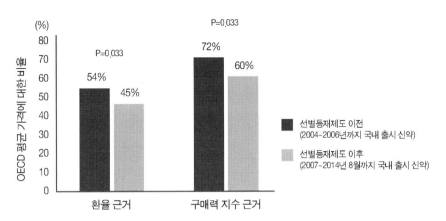

출처: 우리나라와 OECD 국가의 평균 약가 수준 비교 연구(이의경, 2014)

그림 2.2 ▮ 한국과 OECD 국가의 약가 수준 비교

　이 제도에서도 진료상 반드시 필요하다고 판단되는 약제의 경우 경제성평가가 면제될 수 있는 기준이 있으나, 적용 기준이 극히 제한적이어서 실제로 이 기준을 만족할 수 있는 약제는 거의 적어 경제성평가 요건 충족이 어려운 항암제나 희귀질환 약제들의 경우 등재가 지연되는 사례가 다수 발생하였다. 이에 따라 정부는 선별등재제도 과정에서 나타난 일부 문제점을 보완하고 환자 접근성을 개선하기 위해 2013년 위험분담제도(Risk Sharing)를 도입하고 경제성평가에서의 비용효과 판단기준인 ICER (Incremental Cost-Effectiveness Ratio, 점증적 비용 효과비) 역치를 탄력적으로 적용하고 있다. 더불어 경제성평가 특례제도, 임상적 유용성 개선 인정 시 비교약제 개별 약가수준을 인정하여 대체약제 가중평균가격 수용 시 약가협상 면제제도 등을 2015년에 도입하는 등 이전보다 합리적인 방법으로 개선되었다.

01 약제비 적정화 방안(2006)

　우리나라 건강보험 진료비 지출 중 약제비가 차지하는 비중은 상당히 높다. 1998년부터 2003년까지 약제비가 총 진료비에서 차지하는 비중은 OECD 평균을 약 2배가량 상회하였다. 이에 보건복지부는 2006년 5월 '건강보험 약제비 적정화 방안'을 발표하였으며, 이를 구체적으로 실행하기 위한 일환으로 선별등재방식의 변경 및 협상을 통한 의약품 가격의 산정 등 관련 규정을 개정하여 2006년 12월 29일 부터 시행하였다. 약제비 적정화 방안은 의약품 품질강화, 의약품 유통 투명화, 의약품 가격 적정화, 의약품 사용량 적정화 등의 목적으로 추진되었고 이를 통해 궁극적으로 약제비 비중을 낮추고자 하였다. 구체적인 내용은 다음과 같다.

2006년 12월 이전	2006년 12월 이후
■ 의약품 보험등재제도	
• 네거티브 방식(Negative list system) -질병의 예방, 외모 개선 등에 사용되는 일부의 비급여대상을 제외한 모든 의약품에 보험 적용 -식약청 허가일로부터 30일 이내 보험적용 의무 신청	• 선별등재방식(Positive list system) -비용 대비 효과에 대한 경제성 평가와 약가 협상을 거쳐 치료적·경제적 가치가 우수한 의약품만을 선별하여 보험 적용 -보험적용 자율신청
■ 의약품 보험등재 기간	
• 제약회사가 요양급여결정 신청서를 제출한 이후 150일이내 결정	• 의약품 경제성 평가(150일), 약가협상(60일), 협상이 이루어진 경우 (30일), 협상이 이루어지지 않은 경우 조정(60일)기간을 합하여 총 240일~270일
■ 보험의약품 가격산정방식	
• 신약 -혁신적 신약으로 인정되는 경우 미국, 영국, 프랑스, 이태리, 스위스, 일본, 독일 등 A7국가의 약가를 조정하여 평균한 가격 -일반 신약에 대하여는 동일 또는 유사효능의 제품들의 가격을 비교하여 산정	-제약회사와 건강보험공단이 협상하여 결정
• 특허만료 신약(오리지널제품) -가격조정 없음	-최초 복제약이 등재신청되면 특허가 만료된 것으로 보아 가격의 20%를 인하
• 복제약 -5번째 복제약까지는 특허가 만료된 신약(오리지널품목)의 80% -6번째 이후 복제약은 최저 복제약 가격의 90%로 체감	-5번째 복제약까지는 특허가 만료된 신약(오리지널품목)의 68% -6번째 이후 복제약은 최저 복제약 가격의 90%로 체감

→ 가격 산정 사례	
신약 100원	신약 100원
특허만료후 신약(오리지널제품) 100원	특허만료후 신약(오리지널제품) 80원
1~5번째 복제약 80원	1~5번째 복제약 68원
6번째 복제약 72원	6번째 복제약 61원
■ 보험등재 이후 가격 재조정	
• 약가재평가 -등재이후 3년이 경과된 의약품에 대하여 외국 7개국 조정평균가격을 조사하여 외국7개국 조정평균가격까지 인하	• 현행과 같음 • 사용량 - 약가 연계제도 도입 -제약회사가 요양급여결정신청 당시 제출한 예상 사용량이 보험 적용 1년후 30%이상 증가된 경우 조정 -2차년도부터는 직전년도 사용량 대비 60%이상 증가한 경우 조정 -효능·효과가 추가되거나, 보험인정 범위가 확대 됨으로써 사용량이 늘어난 경우도 6개월이 경과 한 시점에서 30%이상 증가한 경우 조정

1) 선별등재제도(Positive list system)

건강보험제도와 의약분업이 2000년 7월과 8월에 시행되면서 정부는 의료소비자의 선택권을 넓히고 혁신적 신약 개발과 같은 신의료기술의 발전을 유도하기 위해 포괄등재제도(Negative List System)을 도입했으나 많은 문제점을 발생시켰다. 무엇보다 비용 대비 효과성에 대한 검증 없이 의약품이 보험에 등재된다는 문제가 발생했고, 보험등재 의약품 수가 지나치게 많아져 약제비를 효율적으로 관리하기 어렵게 만들었을 뿐만 아니라 오리지널 의약품의 특허 만료 이후 제네릭 의약품이 진입할 경우, 오리지널 약가에 대한 별도의 재평가 체계가 없어 가격조정이 적절하게 이뤄지지 못했다.

이 같은 문제들을 해결하기 위해 2007년부터는 약제비 적정화 방안의 일환으로 '선별등재제도(Positive List System)'를 시행하였다. 기존처럼 '모든 의약품'이 아니라 '임상적·경제적 가치가 우수한 의약품'을 선별해 건강보험을 적용하기로 한 것인데, 이를 위해 경제성평가를 도입하고 건강보험심사평가원에 경제성평가 소위원회와 약제급여평가위원회 등을 설치했으며, 이미 보험에 등재된 약의 경우 경제성 평가를 실시해 단계적으로 목록을 정비하였다.

선별등재제도의 부정적 효과 중의 하나로 예측되는 부분은 환자의 신약 접근성 저하이다. 보험급여대상에서 제외되는 신약을 필요로 하는 환자의 접근성이 저하될 가능성을 해결하기 위해 2013년 12월 31일 보건복지부는 비용효과적인 의약품을 선별급여하는 원칙을 살리면서 대체제가 없는 고가 항암제 등에 대한 환자의 접근성을 높이기 위하여 위험분담제를 도입하였다.

2) 환자진료에 필수적인 의약품은 보험 적용

제약회사와 국민건강보험공단이 약가를 협상하였으나, 협상이 결렬된 경우에는 원칙적으로 보험급여대상에서 제외되나, 보건복지부 장관이 환자의 진료에 반드시 필요하다고 인정하는 의약품에 한하여 보건복지부에 설치될 「약제급여조정위원회」에서 보험급여 대상여부 및 가격을 조정하는 제도적 보완절차를 두었다.

3) 의약품 등재 후 약가를 재조정하는 재평가시스템 도입

지금까지는 보험적용이 결정된 후 약가 변동요인이 발생하여도 약가를 적정하게 재조정할 수 있는 기전이 미흡하였으나 재평가시스템 등 다양한 방식으로 약가를 재조정한다. 먼저, 의약품 제조업자, 수입자가 신약에 대한 보험적용 신청 시 예상사용량을 제출토록 하여, 보험이 적용된 이후 1년이 지난 시점에서 예상사용량보다 실제 판매량이 30%이상 증가된 경우 최초 협상된 가격을 조정한다. 또한 보험 적용 이후 효능, 효과가 추가되거나, 보험인정 범위가 확대됨으로써 사용량이 늘어난 경우도 재협상 대상이 되어 약가를 조정하게 된다. 이러한 사용량 약가연계제도는 프랑스, 일본, 호주, 스웨덴, 벨기에, 포르투갈, 스위스 등 상당수의 국가에서 약제비로 인한 보험 재정이 초과 지출된 경우 제약기업과 공동책임을 지는 의미에서 시행되고 있는 제도이다.

그리고 특허가 만료된 신약의 가격도 재조정하게 된다. 첫 번째 제네릭의약품의 허가를 받은 제약회사가 보험적용 대상 신청을 할 경우 동일성분, 동일제형, 동일함량의 신약은 특허가 만료된 것으로 보고, 최초 복제약의 가격을 현행 최고가격 제품의 80%를 주던 것을 68%로 인하하고, 이와 동시에 특허가 만료된 신약(오리지널의 약품)의 가격을 20% 인하하게 된다.

WORKSHOP

Positive List System의 긍정적인 면과 부정적인 면은?

02 약가제도 개편 및 제약산업 선진화 방안(2012)

약가제도 개편 및 제약산업 선진화 방안의 핵심내용은 산정대상 약제의 상한금액 결정 방식이 기존의 계단식 약가제도에서 동일성분 의약품 동일 약가제도로 개편되었다. 계단식 약가제도는 복제약이 약가고시에 등재되는 과정에서 그 상한금액을 산정함에 있어 등재순서에 따라 상한금액의 차이를 두어 조기 등재를 유도하는 약가 산정방식이다. 실제 약가제도 개편 및 제약산업 선진화 방안이 시행되기 직전을 살펴보면 복제약이 약가고시에 등재되는 경우 오리지널 의약품은 기존가의 80%, 1~5번째 복제약은 오리지널 의약품의 68%, 6번째 이후 복제약은 다시 최저가의 90%로 체감하여 상한금액을 산정함으로써 결과적으로 동일제제 군의 전체 의약품의 상한금액이 계단식으로 산정되고 있었다. 그래서 보건복지부는 약가제도 개편 및 제약산업 선진화 방안 도입을 통해 약품비 거품을 제거하여 국민 부담을 줄이려는 목적으로 도입하였다.

1) 약품비 관리 합리화 방안

약가산정방식 개편하기 위해 특허만료 전 약값의 68~80%였던 상한가격을 앞으로는 53.55%로 낮추고, 동시에 기업들은 그 이하 가격에서 자유롭게 경쟁하도록 유도

하였다. 다만, 특허만료 후 1년 동안은 약의 안정적 공급과 제네릭의 조속한 등재를 유도하기 위해 59.5%~70% 수준으로 완화하였다. 또한 이러한 방식은 기존 약들에게도 적용하여 대부분의 약들이 53.55%수준으로 일괄 인하하였다. 단, 특허의약품, 퇴장방지의약품, 필수의약품(공익성이 있음에도 수익성이 떨어져 시장에서 퇴출 우려가 있는 의약품) 등은 안정적인 의약품 공급을 위해 적용대상에서 제외하였다. 이외에도 새로운 제도시행으로 약가인하 효과가 상쇄되는 시장형실거래가제도는 1년간 적용을 유예하는 대신에 지속적인 모니터링을 통해 보완하도록 한다.

표 2.2 ▎약가제도의 변화 및 비교

제도	고시가제도(1977.7~)	실거래상환제도(1999.11~)	시장형실거래가제도(2010.10~)
개요	•공장도 출하가격+유통마진 = 고시가 •고시가격으로 약제비 상환	•의약분업 원칙에 맞춰 도입 •요양기관 실구입가로 약제비 상환 •유통마진 불안정	•저가구매(상한가-구매가) 차액70% 인센티브 요양기관 지급 •리베이트 합법화, 마진 추가 지급 •선택주체와 인센티브 지급 객체가 다름
장점	•진료기 심사 편의 제공 •교차보조(저수가)	•과잉투약 등 남용 방지 •약가차액 소비자 환원 •품질경쟁, R&D 투자 증대	•유통 투명화(리베이트 근절)? •보험재정 절감? •산업 경쟁력 강화?
단점	•저가구매-이윤증가-의약품 남용 •재정악화 : 약가마진 국민이 부담 •건강침해 : 비가격경쟁, 품질저하	•저가구매유인동기 상실 •리베이트, 고가약 처방, 재정 악화 •실거래가 파악한계(99.5% 청구) •쌍벌제, 다수의 약가인하 기전	•인센티브를 통한 시장가격 노출 •노출가격으로의 약가인하
비고	•직권실사제(1977-1982) •원가조사 + 도매마진 12%	•보험약가 30.7% (9,900억원) 일괄 인하	•2002년 시민단체 도입반대 (의약분업 원칙위배, 실거래 파악 난해) •2009년 국회 반대(도입저지) (요양기관 장려비를 보험재정서 이면계약, 과잉투약, R&D 위축)

정부는 고시가 상환제도의 약가통제기능약화, 영세 제약기업 간 과당경쟁 및 가격경쟁심화 등의 문제점을 시정하기 위해, 1999년 11월 실거래가 상환제도를 도입하였다. 1998년도에 실시된 약가실태조사결과, 실거래가와 고시가간의 약가차액이 평균 30.7%에 이르면서 기존의 고시가 제도는 요양기관의 약가이윤 추구동기 및 과잉투약의 원인을 제공한다는 문제가 제기되었기 때문이다.

이에 따라 요양기관에서 사용한 약제비는 정부에서 정한 상한금액 범위 내에서 요양기관이 실제 구입한 가격으로 상환하고, 보험급여 상한금액은 요양기관이 제출한 실구입명세 및 현지 실태조사 결과 등을 반영하여 실구입가격에 연동하여 조정했다.

한편 요양기관이 실제 거래한 가격으로 청구하도록 모니터링하기 위해 심평원에서 국민건강보험법 제84조 제2항 및 제56조 제6항의 규정에 따라 요양기관을 대상으로 실거래가 부당청구 내역을 조사하고, 그 결과에 따라 약제 상한금액 인하 등을 하도록 했다. 보험약가 상환제도가 고시가제도에서 실거래가제도로 변경되면서 요양기관의 재산권과 재산가치가 크게 변동하였다. 즉, 약가마진이 더 이상 요양기관의 합법적인 수입원이 되지 못하게 된 까닭이다. 약가마진은 그동안 저수가 보험체계 하에서 정부와 요양기관간의 묵시적 합의에 의한 적자보전책이었기에, 이 부분의 상실은 요양기관에 그만큼의 운영적자를 의미하는 것이다. 따라서 이러한 적자를 보전하기 위한 방안을 모색하게 되었는데 여기에서 기존 거래관행상의 이익, 즉 약가마진을 계속적으로 취하고자 하는 유인이 발생한다.

제약업체의 입장에서는, 실거래가상환제도 하에서 그들이 실제 판매한 금액이 정부에서 정한 상한금액보다 낮아지게 되면 그것이 해당 약품의 가격에 반영(가격인하)되기 때문에 현재를 위해서나 미래를 위해서나 가능하면 높은 가격으로 유지하고자 하는 유인을 갖게 된다. 리베이트를 공급하지 않으면서 약가를 이전수준으로 높게 유지할 수 있다면 제약업체들의 재산가치는 이전보다 더욱 커진다. 제약업체들이 요양기관에 제공하던 부분이 제약업체의 수익으로 모두 편입되기 때문이다. 그러나 기존에 리베이트를 공급하여 안정적으로 거래하던 요양기관과의 거래에는 더 많은 거래비용이 발생하게 된다. 수많은 제약업체들과 품질이나 가격 등의 측면에서 치열한 경쟁의 노력이 발생하기 때문이다. 이들에게는 차라리 약가마진의 일부인 리베이트를 공급하여 거래관계를 유지하는 것이 손쉬운 방법이다. 말하자면 제약업체와 요양기관 간에 리베이트를 주고받는 담합적 거래관행은 거래비용을 줄이는 메커니즘으로 작용해 온 것이다.

2) 연구개발 중심의 제약산업 선진화

복지부는 제약산업이 제네릭의약품, 리베이트 위주의 영업마케팅 관행에서 벗어나 글로벌 신약개발 역량을 갖출 수 있도록 연구중심의 의약품개발과 생산구조를 선진화할 방침을 마련하였다. 이를 위해, 우선 연구역량을 갖춘 혁신형 제약기업을 선정하여 집중적인 지원체계를 구축하였다. 일정규모 이상의 신약개발 R&D 투자 실적, 글로벌 진출 역량을 갖춘 제약기업을 혁신형 제약기업으로 선정하여 이러한 기업들이 생산한 제네릭 의약품의 경우 최초 1년간 현행과 동일한 수준(68%)을 부여하는 등 약가우대 조치를 시행하고 법인세 감면 등의 세제지원, 유동성 위기 예방을 위한 금융지원 등도 추진하였다.

- 혁신형 제약기업 선정 기준(약 30개 기업 내외)

  1) 연간 매출액 1,000억원 미만 기업의 경우 매출액 대비 연구개발비 10%이상

  2) 연간 매출액 1,000억원 이상 기업의 경우 매출액 대비 연구개발비 7%이상

  3) 글로벌 진출역량 (cGMP 생산시설 보유여부, FDA승인 품목 보유여부 등) 보유기업의 경우 매출액 대비 연구개발비 5% 이상

- 혁신형 제약기업 우대조치 예시

  1) 약가우대: 오리지널 의약품의 특허만료시, 혁신형 제약기업이 생산한 제네릭 의약품의 경우 최초 1년간 현행과 동일한 수준(68%) 부여

  2) 세제지원(복지부 검토안) 법인세 50% 감면, 연구개발비 세액공제 비율 상향 조정, 연구 및 인력개발을 위한 설비투자 금액 세액 공제비율 상향 조정 등

  3) 금융지원: 혁신형 제약 전용 CBO(채권담보부증권) 발행, 신용보증기금을 통한 특례 보증, 설비투자 등 이차보전 사업, 제3자 배정 유상증자 지원 등

---

03 약가제도 일부개정(2015)

2015년에 시행된 약제의 결정 및 조정 기준 개정안 내용은 다음과 같다.

1) 약제급여목록 일제 정비

이를 위해 우선 보험약제의 제품명, 업체명, 단위, 상한가격 등이 관리되는 '약제 급여목록'을 일제 정비한다. 그동안 허가방식의 변경 등에 따라 포장단위(병, 관 등)와 계량단위(ML, mL 등) 표기가 혼재되어 있었다. 또 일부의약품(액상제, 외용제 등)은 최소단위로 등재되어 생산규격단위 약가 등을 고려 시 고가의약품으로 추정되는데도 최소단위로 등재되어 저가 의약품으로 보호되는 불합리가 발생하기도 했다.

실제 시럽제인 OO시럽의 경우 1포(20㎖)로 유통되므로 생산규격단위 약가가 200원으로 시럽제의 저가의약품 기준선인 20원보다 비싼 고가의약품이나, 최소단위(1㎖당 10원)로 등재되어 있어 저가 의약품으로 선정되었다. 2015년에 시행된 약제의 결정 및 조정 기준 개정안은 목록관리를 시작한 이후 처음이다. 이에 따라 공급내역과 청구내역 비교분석의 효율성을 높이기 위해, 등재단위를 실제 유통되는 생산규격단위로 목록을 재정비하고, 표기방법 등을 통일했다. 약제급여목록 품목 수는 2014년 9월 1일 16,375품목에서 17,725품목으로 증가했다.

이에 따라 약가인하에서 제외되는 저가의약품 기준을 재설정(생산규격 단위 약가 하위 10% 수준의 값)하여 실제 생산규격 단위 약가 등이 낮지 않음에도 저가의약품으로 분류되었던 품목(약700여 품목)을 사후관리 대상에 포함했다.

〈 예 시 〉

	제품명	업체명	규격	단위	상한금액
현행	acyclovir 50mg				
	△△△크림(아시쿨로버)	○○제약	1	g	840

↓

	제품명 (총함량/규격)	업체명	규격	단위	상한금액
개선(안)	acyclovir 100mg (50mg/g)	①			
	△△△크림(아시쿨로버)_(100mg/2g)	○○제약	2	g/개	1,680
	acyclovir 150mg (50mg/g)				
	△△△크림(아시쿨로버)_(150mg/3g)	○○제약	3	g/개	2,520
	acyclovir 250mg (50mg/g)				
	△△△크림(아시쿨로버)_(250mg/5g)	○○제약	5	g/개	4,200

②　　　　　　　　　　　③　④

[개선내용]

① 주성분의 '총함량'과 '단위당 함량' 함께 표기
② 정확한 처방·조제를 위해 제품명에 '주성분 총함량'과 '규격' 표기
③ 최소단위(1g 등)로 등재된 품목을 실제 유통되는 생산규격단위로 등재
　* 다만, 경구시럽제 등 '분할조제용' 품목은 최소단위(1mL) 당 약가를 표시하여 요양기관의 청구 혼선을 방지
④ 혼재된 규격단위를 대한약전(식약처) 등의 근거에 따라 통일 정비

그림 2.3 ▌Acyclovir 약제 급여

2) 약가산정기준 개선

신약이 아닌 약(개량신약, 제네릭 등)의 등재가격을 정하는 '약가산정기준' 중 일부 불합리한 부분을 개선한다.

특히 복합제의 경우 산정기준은 변경(2007년 이전, 단일제 100%의 합 → 2007~2009년, 단일제의 68%의 합 → 2011년 이후, 53.55%의 합)되었지만 과거 산정기준으로 등재된 일부는 가산대상에서 제외되지 않아 제네릭 등재 후 약가인하가 발생하지 않는 사례가 있었다.

복합제 약가의 산정기준이 된 단일제는 약가가 조정되었음에도 불구하고 구성 복합제는 연동하여 조정되지 않았지만 앞으로는 연동해서 약가인하를 하는 근거를 마련하였다. 이외에도 효과 개선, 부작용 감소, 복약 순응도 개선 등이 인정되는 약제는 급여 적정성 평가 시 '비교약제' 약가 수준까지 인정 등에 임상적 유용성 개선 약제의 가치를 반영하기 위한 기준이 개선된다. 비교약제는 약제급여목록에 등재된 대체 약제 중 가장 많이 사용되는 약제이다.

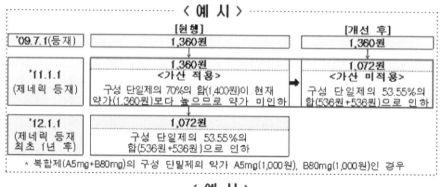

그림 2.4 ▌복합제 약제 등재

3) 약제 보험등재 관련 절차 개선

국민들이 더 빠르게 신약의 보험혜택을 받을 수 있도록 약제 보험등재 관련 절차를 개선한다. 신약의 경우 건강보험심사평가원에서 급여적정성을 평가한 후 임상적 유용성과 비용효과성을 입증하는 약제는 60일 이내에 건강보험공단과의 약가협상을 거치도록 하고 있다. 향후 경제성평가 없이 대체약제 가중평균가 수용 조건으로 급여적정성을 인정받은 약제의 경우, 그 가격의 90% 등을 수용하는 경우 약가협상 없이 등재할 수 있는 신속등재절차(fast track)를 추가 운영한다.

약가협상은 생략되더라도 예상 청구금액 협상은 등재 후 진행되도록 절차를 개선하여 사용량 약가 연동제 등 사후관리는 현행과 동일하게 적용된다.

4) 경제성평가 특례제도 신설

희귀질환치료제에 대한 환자의 접근성 제고를 위해 경제성평가 특례제도를 신설했다.

그동안은 대체제가 없거나 환자수가 적어 상대적으로 통계적 근거생성이 곤란한 희귀질환치료제의 경우 경제성평가가 곤란하여 보험등재가 어려웠다. 이러한 희귀질환약제는 경제성평가가 곤란한 경우에도 'A7국가 최저약가' 수준(다만, 3개국 이상 등재된 경우)에서 경제성을 인정, 약가협상을 거쳐 등재되는 특례를 신설하기로 했다. 또한 등재 후 더 낮은 A7국가(미국, 영국, 독일, 프랑스, 이탈리아, 스위스, 일본)의 약가가 확인되면 국내 약가를 조정할 수 있도록 했다.

5) 약가인하 해당 금액 환급 근거 신설

신약의 글로벌 진출 지원을 위해 본격 글로벌 진출 시기에 사용량 약가 연동에 따른 약가인하를 일정기간 유예하는 대신 약가인하에 해당하는 금액을 환급할 수 있는 근거도 신설되었다. 보건복지부는 이번 약가제도 개선을 통해 희귀질환치료제 등 신약에 대한 환자 접근성을 높이면서 동시에 보험약제는 공평하고 엄격하게 관리하여 환자의 부담을 경감시켰다.

6) 가중평균가를 수용하여 심평원의 평가를 받은 신약의 등재절차 개선

가중평균가를 수용하여 심평원 평가를 마친 신약의 경우, 비용효과성 및 재정절감을 입증한 약제임에도 불구하고, 일반신약과 동일한 절차가 적용되어 공단 약가협상 과정을 거쳐야 한다.

기등재 의약품 목록정비(최대 20%, 2010~2012) 및 약가일괄인하(평균 14%, 2012.4)로 인해 등재된 의약품의 가중평균가는 이미 매우 낮아져 있는 상태이고 특허만료된 의약품의 경우 오리지널과 제네릭 가격이 53.55%이하로 낮아져 있다. 가중평균가란 구입한 약제총액의 합을 총 구입량으로 나눈 값으로서, 병, 의원에서 처방되고 있는 제네릭을 모두 포함한 가격이다.

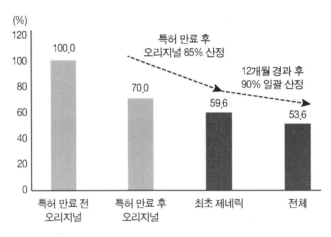

그림 2.5 ▌ 개정 제네릭 약가 산정 방식

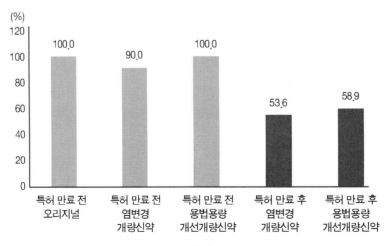

그림 2.6 ▌ 개정 개량신약 약가 산정 방식

대체약제의 가중평균가를 선정시에는 특허 만료된 대체약제 및 그 제네릭들이 다수 포함되어 있어 거의 반값 수준인 53.55%로 이미 약가결정 기준 가격이 낮아져 있다. 따라서 실질적으로 대체약제의 가중평균가를 수용한 약제는 재정에 중립적인 영향을 미치게 된다. 이후 해당 신약이 특허 만료되어 제네릭이 진입할 경우, 또 다시 53.55%로 약가가 인하된다. 평균 15년 이상의 신약 개발기간 동안 대체약제의 가중평균가는 특허만료로 인한 제네릭 출시, 사용량 약가 연동제에 의한 가격인하 등으로 시간이 지날수록 급격하게 낮아지게 되고, 최초 등재 가격의 거의 반값에 해당하는 53.55%로 낮아지게 됨으로서 결국에는 용량, 용법만을 개선한 개량신약의 산정약가(53.55*110%=58.9%)보다도 낮게 책정된다. 따라서, 가중평균가를 수용하여 심평원의 평가를 마친 신약의 경우, 공단의 협상을 면제해 주거나 다른 혜택을 주어야 한다.

04 제네릭 의약품 약가제도 개편방안(2020)

1) 제네릭의약품 차등 보상제도 실시

2020년7월1일부터 제네릭(복제약) 의약품 약가제도 개편되었다. 이에 따라 앞으로는 제네릭 의약품(이하 "제네릭")의 가격 제도가 현재 동일제제-동일가격 원칙에서 제네릭 개발 노력(책임성 강화 및 시간, 비용 투자 등)에 따른 차등가격 원칙으로 개편되었다. 제네릭의약품 차등 보상제도 개편방안은 2018년 발사르탄 사태를 계기로 제네릭 제도 전반에 대한 개편이 필요하다는 판단에 따라 마련되었다. 발사르탄 사태는 공동 생물학적 동등성 시험 제도와 높은 제네릭 약가 수준으로 인한 제네릭의 난립 및 원료 품질관리 미비가 주요원인으로 지적되었다.

TIP! 18년 당시 제네릭 관련 현황

- 발사르탄 성분 함유 고혈압약 중 판매 중지 품목 수 현황 (2018.8월)
  - 영국 5개, 미국 10개, 캐나다 21개, 우리나라 174개

- 우리나라 제네릭 제도의 주요 문제점 (2018년 국회 등 지적사항)
  - 위탁·공동 생동성시험 허용에 따른 낮은 진입장벽
  - 저가 원료 의약품 사용 등 품질 관리 제도 미비
  - 높은 복제약 가격 구조

이러한 내용들이 보건복지부고시 제2020-51호 「약제의 결정 및 조정 기준」 일부개정(2020년 7월 1일 시행)에 반영되어 행정예고 되었다.

■ 발사르탄 사태: 고혈압 의약품 중 발사르탄 원료 의약품에서 불순물(N-니트로소디메틸아민) 검출
■ 생물학적 동등성 시험 : 주성분·함량 및 제형이 동일한 두 의약품을 사람이 복용하여 인체 내에서 동일한 효과(흡수, 대사, 분포, 배설 등)를 나타냄을 입증(현재는 시험 시 참여하는 제약사 개수 제한은 없음)

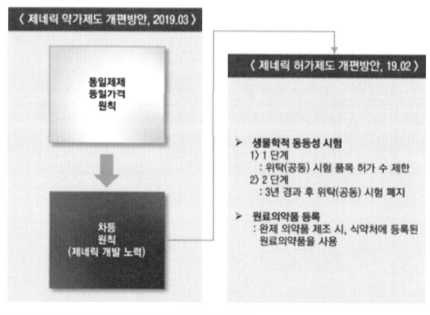

그림 2.7 ▍제네릭 허가제도 및 약가제도 개편방안

의약품 성분별 20개 품목 내에서 건강보험 등재 순서와 상관없이 2개 기준 요건 (① 자체 생물학적 동등성 시험 실시 ② 등록된 원료의약품 사용) 충족 여부에 따라 제네릭의약품 가격이 산정된다. 2개 기준 요건을 모두 충족하면 오리지널 의약품 가격의 53.55%로 가격이 산정되며, 1개, 0개 등 기준 요건 충족 수준에 따라서 53.55%에서 0.85씩 각각 곱한 가격으로 산정된다. 건강보험 등재 순서 21번째부터는 기준 요건 충족 여부와 상관없이 최저가의 85% 수준으로 약가가 산정된다.

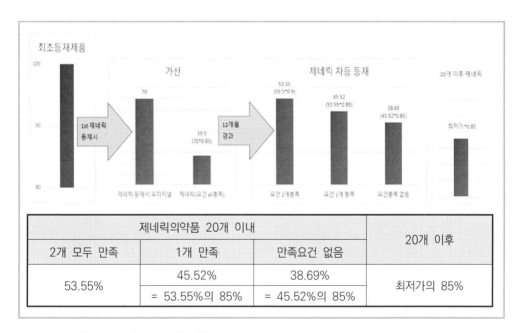

제네릭의약품 20개 이내			20개 이후
2개 모두 만족	1개 만족	만족요건 없음	최저가의 85%
53.55%	45.52%	38.69%	
	= 53.55%의 85%	= 45.52%의 85%	

그림 2.8 ▌ 기준 요건 만족 수준에 따른 약가

TIP! 제네릭 의약품 허가제도 개편방향 주요 내용(식약처, '19.2.26)

- 생물학적 동등성 시험
  - (1단계) 위탁(공동) 시험 품목 허가 수 제한 → (2단계) 3년 경과 후 위탁(공동) 시험 폐지

- 원료의약품 등록
  - 일부 저품질 원료의약품 사용에 따른 완제 의약품 품질문제 발생을 차단하기 위해 의약품 동등성 확보가 필요한 의약품에 대해 원료의약품 등록제도(Drug Master File) 소급 적용 (등록 원료의약품 대상은 식약처장이 지정·고시)

제네릭의약품 약가제도 개편방안은 관련 규정 개정(「약제의 결정 및 조정기준」, 보건복지부 고시)을 거쳐 2020년 7월부터 시행된다. 다만 제약계 및 의료 현장의 혼란을 최소화하기 위해, 신규 제네릭과 기존에 등재된 제네릭(현재 건강보험 급여 적용 중인 제네릭)으로 구분하여 적용 시점을 다르게 한다. 신규 제네릭의 경우, 규정 개정 및 일정 기간 경과 후 건강보험 급여를 신청하는 제품부터 개편안을 적용하고, 기존에 등재된 제네릭의 경우, 기준 요건 적용 준비에 소요되는 기간을 고려해 준비 기간(3년) 부여 후 개편안을 적용한다. 보건복지부는 이번 개편안 시행을 통해 제약사의 제네릭의약품에 대한 책임성을 높이고 대내외 경쟁력도 강화되도록 하는 한편, 환자 안전관리 강화 등에도 긍정적인 영향을 미칠 것으로 기대한다고 밝혔다.

2) 쟁점: 공동 생물학적 동등성 시험

위 제도는 시행과 동시에 위탁 또는 공동 생물학적 동등성 시험(이하 생동시험)을 원제조사 1개와 위탁제조사 3개 이내로 제한하며, 2023년부터는 위탁·공동으로 진행되는 생동시험을 완전 폐지하고 자체 시험만 인정하는 것을 목표로 단계적으로 추진될 계획이었으나, 2020년 4월 24일 공개된 제 452회 규제개혁위원회 회의록에 따르면 공동 생동시험을 제한하는 내용의 「의약품 품목허가·신고·심사 규정」 개정안에 대해 철회를 권고했다. 규제개혁위원회 회의에 참석한 식약처에서도 권고를 수용하고 해당 고시를 철회하겠다는 의견을 내겠다고 하였으므로 향후 공동 생동시험 규제 부분은 기존처럼 제한 없이 이뤄질 것으로 보인다.

 WORKSHOP

정부가 공동 생동성시험을 인정하지 않는 이유는?

CHAPTER 03

의약품 약가등재

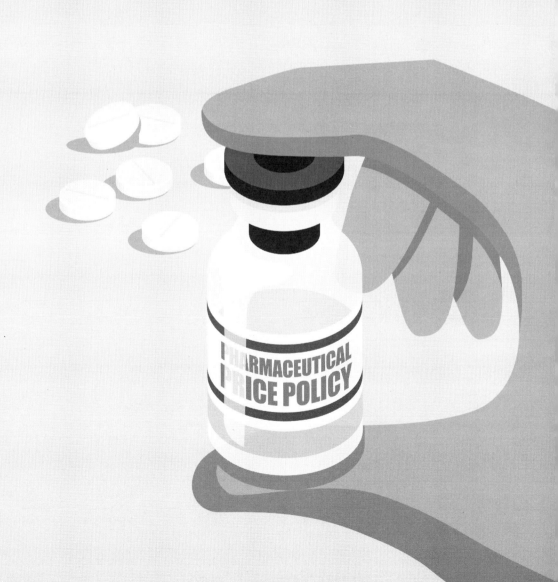

의약품 허가를 받으려면 의약품 제조업자가 식약처에 '의약품의 제조판매품목신청서'를 제출하여야 한다. 신청약의 안전성과 유효성 그리고 품질에 대한 입증 자료를 검토하여 타당성이 인정되면 '의약품의 제조판매품목허가증'이 발급된다. 의약품을 제조하여 판매할 수 있다는 보증서다. 그러나 의약품을 제조한다고 바로 판매로 연결되지는 않는다. 보험에서 서비스하는 의약품으로 등재되지 않으면 요양기관에서 처방하지 않기 때문이다. 식약처에서 허가 받은 의약품을 보험에서 서비스하는 의약품으로 등재하려면 심평원에 '약제평가신청서'를 제출하여야 한다. 이를 '약제의 요양급여의 결정 신청'이라고 한다. 신청 약제의 제조품목허가증 사본, 비용과 효과에 대한 자료, 국내외의 사용현황에 대한 자료 등을 검토하여 타당성이 인정되면 약제급여평가위원회에 상정하여 요양급여대상 여부를 결정한다. 물론 최종 결정은 복건복지부에서 한다. 복건복지부는 심평원 결정을 수용하여 건강보험정책심의위원회의 심의를 거쳐 급여의약품으로 고시한다. 의약품 고시는 복건복지부 '약제급여목록 및 급여 상한 금액표(이하 약제급여목록표)'에 신청약제를 등록하는 것을 의미한다. 이처럼 의약품의 허가와 등재는 연장선상에 있다. 의약품이 허가되고 나서 심평원에 약제의 요양급여 대상 여부를 결정해달라고 신청하기 때문이다. 특히 해당 약제의 안전성과 유효성은 식약처장이 발급한 '제조품목허가증 사본'을 확인함으로써 갈음하기 때문에 두 기관은 서로 연동되고 있음을 알 수 있다.

01 신약의 약가등재

우리나라는 현재 신약의 보험급여 적정성을 평가하기 위해 임상적 유용성과 비용효과성의 가치가 높은 의약품을 선별해 건강보험 급여대상으로 정하는 선별등재제도를 시행하고 있다. 허가받은 의약품 중 의학적 및 경제적 가치가 입증된 의약품만을 선별하여 보험등재 함으로써 건강보험재정 지출의 합리성과 효율성을 추구하고 있으며, 선별등재 제도 하에서 신약의 임상적, 경제적 가치는 심평원의 약제급여평가위원회(약칭 약평위)에서 평가되며 약평위에서 보험급여가 결정된 약은 국민건강보험공단과의 가격 협상을 거쳐 건강보험 급여목록에 등재하고 있다. 제약사 입장에서는 개발한 의약품을 건강보험 급여목록에 등록하는 것이 매우 중요하다.

신약의 허가부터 보험등재에 이르기까지의 과정은 다음과 같다. 신약은 먼저 식품의약품안전처(MFDS; Ministry of Food and Drug Safety)에서 안전성 및 유효성을 평가하여 허가를 하게 된다. 시판 허가를 받은 신약은 건강보험급여로 등재되기 위하여 필요한 서류를 갖춰 건강보험 심사평가원에 '보험등재'를 신청해야 한다.

이를 심사하는 곳이 심사평가원의 '약제급여평가위원회' 이다. 약제급여평가위원회는 소비자 및 의약단체 관련 전문가들로 구성되어 있다. 이들은 의약품의 '임상적유용성'이나 '비용효과성' 등을 평가하여 의약품의 건강보험 적용여부와 가격을 결정하는 중요한 임무를 하고 있다. 제약바이오기업은 허가받은 약을 갖고 위원회를 통해 임상적유용성과 비용효과성을 인정받아야 보험급여 목록에 등재될 수 있는 것이다. 건강보험급여대상 후 가격이 얼마인지 정해야 한다. 건강보험심사평가원에서 건강보험을 적용하기로 결정한 의약품은 국민건강보험공단과 제약바이오회사간에 협상을 통해 가격을 정한다. 신약은 국민건강보험공단과 약가협상을 통하여 약의 보험약가(상한금액)을 정하고, 제네릭의약품은 정해진 약가 산정방식에 따라 약의 보험약가(상한금액)이 정해진다. 제약바이오기업과 건강보험공단의 협상 끝에 보험약가를 결정하면 보건복지부의 발표에 따라 해당의약품은 보험적용을 받고 국민들이 치료 혜택을 받을 수 있게 된다. 약을 허가받아도 보험급여 목록에 등재되지 못하면 '비급여의약품으로' 분류해 약값을 개인이 모두 부담하게 된다. 약가는 환자들의 약값의 부담을 줄이는 동시에 제약바이오사가 어렵게 개발한 의약품의 가치도 인정받는 합리적인 가격이 책정되어야 한다. 이 이외에 대신한 치료제가 없는 치료에 꼭 필요한 필수의약품은 건강보험 적용을 받기도 하고 가격이 비싸지만 환자에게 꼭 필요한 항암제나 희귀질환에 필요한 희귀의약품은 건강보험을 적용하면서 제약사가 수익의 일부를 환원하는 '위험분담제' 등도 마련되어 있다. 국민에게 합리적인 가격에 공급되기까지 다양한 기관이 여러 차례 협상을 통해 신중하게 평가하여 약값을 산정하고 있다.

건강보험심사평가원(HIRA; Health Insurance Review & Assessment Service)에 등재 신청을 하고, 심평원에서는 보험급여신청 자료를 평가한 후 약제급여평가위원회

(DBCAC; Drug Benefit Coverage Assessment Committee)에 회부하여 의약품의 보험 등재 여부를 결정한다. 약평위를 거친 의약품은 국민건강보험공단(NHIS; National Health Insurance Service)에 보내져 건보공단이 신약의 예상사용량 및 보험재정영향 정도를 분석하여 약가를 협상을 통하여 결정하고, 추후 사용량 약가 연동제도를 통해 사후 약가를 관리하게 된다.

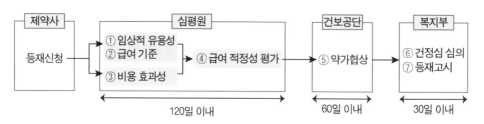

그림 3.1 ▌신약의 약가결정 절차

신약의 급여 평가 원칙은 상대적으로 임상적 유용성 및 비용효과성이 있는 의약품에 한하여 보험급여가 되고, 환자에게 필요해도 비용효과성을 입증 못하거나, 제약사와 공단 간 재정 영향 합의 등이 이루어지지 않아 협상이 결렬되는 경우에는 비급여가 된다. 신약 보험급여는 심평원 위원회에서 임상적 유용성, 비용효과성 등 급여 적정성 평가 요소를 종합적으로 고려하여 임상적으로 유용하면서 비용효과적인 약제로서 제외국의 등재여부, 등재 가격 및 보험급여 원리, 보험재정 등을 고려할 때 수용 가능하다고 평가하는 경우에는 요양급여 대상약제로 선별할 수 있다. 대체가능한 치료방법이 없거나 질병의 위중도가 상당히 심각한 경우로 평가하는 경우 등 환자 진료에 반드시 필요하다고 판단되는 경우에는 예외이다. 비교대안에 비해 상대적 치료적 이익의 개선 정도에 따라 평가하며, 임상적으로 우월 또는 개선이 입증된 경우 제출된 비용효과성 평가 결과로 점증적 비용 효과비(ICER; Incremental Cost Effectiveness Ratio)를 고려한다.

신약의 급여평가 원칙은 임상적으로 유용하면서 비용효과적인 측면을 고려해야하며, 임상적 유용성 평가요소는 효과개선, 안전성 개선, 편의성 증가, 안정성 향상 등을 포함하나, 사회적 관점에서 편익이 인정되는 개선이어야 한다.

비용효과성 평가기준은 신청품이 비교약제(치료법)에 비해 임상적 유용성의 개선이 있고, 비교약제 대비 소요비용이 고가인 경우 '의약품 경제성평가 지침'에 따라 경제성평가 자료 제출대상에 해당하며, 점증적 비용 효과비(ICER; Incremental Cost Effectiveness Ratio)는 명시적인 임계값을 사용하지는 않으며, 1인당 GDP를 참고범위로 하여, 질병의 위중도, 사회적 질병부담, 삶의 질에 미치는 영향, 혁신성 등을 고려해서 탄력적으로 평가하고 있다.

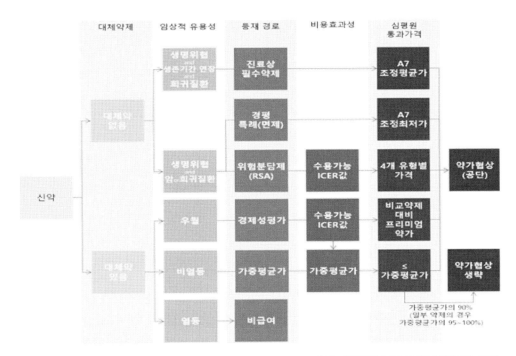

출처: 한국바이오의약품협회(데일리팜 구성)

그림 3.2 ┃ 신약약가등재 과정

1) 비교 및 대체약제 선정기준

대체약제로 선정되는 것은 일반적으로 해당 적응증에 현재 사용되고 있는 약제(치료법 포함)이다. 그리고 허가와 급여기준에서 동등한 치료범위에 포함되는 약제(항암제의 경우 공고요법 포함) 중, 교과서, 임상 진료 지침, 임상연구논문 등에 제시되고 있는 약제 또한 선정될 수 있다. 적응증이 다수인 약제의 경우, 실제 사용현황(청구 및 심사 등)을 고려하여 주요 적응증을 기준으로 선정한다. 임상에서 치료약제 선택 시 약리기전이 고려되거나 대상 환자군이 달라질 수 있는 경우, 기전을 함께 고려하여 선정한다. 대체약제가 없는 경우에는 해당 적응증의 현행 치료법을 선정한다.

비교대상 선정기준은 의약품경제성 평가지침을 준용하여 비교할만한 등재 의약품이 있는 경우, 이들 중 가장 많이 사용되는 것을 비교대상으로 한다. 경우에 따라 한가지 의약품 만이 아닌 복수의 의약품과 비교할 수도 있으며, 비교할 만한 의약품이 없는 경우는 수술 등 다른 치료방법도 비교대상이 될 수 있다. 다만, 현행 치료법이 없는 환자를 대상으로 할 경우, 약제를 사용하지 않는 경우(위약, Supportive Care 등 포함)와 비교한다.

WORKSHOP

대체약제 선정기준?

2) 임상적 유용성

임상적 유용성이란 의약품을 복용함으로서 사망을 예방하거나 건강을 회복 또는 유지하는 등의 건강 결과가 바뀌는 것을 의미한다.

약제급여평가위원회에서는 이미 요양급여의 대상이 되고 있는 약제 중 급여신청 대상 약제와 효능·효과, 적응증, 약리기전 등이 유사한 약제를 대체약제로 선정하여 급여신청 약제의 임상적 유용성이 낮으면 급여의 적정성이 없다고 평가하며 임상적 유용성이 동등하거나 더욱 개선된 경우에 급여적정성이 있는 것으로 평가하고 있다. 이러한 임상적 유용성의 정도에 대한 평가는 주로 의료인들로 구성된 학회 등 전문적 단체에 의견을 조회하는 방식으로 이루어지고 있다.

신약약가 결정 시 임상적 유용성 개선 가치 반영을 위해 효과 개선, 부작용 감소, 편의성 등이 개선되었다고 인정되는 경우, 기존의 '대체약제 가중평균가' 이하로 인정되던 기준이 '비교약제 개별약가 수준'까지 인정된다.

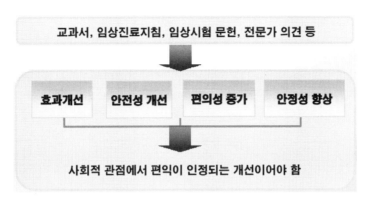

그림 3.3 ▮ 임상적 유용성 평가 요소

3) 비용효과성(경제성)

약제급여평가위원회는 급여신청 약제의 임상적 유용성이 대체약제의 임상적 유용성과 동등하거나 개선을 보인 경우 대체약제의 투약비용과 급여신청 약제의 투약 비용을 비교하여 급여 적정성을 평가한다. 만일 급여신청 약제의 임상적 유용성이 대체약제의 그것과 동등하다면 급여신청 약제의 투약비용이 대체약제 투약비용 이하인 경우에만 급여적정성이 있는 것으로 평가하는 방식으로 비용효과성을 평가한다. 그런데 대체약제가 여러 성분, 여러 품목인 경우가 많으므로 급여신청 약제의 투약비용과 비교 가능한 한 가지 비용을 산출하기 위하여 대체약제별로 요양급여비용 청구량에서 차지하는 비율을 감안한 가중 평균가를 구하여 투약비용을 비교하고 있다.

임상적 유용성이 대체약제와 동등하나 투약비용 비교에서 비용효과성을 입증하지 못한 경우 급여적정성이 없는 것으로 평가되나, 임상적 유용성 개선과 함께 투약 비용이 동등 혹은 저가인 경우에는 급여적정성이 있는 것으로 평가된다. 반면 임상적 유용성이 개선되었으나 비용효과성이 없는 경우에는 임상적 유용성 개선의 정도와 이에 추가 소요되는 비용을 감안한 경제성 평가 결과 급여적정성이 있다고 약제 급여평가위원회에서 심의·의결되는 경우 급여의 적정성이 있는 것으로 평가받게 된다.

이상의 내용을 표로 정리하면 다음과 같다.

표 3.1 ▮ 임상적 유용성 및 비용효과성에 대한 급여적정성 평가기준

임상적 유용성	비용효과성 (경제성: 투약비용 비교)	급여적정성 평가
개선	상대적 저가 혹은 동등	급여 적정 (고가일 경우 별도 검토)
동등	상대적 저가 혹은 동등	급여 적정 (고가일 경우 급여 적정성 없음)
열등	상대적 저가, 동등, 고가	급여 적정성 없음

(자료: 보건복지부)

표 3.2 ▮ 경제성평가 자료제출 체크리스트

분류	체크리스트 문항
1. 분석대상	1-1. 분석대상 인구집단을 급여대상 인구집단에 일반화할 수 있는 근거를 제시하였는가? 　[1] 그렇다 　[2] 아니다
2. 비교대상	2-1. 비교약제 선정사유를 제시하였는가? 　[1] 그렇다 　[2] 아니다
3. 분석기법	3-1. 분석기법은 무엇인가? 　[1] 비용-최소화분석 　[2] 비용-효과분석 　[3] 비용-효용분석 　[4] 비용-편익분석 　[5] 기타
4. 분석관점	4-1. 다음 중 연구자가 채택한 관점은 무엇인가? 　[1] 사회적 관점(제한된 사회적 관점 혹은 보건의료적 관점) 　[2] 보험자 관점 　[3] 환자 관점 　[4] 기타
5. 분석기간	5-1. 분석기간을 제시하였는가? 　[1] 그렇다 　[2] 아니다
6. 자료원	6-1. 신청약제와 비교약제의 비용 및 효과자료원의 검색 및 선정 과정과 관련하여, 다음 사항을 제시하였는가? 　[1] 자료검색에 사용한 데이터베이스와 검색용어 　[2] 문헌선정에 있어 선정 및 배제기준과 목록 　[3] 선정된 문헌의 비뚤림(bias) 평가 　[4] 선정된 문헌의 특징과 결과를 요약(임상자료 요약표 제시)
7. 모형구축	7-1. 모형을 이용하였는가? 　[1] 그렇다　(→ 문항 7-1-1 로) 　[2] 아니다　(→ 문항 8-1　로) 　　7-1-1. 다음 중 모형을 이용한 사유는 무엇인가?

분류	체크리스트 문항
	[1] 임상시험에서 관찰된 것 이상으로 자료를 외삽하기 위함
	[2] 중간 임상지표를 최종 결과에 연결시키기 위함
	[3] 다른 보건 의료 환경에서 수행된 연구결과를 일반화시키기 위함
	[4] 비교대상이 되는 약물과 평가하고자 하는 약물을 직접 비교한 RCT가 없어, 제3의 약물과 비교한 임상시험 결과를 합성하기 위함
	[5] 기타
	[6] 모형을 이용한 사유를 기술하지 않음
	7-1-2. 모형의 종류는 무엇인가?
	[1] 결정수형
	[2] 마르코프
	[3] 결정수형 + 마르코프
	[4] 기타
	7-1-3. 모형에 관하여, 다음의 사항을 제시하였는가?
	[1] 모형이 적용된 인구집단과 급여대상 인구집단의 유사성 제시
	[2] 모형에 사용된 가정과 임상적 근거
	[3] 모형의 구조 – 질병상태 정의와 설정 근거
	[4] 모형의 구조 – 분석기간과 설정 근거
	[5] 모형의 구조 – 주기길이와 설정 근거
	[6] 모형의 모수·민감도 분석 범위의 근거자료원 제시 ([별첨 7], 〈표6〉 제시)
	[7] 자연단위로 비용과 결과를 제시
	[8] 모형의 구조와 분석과정을 표 또는 그림으로 제시
	[9] 각 단계마다 해당 질병 상태에 있는 사람들의 수, 비용 등 (코호트 시뮬레이션의 경우만)
	7-1-4. 다른 나라에서 개발된 모형을 이용한 경우, 해당 모형을 국내 상황에도 적용할 수 있을지 검토하여 보고서에 기술하였는가?
	[1] 해당없음
	[2] 그렇다
	[3] 아니다
8. 효용,건강 관련 삶의 질	8-1. 선호도 측정시 사용한 삶의 질 측정 방법론(또는 도구)은 무엇인가?
	[1] 해당사항 없음　　(→ 문항 9-1 로)
	[2] 직접측정 – 표준기회선택법(Standard Gamble, SG)
	[3] 직접측정 – 시간교환법(Time Trade-Off, TTO)
	[4] 직접측정 – 등급척도(Rating Scale, RS)
	[5] 간접측정 – EQ-5D
	[6] 간접측정 – HUI2/3
	[7] 질병별 도구
	[8] 기타
	8-2. 선호도 측정도구에 대해서 정당화 하였는가?
	[1] 그렇다 ([별첨3],〈표4〉제출여부)
	[2] 아니다
	8-3. 선호도의 측정대상은 누구인가?
	[1] 일반대중
	[2] 해당질환 환자
	[3] 환자보호자
	[4] 병원종사자 (√의사　√간호사　√기타　)
	8-4. 선호도는 이 연구(임상연구 혹은 경제성평가연구)의 일환으로 수집되었는가?
	[1] 그렇다 (→ 문항 8-4-1 로)

분류	체크리스트 문항
	[2] 아니다 (→ 문항 8-5 로)
	8-4-1. 선호도 조사방법에 대해서 상세히 보고하였는가?
	[1] 상세히 보고함
	[2] 일부 보고하지 않음
	[3] 전혀 보고하지 않음
	8-5. 기존에 산출된 선호도 측정값을 인용하였는가?
	[1] 그렇다 (→ 문항 8-5-1 로)
	[2] 아니다 (→ 문항 9-1 로)
	8-5-1. 기존의 측정값을 인용시 자료원의 선정과정을 투명하게 보고하였는가?
	[1] 투명하게 제시
	[2] 일부 미제시
	[3] 미제시
	8-5-2 기존의 측정값을 인용시, 해당 건강상태에 적용가능한지 여부를 기술하고 불확실성을 평가하였는가?
	[1] 그렇다
	[2] 아니다
9. 비용	9-1. 분석에 포함된 비용항목은 무엇인가?
	[1] 약제비만 포함
	[2] 직접 보건의료비용(약제비, 진료서비스, 병원, 서비스, 진단 및 검사, 기타 보건의료 비용 등)
	[3] 환자 및 가족 비용(교통비, 방문 및 치료대기와 관련한 시간비용, 간병과 관련한 시간비용 등)
	[4] 다른 사회 부분에서 발생하는 비용(사회복지서비스 등 보건의료부문외 비용)
	[5] 이환 및 사망으로 인한 생산성 손실비용
	[6] 미래의료비용
	[7] 기타 ('기타 및 기재사항'에 구체적으로 기입)
	9-2. 비용추정시(자원 사용량과 단위비용 등)국내자료를 사용하였는가?
	[1] 모두 국내자료를 사용
	[2] 일부 국내자료 사용
	[3] 국내자료 미사용
10. 할인율	10-1. 비용과 효과를 5%로 할인을 하였는가?
	[1] 해당없음
	[2] 그렇다
	[3] 아니다
11. 결과지표	11-1. 결과지표는 무엇인가?(중복응답가능)
	[1] QALY (→ 문항 11-1-1 로)
	[2] LYG (→ 문항 11-2 로)
	[3] 기타 ('기타 및 기재사항'에 구체적으로 기입) (→ 문항 11-2 로)
	[4] 미제시 (→ 문항 12-1 로)
	11-1-1. QALY를 이용한 경우, 질 가중치(효용값)와 연장된 생존기간을 별도로 제시하였는가?
	[1] 그렇다
	[2] 아니다
	11-2.[권장] 결과지표로 최종결과지표를 사용하였는가?
	[1] 그렇다 (→ 문항 11-3 로)
	[2] 아니다 (→ 문항 11-2-1 로)
	11-2-1. 중간결과지표를 이용한 경우, 최종결과와의 연관성을 제시하였는가?
	[1] 그렇다
	[2] 아니다

분류	체크리스트 문항
	11-2-2. 중간결과지표의 효과한 단위 증가가 어떤 임상적·경제적 함의를 가지는 지 제시하였는가? [1] 그렇다 [2] 아니다
12. 분석결과 제시	12-1. 최종분석결과는 점증적 비용-효과(효용)비로 제시하였는가? [1] 그렇다 (→ 문항 12-1-1 로) [2] 아니다 (→ 문항 13-1　　로) [3] 해당없음 (→ 문항 13-1　　로) 　12-1-1. 점증적 비용-효과비 계산 시 분자(비용)와 분모(효과)를 각각 구분하여 　　　　제시하였는가? 　　　　[1] 그렇다 　　　　[2] 아니다
13. 불확실성	13-1. 단변량(일원) 민감도 분석을 실시하였는가? [1] 그렇다 (→ 문항 13-1-1 로) [2] 아니다 (→ 문항 14-1　　로) 　13-1-1. 단변량(일원) 민감도 분석에 사용된 상한값 및 하한값 설정의 근거를 제 　　　　시하였는가? 　　　　[1] 그렇다 　　　　[2] 아니다 　13-1-2. 단변량(일원) 민감도 분석결과를 표나 토네이도 그림 등을 이용하여 시 　　　　각적으로 제시하였는가? 　　　　[1] 그렇다 　　　　[2] 아니다 　13-1-4. [권장] 단변량(일원) 민감도 분석을 실시한 후, 결과에 민감한 영향을 미 　　　　치는 변수에 대해 다변량(다원) 민감도 분석을 실시하였는가? 　　　　[1] 그렇다 　　　　[2] 아니다
14. 일반화	14-1. 국외 자료를 효과자료원으로 인용한 경우, 국내 적용가능성을 제시하였는가? [1] 해당없음 [2] 제시함 [3] 제시하지 않음
15. 전문가 의견조사	15-1.[권장] 전문가조사를 한 경우, 전문가의견수집양식([별첨1], 〈표1〉)을 제출하였는가? [1] 해당없음 [2] 그렇다 [3] 아니다
16. 재정영향 분석	16-1. 재정영향 분석을 실시하였는가? [1] 그렇다　 (→ 문항 16-1-1 로) [2] 아니다　 (→ 문항 17-1　　로) 　16-1-1.증가 또는 절감되는 재정분을 제시하였는가? 　　　　[1] 그렇다 　　　　[2] 아니다
17. 형평성	17-1. 분석과정에서 형평성과 관련하여 어떤 가정을 하였는지 기술하였는가? [1] 그렇다 [2] 아니다 17-2. 신청약의 급여결정으로 혜택을 받게 되는 집단을 기술하였는가? [1] 그렇다 [2] 아니다

(자료: 건강보험심사평가원)

① 경제성평가 특례제도

경제성평가 특례제도는 대체제가 없고 환자수가 적어 상대적으로 근거 생성이 곤란한 희귀질환 치료제의 경우에 한해 경제성 평가자료를 생략하고 조정가 기준 A7 국가의 최저가 적용을 가능하게 한 규정이다. 선별등재제도의 취지를 훼손하지 않으면서 근거생성이 어려운 희귀질환치료제 및 항암제 중에서 임상적 필요도와 제외국의 등재수준 등을 고려하여 제한적으로 적용된다.

② 경제성평가에서 ICER 역치 탄력 적용

점증적 비용-효과비(ICER; Incremental Cost-effectiveness Ratio)는 효과 한 단위 당 어느 정도의 비용이 소요되는지 나타내는 지표로, 비교 대안과 비교한 비용 증가분(ΔC)을 효과 증가분(ΔE)으로 나누어 구한 값을 말한다. 비용-효과성을 판단하는 지표로 흔히 사용되며 환자가 1년간 생명을 유지하는 데 필요한 약값으로 통상 국민 1인당 GDP 수준으로 정한다. 2013년 11월부터 ICER 탄력적용이 이뤄져 그동안 1GDP 수준인 2,500만 원에서 2GDP 수준인 5,000만원까지 적용받고 있다. 이 ICER 역치 탄력 적용은 현재 중증, 희귀질환 치료제의 경우, 사회적 요구도, 의약품의 혁신성 등을 고려하여 ICER 임계값을 다른 신약 대비 2배 수준까지 탄력적으로 이미 적용 중이며, ICER 임계값 조정은 신약 접근성 강화에 기여할 수 있으나, 약가 상승 등 추가적용 재정소요가 수반되는 사항이므로 충분한 사회적 의견수렴이 필요하다.

표 3.3 ▌ICER계산 공식

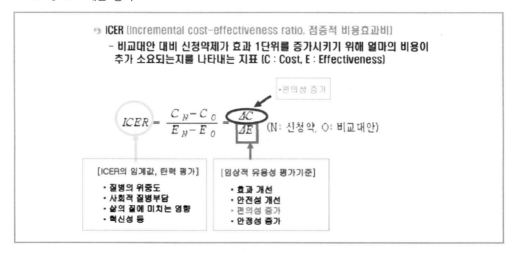

표 3.4 ▌ICER 계산 예시

> **ICER** (Incremental cost-effectiveness ratio, 점증적 비용효과비)
> - 효과 한 단위를 개선하는데 얼마만큼의 비용이 추가적으로 소요되는지를 나타내는 지표
> - $\triangle$cost/$\triangle$effectiveness = $(C_B - C_A)/(E_B - E_A)$
> - 계산된 점증적 비용효과비가 사회적으로 수용 가능한 범위 이내에 있는지 여부에 따라 비용-효과성을 판단함
>
> [계산과정]
>
> | | 비용(원) | 효과 | ICER |
> |---|---|---|---|
> | 치료법A | 200,000 | 1LYG | |
> | 치료법B | 2,000,000 | 5LYG | |
> | 차이($\triangle$) | 1,800,000 | 4LYG | 450,000/LYG |

표 3.5 ▌평균비용효과비 예시

> **CER** (Average Cost/Effectiveness Ratio : CER)
> - 치료법 A의 비용-효과비와 치료법 B의 비용-효과비를 각각 구하여 비교
> - C_A / E_A vs C_B / E_B (C : Cost, E : Effectiveness)
> - 값이 작을수록 비용-효과적인 대안임
>
> [계산과정]
>
> | | 비용(원) | 효과 | CER |
> |---|---|---|---|
> | 치료법A | 200,000 | 1LYG | 200,000/LYG |
> | 치료법B | 2,000,000 | 5LYG | 400,000/LYG |
>
> ★ LYG : Life Years Gained

⚠ WORKSHOP

- 경제성평가 특례제도로 허가된 약품은?

- 1 QALY 당 2 GDP가 많은가? 적은가? 그 이유는?

③ 희귀의약품

현재 일부 항암제 및 희귀질환치료제에 대해 적용하고 있는 경제성평가 예외 혜택을 받을 수 있는 희귀의약품은 극히 제한적이다. 이는 현재 지침이 희귀난치성질환 산정특례에 해당되는 희귀질환치료제에 한해 이들 예외조항을 적용하는 것으로 해석하고 있기 때문이다. 그러나 산정특례는 과도한 본인부담을 경감하기 위한 제도로써 이 기준이 환자의 접근성 개선을 위한 신약등재 절차의 기준이 되어서는 안 되며, 오히려 희귀의약품의 경우 소수의 환자를 대상으로 하는 제품 특성상 경제성평가를 위한 충분한 기초자료생산이 어려울 수 있어 경제성평가 예외조항 등 별도의 절차가 필요하다.

④ 의약품 경제성평가 가이드라인이 개편될 예정

2011년 개정 이후 10여 년간 사용돼 온 의약품 경제성평가 가이드라인이 개편될 예정이다.

지침 제·개정의 주요 참고국가였던 영국·호주·캐나다 등이 2011년 이후 가이드라인을 전면 개정함에 따라 국내에서도 평가 과정이 새롭게 등장하거나 쟁점화 된 사항들을 반영하기 위해 지침개정의 필요성이 제기되고 있다.

개정범위는 분석관점, 분석기간, 분석대상 인구집단, 분석기법, 비교대안, 간접비교(자료원), 비용, 효용(건강관련 삶의 질), 통계관련 이슈, 할인율, 모형구축, 진단검사 동반 약물, 불확실성 등이다. 특히 기존 지침에 있던 재정영향은 삭제됐으며, 장기효과 추정, 처치전환, 진단검사 동반약제에 대한 지침이 새롭게 추가됐다.

재정영향분석은 신청의약품의 도입으로 인해 발생하게 될 건강보험 재정상의 변화를 총량적으로 추정하기 위한 것으로 가격 및 등재 결정에 큰 영향을 미치고 있지만, 심평원은 약제결정신청서 제출 항목에는 포함하되, 지침 개정안에서는 완전히 빼기로 했다.

❖ 비용

위탁 연구 보고서를 통해 연구진들은 지침이 권고한 관점과 실제 분석에 포함한 비용 범위가 일치하지 않는 경우가 많다면서, 제한적 사회적 관점을 채택할 경우 포함해야 하는 교통비용, 시간비용, 간병비용 등이 생략된 경우 등을 예로 들었다.

따라서 이번 지침에는 환자나 보호자에게 발생하는 비용이기는 하나 보건의료체계 안에서 발생하는 비용이 아닌 교통비용, 시간비용 간병비용은 기본 분석에서 제외하기로 했다. 다만 간병부담이 큰 질환이나 생산성 손실이 큰 질환 등 영향이 큰 비용과 편익이 있다면 기본분석과는 별도로 해당 비용 항목의 증가, 혹은 감소분을 제시할 수 있다.

❖ 할인율

기본 분석 할인율을 5%에서 4.5%로 낮추기로 했다.

우리나라의 경우 기획재정부가 의뢰한 KDI 연구결과(2017)에서 사회적 시간 선호율을 3.7-4.5%로 추정한 바 있으며, 지난 10년간 시장금리 및 경제성장률 하락 추세 등을 종합적으로 고려하여 사회적 할인율을 4.5%로 하향 조정한 것이다.

심평원은 사회경제적 여건 변화에 따라 사회적 할인율이 지속적으로 내려가는 상황에서 경제성 평가를 위한 할인율 또한 인하하는 것이 필요하다고 판단했다. 경제성 평가 지침이 처음 만들어질 당시에는 사회적 할인율이 7.5%로 매우 높았다.

다만 보건의료 분야에 대한 정책적 배려 및 다른 나라의 할인율 수준 등을 고려하여 5% 할인율을 지금까지 사용하고 있었으나, 이번 지침 개정을 통해 예비타당성조사에 적용되는 할인율과 동일한 4.5% 수준으로 맞췄다.

❖ 분석기법

그동안 비교 대상 약물과 등재 신청 약물의 효과가 동등하다는 것을 증명할 수 있다면 '비용최소화' 분석을 실시하고, 비교 대상 약물과 등재 신청 약물의 효과가 서로 다르다면 '비용-효과' 분석 혹은 '비용-효용' 분석을 실시한다고 명시했었다. 하지만 지침 개정을 통해 기본적인 분석기법으로 '비용-효용' 분석이라고 못 박았다. 비용-효용분석을 하기 어려운 타당한 근거가 있다면 비용-효과 분석을 실시할 수 있으나, 이 경우 약물의 최종 성과를 반영하는 지표를 결과지표로 사용해야 한다.

비용-효용 분석 결과지표로는 질보정수명(QALY; Quality-Adjusted Life Years)을 사용한다.

❖ 평가방법

비교대상 선정 시 시장점유율 외에 고려할 수 있는 요소가 신설됐다.

신약이 등재됨에 따라 대체 가능성이 가장 높은 약을 비교대안으로 선정한다는 기존 원칙을 고수하되, 제한된 경우에 한해 양질의 근거가 뒷받침되는 대안을 제시할 수 있도록 했다.

약품비를 계산 할 때는 해당 약의 가격을 단위비용으로 이용해야 한다.

동일 성분·함량·제형의 다른 의약품이 등재되지 않은 경우, 해당 의약품의 가격을 이용하고 만약 동일 성분·함량·제형의 의약품이 복수 등재된 경우에는 가중평균가를 비교약제의 단위 비용으로 적용한다.

표 3.6 ▮ 개정안 제시 항목

항목	개정 여부	항목	개정 여부
관점	V	비용 　비용 항목 　비용 산출	V
분석기간	V		
분석대상 인구집단	V		
분석기법[1]	V	결과 　결과지표 　효용, 건강관련 삶의 질[2]	–
분석결과 제시	–		–
보고	–		V
비교대상 선정	V	할인율	V
자료원(간접비교)	V	모형 구축	V
자료검색		불확실성	V
자료선정		일반화	–
자료의 추출 및 평가		형평성	–
메타분석		재정영향	삭제
장기효과 추정(외삽), 처치전환(cross over), 진단검사 동반약제에 대한 평가지침			추가

주: 1) CMA에 대한 지침, 2) Evidence의 위계, tariff, mapping 관련 세부지침, 직접측정자료의 평가방법

4) 대체약제 가중평균가

① 가중평균가

약가 가중평균가(WAP: Weighted Average Price)는 동일성분내 약품별 청구량 비중을 고려한 보정 상한금액으로써, 주성분코드(동일성분, 동일제형, 동일함량은 같은 주성분으로 산정)별 의약품의 Σ(상한금액 × 청구량)/Σ(청구량)으로 산출한다. 건강보험심사평가원 홈페이지(www.hira.or.kr)에 반기 및 연간 가중평균가를 공개하고 있다.

② 대체약제 가중평균가 산출 방법

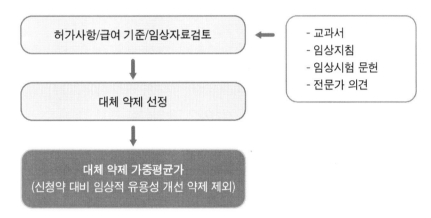

그림 3.4 ▌ 대체약제 가중평균가 산출 방법

항목	A성분	B성분
실제 청구량(정)	10,000	60,000
1일 상용량(총)	2정	6정
보정 청구량	5,000	10,000

항목	A성분	B성분
1일 투약비용(원)	200	300
보정 청구량(정)	5,000	10,000
가중 1일 투약비용(원)	266	

일반적으로 개별 성분별 1일 투약비용을 보정청구량(성분별)으로 가중하여 산출한다. 해당 약제의 청구량을 1일 상용량으로 나누어 보정 청구량을 계산하고, 최종 선정된 대체약제가 두개 이상인 경우, 1일 투약비용에 성분별 보정 청구량으로 가중을 주어 가중 1일 투약비용을 산출한다.

③ 허가 적응증이 다수인 약제의 경우

주요 적응증 위주로 산출하며, 실제 사용량 또는 환자수가 많지 않은 기타 적응증은 별도 평가 생략이 가능하다. 적응증별 사용량 또는 환자수 산출이 가능한 경우, 약제별 대상 환자군(적응증)에 차이가 있고, 이를 구분하여 산출이 가능한 경우, 사용량 또는 환자수를 근거로 적응증별 소요비용을 가중한다. 반면, 적응증별 사용량 또는 환자수 산출이 불가능한 경우 적응증별 대체약제 소요비용의 산술 평균(또는 중앙값)을 사용한다.

④ 대체약제 가중평균가를 반영한 신청약제의 단위비용 환산

주요 적응증을 기준으로 대체약제 가중 1일 투약비용을 신청약제의 1일 상용량으로 나누어 산출한다. 식약처 허가사항 상 병용약제, 추가 검사 등이 명시된 경우, 대체약제의 총 소요비용에서 신청품의 병용약제, 추가 검사 등의 소요비용을 제외한 나머지 비용을 신청품의 1일 상용량으로 나누어 산출한다.

항목	신청약제	A성분	B성분
1일 상용량(총)	2정	2정	6정
가중 1일 투약비용(원)	–	266	
대체약제 가중평균가를 반영한 신청약제의 단위비용	133원		

신청품의 함량이 여럿인 경우, 상용량이 되는 신청함량의 단위 비용을 산출하고 이를 기준으로 나머지 함량의 단위 비용을 아래 표에 따라 환산한다.

예 상용량이 2mg인 신청약제의 단위비용이 133원으로 산출된 경우, 신청품의 신청함량이 2,4,6,8mg이라면, 2mg의 비용을 133원으로 하고, 나머지 함량의 비용을 아래 표에 따라 산출.

※ 단, 상용량이 되는 기준 신청함량이 없는 경우, 대체제 가중평균가 범위에서 약제 상한금액의 산정기준 등을 고려하여 제약사가 함량별 약가를 신청할 수 있음.

표 3.7 ▌비교 제품과 동일한 함량이 없는 경우의 산정 기준

(1) 신청 제품의 함량이 비교 제품의 함량보다 많을 경우: A × B(또는 B')
(2) 신청 제품의 함량이 비교 제품의 함량보다 적을 경우: A ÷ B(또는 B')
  A: (가) 또는 (나)의 기준에 따른 가격
  B(생물의약품 제외): {(높은함량/낮은함량-1)× 0.5} + 1
  B'(생물의약품): {(높은함량/낮은함량-1)× 0.9} + 1
  (가) 자사제품이 등재되어 있는 경우: 자사제품 중 가장 근접 함량 제품의 상한금액을 기준으로 한다(다만, 자사제품의 상한금액이 다를 경우 최고가를 기준으로 한다).
  (나) 자사 제품이 등재되어 있지 않은 경우 또는 복합제의 경우: 가장 근접한 함량 제품의 상한금액 중 최고가의 53.55%(마약 또는 생물의약품의 경우 70%)를 기준으로 한다.

⑤ 대체약제의 가중평균가 산출이 불가한 경우

대체약제가 없는 경우는 가중평균가 산출이 불가하다. 단, 진료상 필수약제의 경우, 대체약제 가중평균가 산출 없이도 급여 평가할 수 있다. 대체약제 가중평균가 산출이 어렵고, 대체약제 소요비용의 산술평균(또는 중앙값)도 부적절하다고 판단되는 경우 또한 가중평균가 산출이 불가능한데, 환자군별 용법·용량 구분이 어려운 경우, 행위 관련 약제가 포함되어 비용 산출이 명확하지 않은 경우 등이 이에 해당한다.

⑥ 가중평균가 적용 약가 급락

2014-2016년 상반기 블록버스터 주요제품 가중평균가는 급락했다.

표 3.8 ▌블록버스터 주요제품 가중평균가 변화 추이

성분명 (오리지널)	주성분코드	함량(mg)	구분(원)			인하액(원)	인하율(%)	비고
			2014(A)	2015	2016(B)	A-B	A/B	
아리피프라졸 (아빌리파이)	451501ATB	10mg	2,982	2,131	2,065	917	30.8	2014.3
	451502ATB	15mg	2,987	2,149	2,105	882	29.5	
	451503ATB	5mg	1,721	1,256	1,241	480	27.9	
로수바스타틴 (크레스토)	454001ATB	10mg	751	609	608	143	19.0	2014.4
	454002ATB	20mg	869	685	685	184	21.1	
	454003ATB	5mg	432	344	344	88	20.3	
오메가3산 (오마코연질캡슐)	478601ATB	1g	534	377	297	237	44.4	2015.3
스티렌성분	430101ATB	60mg	231	159	117	114	49.3	2015.7
나파모스타트 (주사용후탄)	461501BU	10mg	6,565	5,744	4,394	2,171	331	2015.8
	461502BU	50mg	19,095	16,707	12,707	6,388	33.5	
엔테카비어 (바라크루드)	457202ATB	0.5mg	5,878	4,016	3,037	2,841	48.3	2015.11
	487203ATB	1mg	6,497	4,534	3,412	3,085	47.5	
두타스테리드 (아보다트)	458801ACS	0.5mg	1,324	927	708	616	46.5	2016.1.20
심바/에제티밉 (바이토린)	471000ATB	10/10mg	995	995	783	212	21.3	2016.4.29
	471100ATB	10/20mg	1,391	1,391	1,092	299	21.5	
텔미/암로 (트윈스타)	411700ATB	40/10mg	797	797	762	35	4.4	2016.8.18
	511500ATB	80/5mg	1,054	1,054	853	201	19.1	
	511600ATB	40/5mg	797	797	706	91	11.4	

연도별 상반기 가중평균가 변화 추이(2014~2016)

5) A7 조정가 상대비교가

① 외국조정평균가

미국, 영국, 독일, 프랑스, 이탈리아, 스위스, 일본(이하 "외국 7개국"이라 한다.) 약가의 조정평균가(이하 "외국조정평균가"라 한다)를 산출한다.

② 외국조정평균가 산출 방법

외국 7개국의 공장도출하가격에 환율, 부가가치세(10%)와 유통거래폭을 가산한 금액의 평균가로 산출한다. 외국 7개국의 공장도출하가격은 해당국가의 약가책자(해당 국가 약가책자의 인터넷자료 및 기타 인정되는 자료를 포함)에 기재된 금액에서 당해 국가의 부가가치세와 약국 및 도매마진을 제외한 금액으로 미국, 영국, 프랑스, 이탈리아, 스위스의 경우는 동 책자금액의 65%, 일본의 경우는 82%로 하고 독일의 경우는 약가에 따라 정해진 마진을 참조하여 산출한다. 다만, 제조업자·위탁제조판매업자·수입자가 당해국가의 관련 규정 등 정부기관이 발행한 객관적인 자료 또는 약가책자를 발간하는 회사가 확인한 자료를 공증 받아 제출할 경우에는 이를 참조하여 산출할 수 있다. 그리고 외국약가는 성분·제형·함량이 같고 회사명 또는 제품명이 같은 제품 중 최대 포장제품 중 최고가 제품을 검색한다.

※ 단, 회사명 또는 제품명이 같은 제품이 없을 경우는 동일성분, 동일제형, 동일함량의 최대포장제품 중 최고가 제품으로 검색(미국의 경우 Federal Upper Limit price(FUL), Repackagers of products(Repack), Unit Dose 포장제품은 제외) 한다.

③ 색인원칙 등

외국 7개국 약가는 약가 색인시 참고하는 책자로서 최근에 발간된 책자와 약가책자를 발간하는 회사의 인터넷자료로 확인한다. 다만, 약가책자나 인터넷 자료에 해당제품이 수재되어 있지 아니한 경우 기타 인정되는 자료를 확인한다.

WORKSHOP

(A7: 미국, 영국, 독일, 프랑스, 이탈리아, 스위스, 일본)
외국조정평균가 A7 국가를 다른 나라로 변경하거나 추가하면 약가는 어떻게 될까?

표 3.9 ▌인정 자료원

국가	책자(발행기관)	약가책자 발행기관의 인터넷 자료	기타 인정되는 자료 (정부기관 등)
색인원칙	위원회 14일 이전 최근자료 우선 색인		책자 발행기관 자료(약가책자 또는 인터넷자료)에서 미색인시 추가 확인
일본	보험약사전 (약업연구회)	없음	일본후생성(정부기관) http://www.iryohoken.go.jp/shinryo hoshu/yakuzaiMenu
프랑스	Vidal(Vidal)	http://www.evidal.fr	
독일	Rote Liste (Rote Liste GmbH)	http://online.rote-liste.de	
이탈리아	L'Informatore Farmaceutico (OEMF)	http://www.codifa.it	AIFA(정부기관: 식약처) http://www.agenziafarmaco.gov.it/it/co ntent/elenco-medicinali-di-fascia-e-h
스위스	Arzneimittel Kompendium (Documed AG)	http://www.compendium.ch/ search/de	
영국	MIMS (Haymarket Publishing Service Ltd.)	http://www.mims.co.uk	BNF (기인정자료원8))
미국	Red Book (약가책자 발행 중단) (Thomson Medical Economics)	https://www.micromedexsolu tions.com/home/dispatch	

자료: 건강보험심사평가원, 신약 등 협상대상 약제의 세부평가기준

6) 위험분담제도

위험분담제도(Risk Share Agreement)란 신약의 효능, 효과나 보험재정 영향 등에 대한 불확실성(Risk)을 제약회사가 일부 분담하는 제도로 항암제, 희귀질환치료제 등의 고가 신약에 대해 선별등재원칙을 유지하면서도 환자의 접근성을 제고하기 위해 실시하였다. 의약품 선별등재 제도가 도입된 후 약제의 유용성, 보험재정영향 등에 대한 불확실성이 크면 공단 입장에서 보험 약제로 등재가 어렵기 때문에 제약 회사가 환급(예로 환자에게 약을 투여하고 효과가 없으면 환불하는 등 다양한 방법으로 제약

사가 비용을 부담) 등의 방법으로 재정의 일부를 부담하여 불확실성이 큰 의약품이지만 환자에 접근성이 높고 보험 재정을 효율적으로 관리할 수 있는 제도이다.

현재 위험분담제는 대체 가능하거나 치료적 위치가 동등한 제품 또는 치료법이 없는 항암제나 희귀질환치료제 중 일부의 제품에 대하여 적용하고 있다. 규정상 적용할 수 있는 유형은 환급형, 총액제한형, 환자단위 사용량 제한형, 조건부 지속치료형 등 여러 가지가 있으나 실제로는 경제성평가를 의무화한 조건 때문에 주로 환급형으로 제도가 운영 중이다.

현행 위험분담제의 경우 적용대상과 유형이 제한되는 것 이외에도, 4년의 계약기간제한, 계약기간 내 급여확대불가, 위험분담 기간 중 치료적 동등약제가 존재하게 될 경우 계약 연장불가 등 여러 가지 제한조건이 많아 2020년 10월에 일부 개정되었다. 일부개정된 '위험분담제(RSA) 약가협상 세부운영지침 개정(2020년 10월)'에 의하면 3상 조건부 허가약제의 총액계약을 의무화했고 위험분담제 계약기간을 기존 4년에서 5년으로 연장했다. 또한 위험분담제 재계약(계약종료) 여부를 심평원 약가평가위원회에서 판단했으나 이제는 건강보험공단과 협상에서 결정된다. 건강보험공단은 상한금액, 예상청구액, 환급률 및 캡 재설정, 모든 유형의 만료 시 처리방안 통일 등을 살펴서 재계약 또는 계약종료를 결정한다. 총액제한형 Cap이 예상청구액의 130%에서 100%로 조정됐다.

위험분담제도의 도입을 통하여 보험자는 신약의 급여 결정 원칙을 유지하면서 보험 재정을 효율적으로 관리할 수 있으며, 환자는 신약에 대한 의약품 접근성을 보장받을 수 있고 제약사는 적정한 약가 보장을 통한 신약의 적정가치를 인정받아 신약개발에 재투자할 동기를 얻을 수 있는 등의 긍정적 효과를 기대할 수 있게 되었다.

우리나라의 위험분담제도는 일부 예외적인 경우를 제외하고는 위험분담계약에 의하여 비용효과성이 입증된 품목에 대하여 적용하고 있다. 또한, 주로 환급형의 계약을 체결하고 있어 그 원리상 보험재정의 추가적인 소요없이 비용효과적인 신약을 등재시킬 수 있어 환자의 신약 접근성이 향상된다. 즉, 환급형의 위험분담계약의 경우 재정이 추가적으로 소요되거나 환자부담이 증가하지 않고, 오히려 제약사 입장에서는 담보설정 및 부가세 등 부대비용이 발생하게 되어 제도의 수용성을 저하시키는 요인으로 작용할 수 있다.

표 3.10 ┃ 위험분담계약제도 유형

조건부지속치료와 환급 혼합형 (Conditional treatment continuation + money back guarantee)	• 일정기간 약제 투여 후 환자별로 반응을 평가, 미리 정해 놓은 기준 이상으로 반응이 있는 환자에게는 계속 보험 급여하고 그렇지 않은 환자의 사용 분에 해당하는 금액은 건보공단에 환급하는 제도 • 정해진 기준 이상의 치료효과를 보이지 않으면 환자 사용분에 대한 금액을 환급하는 계약임 • 하지만 정해진 기준 이상의 치료효과를 나타내는지 객관적 판단 여부가 제약사의 부담으로 작용될 수 있음
총액제한형 (Expenditure cap)	• 약제의 연간 청구액이 미리 정해 놓은 연간 지출액을 초과할 경우, 초과분의 일정 비율을 제약사가 공단에 환급하는 제도
환급형(Refund)	• 약제의 전체 청구액 중 일정비율을 제약사가 공단에 환급하는 제도
환자단위사용량제한형 (Utilization cap)	• 환자 당 사용한도를 미리 정해 놓고 이를 초과할 경우 초과분의 일정 비율을 제약사가 공단에 환급하는 제도
근거생산 조건부 급여 (Coverage with Evidence development)	• 임상시험 결과에 따라 급여 여부를 결정하는 방법 • 일단 급여 후에 회사가 별도의 임상연구를 수행하여 그 결과에 따라 약품비 환급, 급여 삭제, 재협상 등의 사후 조치함

표 3.11 ┃ 국내 위험분담계약 약제(2013년 12월 ~ 2017년 8월)

번호	제품명	적응증	위험분담유형
1	에볼트라	소아 급성 림프구성 백혈병	근거생산 조건부급여
2	얼비툭스	대장암	환급형
3	레블리미드	다발성 골수종	환급형
4	엑스탄디	췌장암	환급형
5	잴코리	비소세포 폐암	환급형
6	피레스파	특발성 폐섬유증	환급형
7	솔리리스	발작성 야간 혈색뇨증	환급형
8	카프렐사	갑상선암	총액제한형
9	나글라자임	점액다당류증	환급형
10	스티바가	위장관간질종양	환급형
11	비미짐	모르키오 증후군	총액제한형
12	디터린	페닐케톤뇨증	총액제한형
13	포말리스트	다발성 골수종	환급형
14	데피텔리오	간정맥폐쇄성질환	총액제한형
15	퍼제타	유방암	환자단위사용량제한형
16	젤보라프	흑색종	총액제한형
17	캐싸일라	유방암	환자단위사용량제한형
18	키트루다	비소세포 폐암	환급형/총액제한형
19	옵디보	비소세포 폐암	환급형/총액제한형

자료: 한국임상약학회지(2018) 제28권 제2호 124-130

ISSUE ⑥

위험분담제 약제 추가 적응증에 대한 비용효과성 입증

 기 허가된 의약품은 대부분 임상시험을 진행하여 유효성, 안전성을 입증해야 적응증을 추가할 수 있다. 하지만 임상시험을 대신해 미국 FDA는 RWE(Real world evidence, 실제임상증거)를 활용한 허가심사체계 기반을 마련하기 위해 관련 프로그램의 틀을 마련하고 있으며, 국내에서도 이에 맞춰 RWE를 의약품 허가심사에 반영할 것으로 예상된다. RWD(Real World data, 실제임상자료)는 다양한 자료원을 통해 수집되는 환자, 건강상태, 보건의료 전달체계와 관련된 각종 자료들을 의미하며, RWE는 RWD 분석을 통해 의약품 등의 사용현황 및 잠재적인 유익성과 위해성에 관한 임상적인 증거를 말한다. 미국 사회에서 RWE를 활용한 기허가 의약품의 적응증 추가에 대해 우려와 비판이 존재한다. 이에 FDA는 ▸ 윤리적으로, 임상적으로 RCT(무작위대조시험)를 할 수 없는 경우 ▸ 희귀질환의 경우에만 예외적으로 허용 ▸ 2개의 서로 다른 데이터베이스에서 일관된 결과가 도출돼 타당도를 증명하는 경우에만 RWE를 허용하고 있다. 실제로 RWE를 활용한 사례로 미국에서 전이성 메켈세포암종(MCC: Merkel cell carcinoma) 환자들을 위한 치료제로 개발된 면역항암제 '아벨루맙'에 대해 적응증이 추가됐다.

 2020년 7월부터 국내 제약사들이 새로운 효능 인정을 위해 임상시험을 진행할 경우 식약처는 개별환자, 특정질환 치료를 위해 의료진이 사용 중인 허가 초과 의약품 중에서, 임상을 통해 안전성, 유효성을 인정받은 적응증은 허가사항에 반영키로 했다. 개별환자·특정질환 치료를 위한 의료진의 허가초과 의약품 사용에 대해 안전성, 유효성 평가, 부작용 모니터링 등을 진행하고 있다.

 우리나라에서 위험분담제(RSA) 약제 적응증을 추가하려면 적응증 확대와 위원회를 거쳐야 한다.

 건강보험심사평가원은 2020년 3월 '신약 등 협상약제의 세부평가기준 개정안'을 발표했다. 2020년 9월 시행된 약가제도 개정안에 따르면 위험분담제 약제의 급여범위 확대(적응증 추가) 시 비용효과성(투약비용비교 또는 경제성평가)을 입증하도록 되어 있다. 현재는 확대 적응증이 위험분담제 대상에 해당하는 약제는 공단과의 협상으로 상한가격 및 환급률을 조율하면 되는데, 단계가 추가되면서 시간이 더 소요되고 비용효과성 입증이 어려운 사례도 발생할 수 있다. 글로벌회사의 대안은 확대 적응증이 위험분담제 적용대상에 해당될 경우 반드시 비용효과성 입증이 아닌 공단협상을 통한 계약 유형 및 상한금액 조정으로 환자 접근성이 우선될 수 있도록 하고, 비용효과성 검토는 개별사안에 따라 고려 가능하도록 유연하게 적용돼야 한다고 주장하고 있다. 또한 추가 적응증의 비용효과성 자료제출에 따른 심사평가원, 보험공단의 각 부서별 기능과 검토사항, 절차의 명확화가 필요하며 서로 다른 위원회와 부서 등에서 중복적으로 재정 및 비용효과성을 검토하는 것은 환자 접근성 지연을 초래한다고 주장하고 있다.

!**WORKSHOP**

국내 위험분담계약 약제 중 가장 많은 계약 유형은? 이유는?

!**WORKSHOP**

위험분담제(RSA) 약제 적응증별 구분 없이 가장 낮은 가격을 최종 단일 가격으로 하게 된다면 글로벌회사는 어떻게 할까?

7) 약가협상

우리나라는 보험의약품 등재제도에서 선별등재시스템을 취하고 있다. 이에 따라 의약품이 건강보험의 적용을 받기 위해서는 약가고시에 등재되어야 한다. 또한, 약가고시에 등재되기 위해서는 필수적으로 개개의 의약품 별로 상한금액을 함께 등재하여야 한다.

개별 의약품의 상한금액이 정해지는 과정을 세분화 해보면, 기존에 약가고시에 등재되지 않은 의약품이 새로 약가고시에 등재되는 과정에서 해당 의약품의 상한 금액을 결정하는 절차와 이미 약가고시에 등재되어 있는 의약품에 대한 상한금액을 조정하는 절차로 나누어 볼 수 있다.

결정절차는 다시 상한금액 결정 방식에 따라 다시 약제의 제조업자·위탁제조 판매업자·수입자 등 약제 요양급여 결정신청권자가 국민건강보험공단 이사장과의 협상을 통해 당해 약제의 상한금액을 결정하는 것과 보건복지부장관이 정하여 고시한 약제 산정기준에 따라 상한 금액을 결정하는 것으로 나눌 수 있다. 조정절차도 마찬가지로 다시 협상대상 약제와 산정대상 약제로 분류할 수 있다.

이상의 내용을 표로 정리하면 다음과 같다.

표 3.12 **|** 약가협상 도입취지

구분	대상		기준
협상	• 보건복지부장관이 협상을 명한 약제(신약 및 일부 자료제출의약품 등) • 직권 결정 및 조정신청 약제 등 • 사용량-약가 연동 협상 대상 약제 • 사용범위 확대 약제		'협상 참고가격'등 「약가협상지침」에 따라 국민건강보험공단과 제약회사가 협상 (유형1) 약가협상 시 예상사용량보다 30% 이상 증가한 약제 (유형2) 적응증 추가 등으로 사용량이 30% 이상 증가한 약제 (유형3) 유형1, 2 적용 후 전년대비 사용량 이 60% 이상 증가한 약제 (유형4) 협상 없이 등재된 후 전년대비 사용 량이 60% 이상 증가한 약제
산정	자료제출 의약품	• 염변경(이성체) • 새로운 제형(동일 투여경로)	「약제의 결정 및 조정 기준」의 산정기준에 따름
		• 새로운 용법·용량	
	복제약(약제급여목록표에 등재된 약제와 동일)		
	기타(기초수액제, 마약 등)		

자료: 이태진 외, 2014, 제약산업정책의 이해, 한국보건산업진흥원

❖ 협상대상 도입배경

약가협상제도는 '약제비 적정화', '보험자(건보공단)의 재정책임성 강화' 등을 목적으로 지난 2006년 12월 도입되었다. 국민건강보험공단과 제약기업간 협상을 거쳐 좋은 약을 적정가격으로 적시에 보험에 등재하는 것이다.

❖ 협상대상 약제의 상한금액 결정

가. 약가협상 절차

약제의 제조업자, 위탁제조 판매업자, 수입자 등이 약제 요양급여의 결정신청을 한 후, 건강보험심사평가원장이 약제급여 평가위원회의 평가를 거쳐 그 결과를 보건복지부 장관에게 보고하면, 보건복지부 장관은 당해 약제가 산정대상 약제나 한국희귀의약품센터의 장이 요양급여 대상여부의 결정을 신청한 약제가 아닌 경우 국민건강보험공단 이사장에게 당해 약제의 제조업자, 위탁제조 판매업자 또는 수입자와 당해 약제의 상한금액에 대한 협상을 하도록 명하여야 한다.

*근거 법령: 국민건강보험 요양급여의 기준에 관한 규칙 제11조의 2 제7항

이와 같은 보건복지부 장관의 협상명령이 있게 되면, 국민건강보험공단은 급여적정성 평가자료, 보험재정에 미치는 영향, 외국의 약가, 특허현황, 국내 연구·개발 투자비용, 의약품 공급능력 등을 고려하여 급여의 적정성이 있다고 협상에서 용인되는 가격의 범위를 설정한 후 협상 참고가격의 범위 내에서 신청자와 60일 이내에 협상을 진행한다. 협상을 통해 쌍방이 약가에 합의하면 건강보험 정책심의위원회의 심의를 거쳐 합의된 약가가 보건복지부 장관에 의해 약가고시에 등재된다.

만일 신청자가 협상 참고가격의 범위를 벗어난 가격을 고집하는 경우 약가협상은 결렬되고 결렬 후 신청자가 다시 요양급여 신청을 하면 건강보험심사평가원의 약제급여평가위원회에서 다시 급여적정성 평가를 한 후 보건복지부장관의 재협상 명령에 따라 재협상이 이루어진다. 그러나 대체할 수 있는 의약품이 없는 필수의약품의 경우 약가협상이 결렬되면 보건복지부의 약제급여조정위원회에서 건강보험공단과 신청자 양측이 주장하는 가격에 대한 심의 및 조정을 거쳐 보건복지부 장관이 직권으로 약가를 결정하여 약가고시에 등재하게 된다.

나. 약가협상 현황

보건복지부의 '약가협상 제도 현황'을 공개자료에 의하면 제약사와 건강보험공단과의 약가 합의율이 최근 12년간 90%를 상회하는 것으로 파악됐다. 신약의 경우, 공단과 제약사의 약가협상을 통해 약가를 결정하고 이미 급여 중인 전문의약품은 사용량 증가 시(사용량-약가 연동제) 공단과 제약 간 약가협상을 통해 약가 인하폭이 결정되는 구조이다. 즉, 오리지널을 지닌 다국적 제약사와 복제약 중심의 국내 제약사 모두 공단과 협상 결과에 따라 희비가 갈린다는 의미다. 건강보험공단에 따르면, 2007년부터 2018년 4월말까지 총 1388품목 협상이 완료됐다. 전체 합의율은 91.2%(1,266품목 합의, 122품목 결렬)이다.

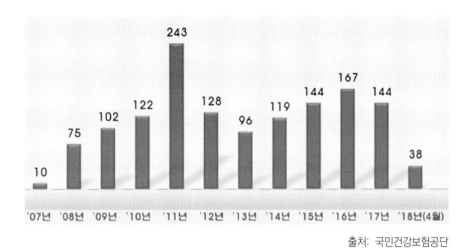

출처: 국민건강보험공단

그림 3.5 ▌2007-2018년 4월까지 제약사와 약가협상 현황

　　협상 유형별 사용량-연동 연동제가 632품목(46%)로 가장 많고 이어 신약 455품목 (33%), 조정신청 173품목(12%) 순을 보였다.

　　신약의 경우 상대적으로 저조했다. 12년간 전체 455품목 중 388품목(85.3%)이 합의됐고, 나머지 67품목이 결렬됐다.

　　사용량연동 협상의 경우 협상절차를 거치지 않고 등재된 약제를 대상으로 하는 '유형다' 417품목(66%), '유형가' 184품목(29%), '유형나' 25품목(4%), '유형2(2014년 폐지)' 6품목(1%) 등으로 분포했다. 약제별 분류에서는 진료상 비필수약제가 1,309품목(92.9%)으로 대부분을 차지했다. 필수약제는 79품목(7.1%)이다. 또한 비희귀질환치료제와 희귀질환치료제는 각각 1,247품목(90.6%)과 141품목(9.4%)으로 집계됐다. 협상에 참여한 제약사는 국내사 146개사, 다국적 제약사 68개사였다. 신약협상은 다국적 제약사가, 사용량연동협상의 경우는 국내사가 높은 비중을 차지했다. 제약사 유형별 약가협상 품목수 참여를 보면, 국내사는 신약 협상에 175개 품목, 조정 신청 협상 152개, 사용량연동 338개, 예상청구금액 37개였으며, 다국적 제약사는 신약 282개 품목, 조정 신청 협상 21개, 사용량연동 294개, 예상청구금액 77개 등이었다.

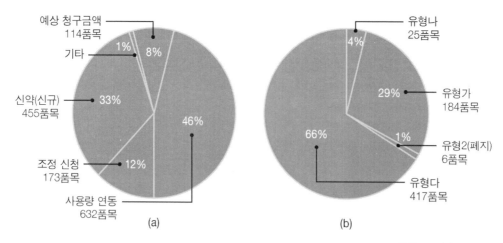

출처: 국민건강보험공단

그림 3.6 ▌(좌) 협상 유형별 현황, (우) 사용량연동 유형별 현황

⚠ WORKSHOP

- '신약협상'은 다국적회사에서 '사용량연동협상'은 국내회사가 많은 이유는?

- 사용량연동협상 유형에서 유형 '다'가 가장 많은 이유는?

❖ 약가협상 면제제도

약가협상 면제제도는 협상 절차의 생략을 통해 보험등재기간을 단축시켜주는 제도이다. 세부적으로 내용을 살펴보면, 신청약제와 대체약제 비교 시 임상적 유용성이 유사한 수준으로 '대체약제 가중평균가'로 급여 적정성을 인정받는 경우 제약사가 대체약제의 가중평균가(신약의 특성에 따라 90~100%)를 수용하면 건강보험공단과의 상한금액 협상(60일)을 생략할 수 있게 한 제도이다.

ISSUE ⑦

약가협상 'Korea Passing' Case

최근 다국적 제약회사들이 해외 급여등재에서 더 유리한 가격을 받기 위해 한국 시장에서의 급여절차를 포기하거나 철회하는 사례가 발생하고 있다. 타국에서의 약가협상을 위해 급여신청 시 한국을 배제하는 이른바 '코리아 패싱(Korea Passing)' 우려가 높아지고 있다. 특히 세계 최대 제약시장인 중국과 미국이 참조가격제도(IRP ; International Reference Pricing) 도입을 긍정적으로 바라보면서, 한국을 배제할 가능성이 더욱 커지고 있어 대책 마련이 시급한 상황이다. 실제로 외국에서의 약가 문제로 한국에서 급여를 포기하거나 철회하는 사례가 이어지고 있다. 지난해 12월 노바티스(Novartis)는 천식치료제 졸레어(Xolair, 성분명 오말리주맙)가 건강보험심평가원 약제급여평가위원회를 통과했음에도 건강보험공단 약가협상 단계에서 급여 신청을 포기했다. 당시 노바티스는 중국에서도 졸레어에 대한 급여등재 절차를 밟고 있었는데, 중국이 한국을 약가 참조국에 추가했기 때문이다.

미쓰비시다나베파마(Mitsubishi Tanabe Pharma)는 근위축성 측삭경화증 치료제인 라디컷(Radicut, 성분명 에다라본)의 보험급여 적용을 위한 약가협상에 철회 의사를 밝혔다. 회사는 국내외 약가 기준에 대한 견해 차이 때문이라고 했지만, 캐나다에서 약가를 더 높게 받기 위한 본사의 조치로 확인되었다. 이어 오노약품공업(Ono Pharmaceutical)은 7월 면역관문억제제 옵디보(Opdivo, 성분명 니볼루맙)의 폐암 2차, 3차요법에 대한 급여확대 사전협상이 결렬된 뒤 재협상을 거부한 것이 알려졌다.

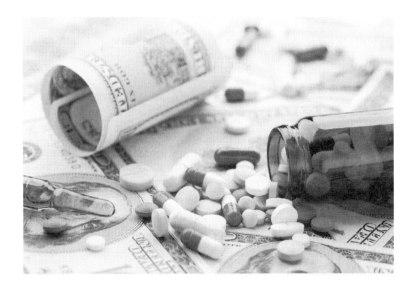

ISSUE ⑧

동아ST '시벡스트로' Case

시벡스트로는 항생제 내성균인 메티실린-내성균주(MRSA) 등 그람양성균이 유발하는 급성 세균성 피부 및 피부구조감염 치료에 사용하는 제품이다. 개발 당시 기존 항생제 내성균 피부감염 환자들에게 사용할 수 있는 슈퍼항생제로 주목받았던 항생제 신약을 자진 반납했다. 식약처는 신약 허가 이후 6년 동안 원칙적으로 3,000건 이상의 시판 후 조사 자료를 제출하지 않으면 판매금지 및 허가 취소 처분을 내린다.

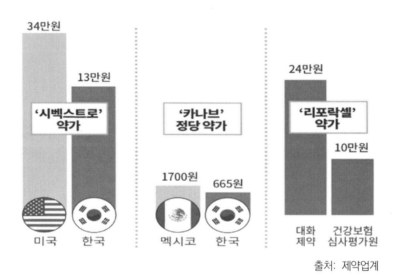

출처: 제약업계

그림 3.7 ▌ 국산신약 국내, 외국 약가비교

표 3.13 ▌ 낮은 약가에 따른 의약품 출시 현황

기업	의약품	한국 출시 여부	해외 출시 여부
보령제약	카나브	O	O
동아ST	시벡스트로	X	O
대화제약	리포락셀	X	X

ISSUE ⑨

'졸레어'(성분명 오말리주맙) 보험급여 Case

한국노바티스 알레르기성 중증 천식 치료제 '졸레어'(성분명 오말리주맙)가 2007년 허가 후 13년여만에 2020년부터 본격적으로 보험급여를 적용받게 될 예정이다.

보건복지부는 이와 같은 내용을 담은 '요양급여의 적용기준 및 방법에 관한 세부사항(약제)' 일부개정안을 행정예고 했다. 이에 따르면, 졸레어는 알레르기성 중증 지속성 천식인 12세 이상 환자 중 고용량 흡입용 코르티코스테로이드-장기지속형 흡입용 베타2 작용제(ICS-LABA)와 장기지속형 무스카린 길항제(LAMA) 투여에도 불구하고 적절하게 조절되지 않는 경우 보험급여로 사용할 수 있다. 다만 ① 치료 시작 전 면역글로불린 E의 수치가 76IU/mL 이상 ② 통년성 대기 알러젠에 대하여 시험관 내(in vitro) 반응 또는 피부반응 양성 ③ FEV1(1초 강제호기량) 값이 예상 정상치의 80% 미만 ④ 치료 시작 전 12개월 이내에 전신 코르티코스테로이드가 요구되는 천식 급성악화가 2회 이상 발생한 경우 등 4개 조건을 모두 만족해야 한다. 만 6세부터 만 12세 미만 소아인 경우에는 성인에서 요구되는 4가지 조건 중 '1초 강제호기량'과 관련된 조건을 제외한 나머지 3개 조건을 모두 만족해야 한다.

성인과 소아에 대한 급여 조건은 이미 허가사항에서 규정하고 있는 내용과 동일해, 기존까지 허가사항에 준해 처방받은 환자라면 내달부터 보험급여를 적용받는 데 부담이 없게 됐다.

최초 투여 후 16주째 반응평가를 진행해 전반적인 천식조절을 확인한 환자에 대한 소견서를 제출하면 향후 지속투여가 인정된다. 이 역시 허가사항 중 '이 약 투여를 시작한 후 16주째에 이 약을 더 투여하기 전 이 약 치료의 유효성을 평가해야 한다'는 내용에 따른다. 반응평가 지표는 최대호기유속, 주간 및 야간 증상, 구원치료제 사용, 폐활량 검사, 증상악화 등이다.

이후 3~6개월마다 지속적으로 반응을 평가해 투여지속 여부를 판단해야 한다. 보험급여 기준 중 이 부분만 허가사항에 반영돼있지 않은 내용이다.

건강보험심사평가원 신약등재부는 급여기준에 대해 "등재약제인 오말리주맙에 대한 급여기준(연령별 투여대상과 평가방법 등)은 교과서, 가이드라인, 임상논문, 학회의견, 제외국 평가결과 등을 참조해 신설했다"고 설명했다.

졸레어 보험급여약가는 26일 건강보험정책심의위원회 심의를 거쳐야 하는 과정이 남아 있어, 지난 23일 고시된 '약제급여목록 및 급여 상한금액표'에는 반영되지 않은 상태다.

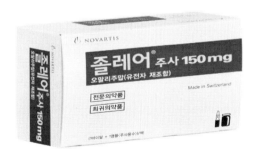

출처: NOVARTIS

그림 3.8 ▌'졸레어' 주사 150mg

ISSUE ⑩

국내 환자들의 신약에 대한 접근성이 떨어지는 가장 큰 이유

 국내 환자들의 신약에 대한 접근성이 떨어지는 가장 큰 이유는 건강보험 급여 결정이 매우 늦기 때문이다.

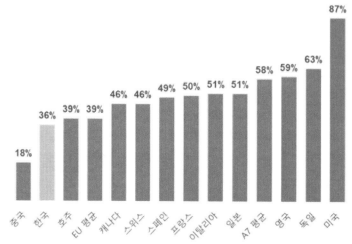

출처: 중앙일보 기고 (서울대병원 임상약리학과 이형기 교수)

그림 3.9 ▌전 세계 주요 국가의 신약 등재율(2011-2019년 개발된 356개 혁신신약)

 신약 접근성은 '환자 중심'으로 끌어 올려야 한다. 환자가 건강해지면 환자와 가족이 질 높은 삶을 누린다. 결국은 국민 건강이 증진되고 사회 전체가 부담하는 비용은 준다.
 신약은 환자의 생명을 연장하고 삶의 질을 개선한다. 뿐만 아니라, 신약은 건강 수준을 올리고 총 의료비 지출을 줄여 경제적 가치 창출에 기여한다. 환자가 신약을 쓸 수 있도록, 즉 신약 접근성을 적극 보장해야 하는 이유이다. 하지만 한국의 신약 접근성은 여전히 낮다. 15년간 (2011-2019년) 의약품 관련 정책 변화와 환자들의 신약 접근성을 동시적으로 분석한 보고서를 통해 국내 신약 등재율 및 등재 속도가 의료 선진국 대비 크게 낮았다. 2011~2019년 전세계에 출시된 356개 신약 가운데 국내 급여권에 진입한 신약은 128개(약 36%)에 불과했다. 미국, 캐나다, 프랑스 같은 의약 선진국(A7 국가)의 평균인 200개(58%)에 크게 미치지 못하는 수치다. 2019년 한국보건사회연구원 연구보고서에 따르면 지난 2016~2018년 국내에서 허가된 신약 중 50% 정도만 건강보험의 급여목록에 등재됐고, 등재될 때까지 최소 3~4년이 걸리는 것으로 나타났다. 이처럼 환자가 쓸 수 있는 신약의 숫자가 우리나라에서 작은 이유는 무엇보다도 보험 급여를 받기까지 오랜 시간이 걸리기 때문이다. 즉, 2007년에 도입된, 비용효과성이 입증된 신약에만 보험 급여를 하는 선별등재제 때문이다. 선별등재제도 이후로 대부분 낮은 가격에 등재시키고자 하는 일방적인 정책은 비용절감 효과는 있으나, 등재가 지연됨으로써 수반되는 부작용도 많다. 환자의 생명연장, 삶의 질 개선과 더불어 경제활동 복귀, 근로생산성 증가, 일자리 창출 등 신약을 통해 얻을 수 있는 사회적 가치도 고려할 필요가 있다.

우리나라는 환자접근성을 높이고 건보재정부담을 최소화할 목적으로 위험분담제를 시행하고 있으나 대상 선정이 지나치게 까다로워 제도 활성화가 늦어지고 있다. 이에 OECD 국가별 표시가의 정당성을 논하기 보다는 우리나라의 약가제도를 보다 유연하게 운영해야 한다.

건강보험재정상 무한정 급여를 인정할 수는 없지만 꼭 필요한 보험 급여를 적기에 제공해 환자의 신약 접근성을 높일 수는 대안을 모색해야 한다.

- **보험급여 지연을 해결할 대안**
  - 점증적비용효과비(ICER) 임계치를 탄력적으로 적용해야 한다. 신약이 질병을 치료해 1년 더 산다고 가정할 때 사회가 얼마나 추가 비용을 부담할 준비가 됐는지 화폐 가치로 환산한 게 ICER이다. 국민소득이 증가했고 삶의 질에 관심이 높아지면서 혁신 신약을 요구하는 환자가 더 많아졌지만 현행 ICER 임계치는 십여년 전 수치 그대로다. 한편 신약의 사회경제적 가치가 분명한 중증 및 희귀질환에는 더 높은 ICER 임계치를 인정하거나 적어도 구간의 형태로 신축 적용할 필요가 있다.
  - 경제성 평가를 하지 않고 우선 보험 급여를 해 주는 위험분담제의 대상 질환을 확대하고 신약의 보험 급여를 촉진하는 다양한 방법을 모색해야 한다. 삶의 질을 현저히 떨어뜨리는 중증 만성질환에도 위험분담제를 적용해야 한다. 아울러 신약 말고 마땅한 치료법이 없다면 먼저 신약에 보험 급여를 하고 나중에 평가 기준과 약가를 재조정하는 '선급여후평가' 제도를 시범적으로 실시할 수 있다. 급여 여부와 약가를 결정할 때 정부와 제약사 사이에 협상의 투명성을 보장하는 제도도 필요하다.
  - 상대적으로 고가인 국내 제네릭 약가를 시장 기능에 맡겨 인하를 유도하고 과학적 타당성과 경제적 효과가 입증되지 않은 의료서비스에 낭비되던 건강보험 재정 지출을 줄여야 한다. 이렇게 되면 중증 및 희귀질환자의 신약 접근성이 강화되는 방향으로 건강보험 재정을 재분배할 수 있다.
  - 환자의 의료비를 지원하는 별도 기금을 조성하는 방안도 검토돼야 한다. 여전히 신약 접근성이 낮다면 사회적 합의를 거쳐 건강보험 이외의 재원을 마련할 수 있다.

!️ **WORKSHOP**

- 글로벌회사의 몇몇 신약이 'Korea Passing'을 하는 이유는?

- 글로벌회사의 신약의 'Korea Passing'을 방지하기 위한 방법은?

!️ **WORKSHOP**

동아ST의 '시벡스트로'는 왜 한국시장에 출시하지 않았나?

!️ **WORKSHOP**

건강보험 급여결정 기간 단축이 건강보험 재정에 미치는 영향은?

02 개량신약의 약가산정

　신약이 아니면서 품목허가 시 안정성 및 유효성에 대한 자료를 필요로 하는 의약품을 자료제출의약품이라 한다. 자료제출의약품 중 안정성, 유효성, 유용성(복약순응도, 편리성 등)에 있어서 이미 허가된 의약품에 비해 개량되었거나 의약기술에 있어서 진보성이 있다고 식약처장이 인정한 의약품을 '개량신약(Incrementally Modified Drug, IMD)'이라 한다.

　개량신약은 신약개발 역량이 부족한 국내 제약기업이 신약을 만들기 위해 나아가는 중간단계로, 신약보다 성공확률이 높은 반면, 개발비용과 개발기간이 짧아 해외에서도 중점적으로 키우고 있는 새로운 비즈니스 모델이다. 우리나라는 2008년 개량신약 산정기준을 마련하고 2013년 약가 우대기준을 신설해 당시 신약과 제네릭 중간 가격을 산정해 동기부여를 하였다. 이 결과로 국내 제약기업들은 개량신약을 오리지 널에 역수출하는 등 큰 성과를 내고 있으며 많은 비용을 개량신약의 연구개발에 투자하고 있다.

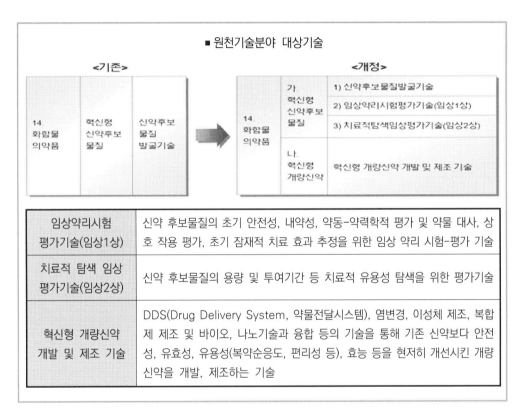

원천기술분야 대상기술		
임상약리시험 평가기술(임상1상)	신약 후보물질의 초기 안전성, 내약성, 약동-약력학적 평가 및 약물 대사, 상호 작용 평가, 초기 잠재적 치료 효과 추정을 위한 임상 약리 시험-평가 기술	
치료적 탐색 임상 평가기술(임상2상)	신약 후보물질의 용량 및 투여기간 등 치료적 유용성 탐색을 위한 평가기술	
혁신형 개량신약 개발 및 제조 기술	DDS(Drug Delivery System, 약물전달시스템), 염변경, 이성체 제조, 복합제 제조 및 바이오, 나노기술과 융합 등의 기술을 통해 기존 신약보다 안전성, 유효성, 유용성(복약순응도, 편리성 등), 효능 등을 현저히 개선시킨 개량신약을 개발, 제조하는 기술	

그림 3.10 ┃ 개량신약의 세제지원 정책

TIP! **국내 개발 신약 최고가 우대기준**

1. 국내에서 세계 최초 허가를 받거나 이에 준하는 경우
2. 혁신형 제약기업 또는 이에 준하는 제약기업이 개발한 경우
3. 국내에서 임상 1상 이상 수행한 경우
4. 외국에서 허가 또는 임상시험 승인을 받은 경우(단, 1년간 적용 유예)

자료: 보건복지부

> **TIP!** 　특허권과 개량신약

개량신약 개발은 특허에 의하여 개발이 결정될 수 있다. 개량신약의 약가산정과는 별개로 오리지널 신약의 특허권을 방어하기 위해 염변경 개량신약의 물질특허를 출원하여 제네릭이 출시되는 시기를 최대한 늦춰 독점권을 연장하는 오리지널 제약사 특허전략 중 하나로써 수많은 개량신약들이 개발되었다. 하지만 최근에는 단순한 염변경 개량신약의 물질특허를 상당 부분 인정하지 않고 있으며, 오히려 신약의 특허기간이 끝나기 전에 개량신약을 개발하도록 하여 고가의 신약을 대체함으로써 보험재정을 절감하는 방향으로 개량신약의 약가 가산제도를 운영하고 있다.

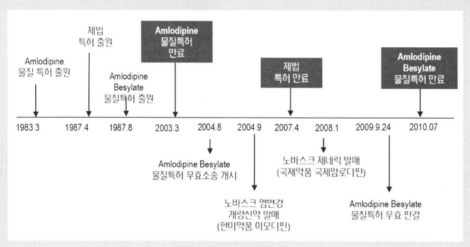

그림 3.11 ▌노바스크 특허현황 개량신약 개발경과

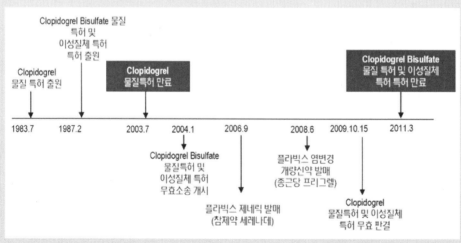

그림 3.12 ▌플라빅스 특허현황 개량신약 개발경과

1) 개량신약 약가산정기준 연혁

우리나라의 개량신약 약가제도는 다음과 같이 개편되어 왔다.

2008년 12월, 개량신약 산정기준이 신설되어 새로운 용법용량 의약품과 새로운 제형 의약품 등에 대한 약가 가산이 시행되었다. 2012년 1월에는 개량신약 우대기준을 상향하여 기존 비교제품 대비 약가에서 약 10%를 상향하였다. 2013년 9월에는 개량신약 복합제 우대기준이 신설되어 식약처에서 개량신약으로 인정받은 복합제가 가산되었다. 2019년 3월에는 제네릭의약품 약가제도에 대한 개편방안이 발표되었다. 이 개정안에는 제네릭 약가 기준과 가산제도의 개편이 있었으며 이는 개량신약도 포함되어 있다. 7월에는 보건복지부 형정예고로 약제의 결정 및 조정기준에 대한 보건복지부 행정이 진행되었다. 2020년 7월부터 개량신약 복합제의 약가우대가 폐지될 예정이었으나, 2020년 1월 재행정예고 되어 2021년 1월부터 개량신약 복합제의 약가 가산이 해당제품의 제네릭이 등재될 때까지 유지되는 안이 채택되었다.

표 3.14 ▌ 개량신약 약가산정기준 연혁

시점	주요내용	대상품목	약가산정
2008.12	개량신약 산정기준 신설	개량신약 1) 새로운 용법용량 의약품 2) 새로운 제형 의약품 등	1) 비교제품의 90% 2) 비교제품의 80%
2012.01	개량신약 우대기준 상향	상동	1) 비교제품의 100% 2) 비교제품의 90%
2013.09	개량신약 복합제 우대기준 신설	식약처에서 개량신약으로 인정받은 복합제	혁신형21.25%가산 (비혁신형11.11%가산)
2019.07 행정예고	제네릭약가제도 개편안	개량신약 복합제의 약가우대 폐지 (2020.07 시행)	제네릭과 동일 취급
2020.01 재행정예고	제네릭약가제도 개편안	약가 가산은 해당제품의 제네릭이 등재될 때까지 유지(2021.01시행)	

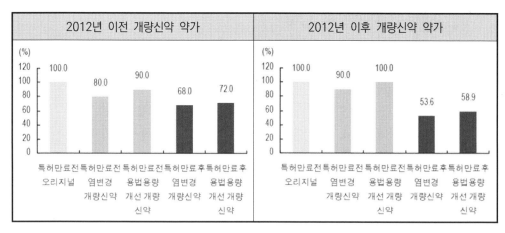

그림 3.13 ▍ 개량신약 약가산정 기준

현행 개량신약 약가

개량신약의 약가등재	개발목표제품에 대한 복제의약품이 등재되어 있지 않을 때	개발목표제품에 대한 복제의약품이 등재되어 있을 때
염변경 또는 이성체로 개발된 약제 자료제출의약품 중 '새로운 제형(동일투여경로)'으로 허가받은 약제	개발목표제품 가격의 80%(개발목표제품이 특허만료로 인하시 개량신약도 연동하여 인하)	등재된 복제의약품들 중 최저가격 단, 국내에서 직접 개발한 경우 개발목표제품 가격의 68%(개량신약의 제네릭 등재시 80%로 조정하지 않으며, 제네릭 가격은 개량신약의 85%로 산정)
자료제출의약품 중 '새로운 용법용량 의약품'으로 허가받은 약제	개발목표제품의 90%(개발목표제품이 특허만료로 인하되어도 무관)	개발목표제품의 90%(개량신약의 제네릭 등재시 80%로 조정하지 않으며, 제네릭 가격은 개량신약의 85%로 산정)

! WORKSHOP

다국적제약회사의 Evergreen Strategy?

! WORKSHOP

- **왜 혁신형 제약기업에 개량신약의 약가를 가산해 주는가?**
- **왜 개량신약 복합제의 약가우대가 폐지될까?**

2) 개량신약(복합제) 약가산정 기준

국내에서 개발되고 있는 개량신약 중 대부분을 차지하고 있는 것이 바로 복합제이다. 이미 허가를 받아 약가등재된 의약품 2종 또는 3종을 혼합하여 만드는 복합제는 복용해야 할 약의 개수를 줄여주므로 복약순응도를 높일 수 있을 뿐만 아니라 당뇨, 고혈압 등과 같은 합병증 환자의 경우 복합제를 복용하여 성분간 서로 상승·보완 작용을 하도록 제품 개발이 가능한 장점이 있다.

표 3.15 ▌개량신약(복합제)의 약가산정 기준

시점	약가산정 기준
~2006.12	• 단일제 가격의 100%로 적용하여 합산 A성분과 B성분의 오리지널 의약품 가격이 각각 100원일 때, 두 성분을 섞은 복합제는 A성분 100원, B성분 100원의 합인 200원으로 계산
2007.01~ 2013.09	• 단일제 가격의 53.55%로 적용하여 합산 A성분과 B성분의 오리지널 의약품 가격이 각각 100원일 때, 두 성분을 섞은 복합제는 A성분 53.55원, B성분 53.55원의 합인 107.1원으로 계산

2013.09~
2021.01
	• 개량신약 복합제 우대기준 신설
	- 혁신기업일 경우, 단일제 가격의 68%로 적용(21.25% 가산)
	  A성분과 B성분의 오리지널 의약품 가격이 각각 100원일 때, 두 성분을 섞은 복합제는 A성분 68원, B성분 68원의 합인 136원으로 계산
	- 비혁신기업일 경우, 단일제 가격의 59.5%로 적용(11.11% 가산)
	  두 성분을 섞은 복합제는 A성분 59.5원, B성분 59.5원의 합인 119원으로 계산

2021.01 이후	• 개량신약 복합제의 약가 가산제도가 제네릭이 등재될 때 까지 유지

❖ 개량신약 가산유지 요건

① 제네릭의약품 출시 여부로 결정

② 개량신약(또는 개량신약을 구성하는 개별 단일·복합제)과 투여 경로, 성분, 제형이 동일한 약을 보유한 기업은 3개 이하여야 한다.

③ 개량신약 복합제의 경우 구성 단일제의 제네릭이 없으면 가산이 유지되며, 가산기간이 경과된 뒤에 등재된 제품은 가산되지 않는다.

TIP! **2020.01 제네릭 약가제도 개편안**

■ 진보성이 입증된 개량신약의 약가 가산 정책은 유지로 변경

- 개량신약 가산제도에 대한 부분이 제약업계의 질타를 받음
- 특히 문제가 된 부분은 개량신약의 최초등재제품(단독등재)의 지위 박탈
- 최초등재제품이란, 해당 투여경로·성분·함량·제형으로 최초 등재된 제품(약제 상한금액의 산정, 조정 및 가산기준)을 말하며, 신약과 개량신약 등이 여기에 해당
- 또한 최초등재제품의 약가 조정은 장관의 직권에 의한 조정이 아닌 한 동일제제(제네릭)가 등재되었을 때 조정함이 원칙인데 개량신약은 이에 어긋난 상태
- 이에 따라 개량신약의 제네릭(동일제제)이 등재되지 않았고, 나아가 개량신약이 자료보호기간 중임에도 신약의 제네릭(동일제제)과 동일한 시기에 약가 인하되는 문제가 발생한다는 지적도 제기
- 이번 행정예고에서 개량신약에 대해 제네릭이 등재되기 전에는 가산을 유지하기로 결정

3) 개량신약 복합제 약가산정 사례

표 3.16 ▮ 국내기업 개발 주요 고혈압, 고지혈증 복합제와 구성 성분 최저가 비교

제약사	제품명	성분	보험상한가 (원)	구성 성분 최저가 합계
LG화학	제미로우50/5	제미글립틴50mg+로수바스타틴5mg	800	1,100(800+300)
	제미로우50/10	제미글립틴50mg+로수바스타틴10mg	1,040	1,200(800+400)
	제미로우50/20	제미글립틴50mg+로수바스타틴20mg	1,114	1250(800+450)
보령제약	듀카브30/5	피마사르탄30mg+암로디핀5mg	659	734(447+287)
	듀카브30/10	피마사르탄30mg+암로디핀10mg	730	866(447+419)
	듀카브60/5	피마사르탄60mg+암로디핀5mg	808	952(665+287)
	듀카브60/10	피마사르탄60mg+암로디핀10mg	879	1,084(665+419)
종근당	텔미누보40/2.5	텔미사르탄40mg+S암로디핀2.5mg	707	494(305+189)
	텔미누보40/5	텔미사르탄40mg+S암로디핀5mg	840	862(305+557)
	텔미누보80/2.5	텔미사르탄80mg+S암로디핀2.5mg	854	685(496+189)
	텔미누보80/5	텔미사르탄80mg+S암로디핀5mg	987	1,053(496+557)
CJ 헬스케어	엑스원5/80	암로디핀아디페이트5mg+발사르탄80mg	732	703(389+314)
	엑스원5/160	암로디핀아디페이트5mg+발사르탄160mg	976	816(389+427)
동아 에스티	오로살탄5/80	암로디핀오로테이트5mg+발사르탄80mg	732	700(386+314)
	오로살탄5/160	암로디핀오로테이트5mg+발사르탄160mg	915	813(386+427)

제약사	제품명	성분	보험상한가 (원)	구성 성분 최저가 합계
LG화학	로바티탄5/80	로수바스타틴5mg+발사르탄80mg	791	614(300+314)
	로바티탄5/160	로수바스타틴5mg+발사르탄160mg	974	727(300+427)
	로바티탄10/80	로수바스타틴10mg+발사르탄80mg	1,137	714(400+314)
	로바티탄10/160	로수바스타틴10mg+발사르탄160mg	1,320	827(400+427)
	로바티탄20/80	로수바스타틴20mg+발사르탄80mg	1,211	764(450+314)
	로바티탄20/160	로수바스타틴20mg+발사르탄160mg	1,394	877(450+427)
보령제약	투베로30/5	피마사르탄30mg+로수바스타틴5mg	585	747(447+300)
	투베로30/10	피마사르탄30mg+로수바스타틴10mg	851	847(447+400)
	투베로60/5	피마사르탄60mg+로수바스타틴5mg	702	965(665+300)
	투베로60/10	피마사르탄60mg+로수바스타틴10mg	968	1,065(665+400)
	투베로120/20	피마사르탄120mg+로수바스타틴20mg	1,100	1,224(774+450)
유한양행	듀오웰40/5	텔미사르탄40mg+로수바스타틴5mg	692	605(305+300)
	듀오웰40/10	텔미사르탄40mg+로수바스타틴10mg	1,028	705(305+400)
	듀오웰40/20	텔미사르탄40mg+로수바스타틴20mg	1,112	755(305+450)
	듀오웰80/5	텔미사르탄80mg+로수바스타틴5mg	839	796(496+300)
	듀오웰80/10	텔미사르탄80mg+로수바스타틴10mg	1,185	896(496+400)
	듀오웰80/20	텔미사르탄80mg+로수바스타틴20mg	1,259	946(496+450)
일동제약	텔로스톱40/5	텔미사르탄40mg+로수바스타틴5mg	657	605(305+300)
	텔로스톱40/10	텔미사르탄40mg+로수바스타틴10mg	986	705(305+400)
	텔로스톱40/20	텔미사르탄40mg+로수바스타틴20mg	1,056	755(305+450)
	텔로스톱80/5	텔미사르탄80mg+로수바스타틴5mg	797	796(496+300)
	텔로스톱80/10	텔미사르탄80mg+로수바스타틴10mg	1,126	896(496+400)
	텔로스톱80/20	텔미사르탄80mg+로수바스타틴20mg	1,196	946(496+450)
대웅제약	올로스타10/5	올메사르탄10mg+로수바스타틴5mg	620	484(184+300)
	올로스타10/10	올메사르탄10mg+로수바스타틴10mg	889	584(184+400)
	올로스타20/5	올메사르탄20mg+로수바스타틴5mg	762	659(359+300)
	올로스타20/10	올메사르탄20mg+로수바스타틴10mg	1,028	759(359+400)
	올로스타20/20	올메사르탄20mg+로수바스타틴20mg	1,102	809(359+450)
	올로스타40/10	올메사르탄40mg+로수바스타틴10mg	1,090	873(473+400)
	올로스타40/20	올메사르탄40mg+로수바스타틴20mg	1,164	923(473+450)

제약사	제품명	성분	보험상한가 (원)	구성 성분 최저가 합계
한미약품	아모잘탄큐 5/50/5	암로디핀캄실레이트5mg+로사르탄50mg +로수바스타틴5mg	962	963 (394+269+300)
	아모잘탄큐 5/50/10	암로디핀캄실레이트5mg+로사르탄50mg +로수바스타틴10mg	1,228	1,063 (394+269+400)
	아모잘탄큐 5/50/20	암로디핀캄실레이트5mg+로사르탄50mg +로수바스타틴20mg	1,302	1,113 (394+269+450)
	아모잘탄큐 5/100/5	암로디핀캄실레이트5mg+로사르탄100mg +로수바스타틴5mg	1,089	1,193 (394+499+300)
	아모잘탄큐 5/100/10	암로디핀캄실레이트5mg+로사르탄100mg +로수바스타틴10mg	1,355	1,293 (394+499+400)
	아모잘탄큐 5/100/20	암로디핀캄실레이트5mg+로사르탄100mg +로수바스타틴20mg	1,429	1,343 (394+499+450)

자료: 건강보험심사평가원

03 제네릭의약품의 약가산정

제네릭의약품은 주성분, 안전성, 효능, 품질, 약효 작용원리, 복용방법 등에서 최초 개발의약품(특허 받은 신약)과 동일한 약이다. 제네릭의약품은 개발할 때 인체 내에서 이처럼 최초 개발의약품과 효능, 안전성 등에서 동등함을 입증하기 위하여 반드시 생물학적 동등성 시험을 실시해야 하며 정부의 엄격한 허가관리 절차를 거쳐야 시판할 수 있다. 생물학적 동등성 시험은 동일한 약효 성분을 함유한 동일한 투여경로의 두 제제(오리지널과 제네릭)가 인체 내에서 흡수되는 속도 및 흡수량이 통계학적으로 동등하다는 것을 입증하는 시험이다.

미국, 유럽, 일본 등 선진국에서도 제네릭의약품 허가 시 생물학적 동등성 시험을 요구하고 있다. 특히 미국 FDA는 생물학적 동등성 시험이 비교 임상시험보다 정확성, 민감성, 재현성이 우수하여 제네릭의약품의 동등성 입증방법으로 권장하고 있다.

우리나라도 선진국의 심사기준과 동일한 기준을 적용, 생물학적 동등성 시험과 비교용출시험 등 여러 단계의 안전성과 유효성을 심사하는 과정을 거쳐 제네릭의약품

을 허가하고 있으며 허가 이후에도 주기적으로 제조시설에 대한 점검을 실시, 의약
품의 제조와 품질을 엄격하게 관리하고 있다.

TIP!　　생물학적 동등성(BE : bioequivalence)

　비슷한 조건 아래에서 같은 용량을 투여하였을 때 각 제제의 흡수의 양과 속도가 유의성 있는
차이를 보이지 않는 경우를 말하는 것이다. 따라서 생물학적으로 동등하다는 것은 같은 정도의
약효를 나타낸다는 뜻은 아니지만 그 전제조건은 된다고 할 수 있다. 생물학적 동등성시험은 '제제
학적으로 동등한 두 제제 또는 제제학적으로 대체가능한 제제가 생물학적 이용률에 있어서 통계학
적으로 동등하다는 것을 입증하기 위해 실시하는 생체 내 실험'이다
　주로 제약업체들이 카피약(복제약) 판매 허가를 받기 전 실시하는 일종의 생체 내 실험이다. 제약
업체는 이 실험을 통해 대조약(오리지널약)과 동일한 성분으로 만들어진 시험약(카피약)을 비교 분
석한다. 이미 승인된 의약품(대조약)과 시험약(카피약)이 서로 제형이나 함량 또는 첨가제가 다르
더라도 유효성분, 투여 경로, 효능·효과와 용법·용량은 같은지를 평가하는 것이다.

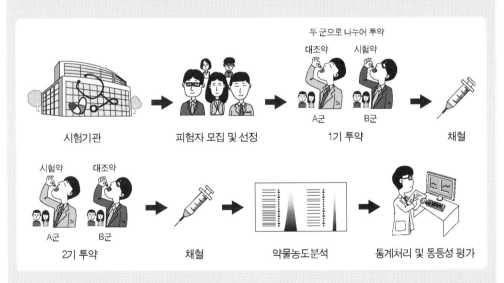

그림 3.14 ▌생물학적 동등성 시험 방법

■ **생물학적 동등성 시험의 목적**
　생물학적으로 동등하다는 것은 치료 효과 면에서 반드시 동등하다는 것을 의미하지는 않지만 그
전제조건은 된다고 생각할 수 있다. 따라서 생물학적 동등성 시험의 목적은 서로 호환하여 사용하
게 될 것이 예상되는 제제들이 서로 생물학적으로 동등하다는 것을 보증하는 데에 있다.

■ 생물학적 동등성 시험의 평가지표

① 검체가 혈액인 경우

1회 투약 시 AUC_t, C_{max} / 반복 투약 시 AUC_τ, $C_{ss,max}$

AUC : 혈중 농도 – 시간 곡선 하면적

AUC_t : 투약시간부터 최종 혈중농도 정량 시간 t까지의 혈중 농도 – 시간 곡선 하면적

C_{max} : 최고 혈중 농도

AUC_τ : 정상상태의 투여 간격 τ중의 혈중 농도 – 시간 곡선 하면적

$C_{ss,max}$: 정상상태의 최고 혈중 농도

② 검체가 뇨인 경우

뇨를 채취한 경우에는 A_{et}, $A_{e\tau}$, U_{max}를 이용한다.

U_{max} : 최대 뇨 중 배설 속도

A_{et} : 최종 채뇨시간 t까지의 뇨 중 누적 배설량

$A_{e\tau}$: 정상상태의 투여 간격 τ중의 뇨 중 누적 배설량

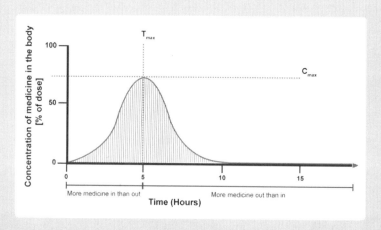

• AUC(Area under the plasma level–time curve)

혈중 약물농도–시간 곡선하 면적은 약물의 생체흡수율의 정도를 의미하며 전신순환에 도달한 활성약물의 총량을 반영한다. AUC의 단위는 농도·시간으로 표시한다.

• Cmax(최고혈중농도)

약물투여 후 최고 혈중농도(Cmax)로서 치료적 반응을 나타낼 정도로 전신순환에 충분히 흡수되었는지를 가리키는 지표이다. 또한 독작용을 일으킬 수 있는지에 대한 정보도 제공하게 된다. 생물학적동등성은 일반적으로 AUC와 Cmax를 평가지표로서 활용한다.

1) 2012년 이후 제네릭의약품 약가산정 방식

신약을 제외한 제네릭의약품, 자료제출의약품(개량신약) 등은 산정대상 약제로 분류되어 협상과정 없이 「약제의 결정 및 조정 기준」에 따라 약가산정이 이루어진다. 2012년 이전에는 제네릭의약품의 약가 산정이 계단식으로 이뤄졌으며, 2012년 이후에는 최초 제네릭을 제외한 모든 제네릭의 약가를 오리지널 의약품의 53.55%으로 산정하였다.

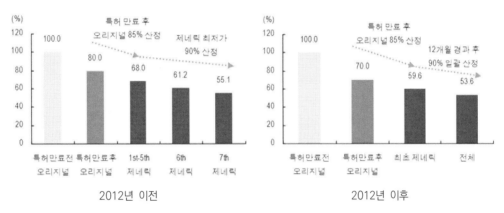

그림 3.15 ▌2012년 전/후 제네릭의약품 약가 산정

2) 2020년 7월 이후 제네릭의약품 약가산정 방식

보건복지부 고시 제2020-51호 「약제의 결정 및 조정 기준」 일부개정에 따라 2020년 7월 1일부터 제네릭의약품 약가제도가 개편되었다. 앞서 서술한 바와 같이 이러한 개편은 2018년 발사르탄 사태의 재발을 방지하기 위한 원료 의약품의 관리 강화(원료 의약품 등록제도)와 생물학적 동등성 시험의 관리기준 강화(공동 생동시험 폐지)에 중점을 두고 있다. 20번째 제네릭의약품까지 등록된 원료 의약품을 사용하고, 3+1 공동(원제조사 1개와 위탁제조사 3개) 또는 자체적인 생물학적 동등성 시험을 수행한다면 오리지널 의약품 가격의 53.55% 수준으로 약가를 산정받을 수 있다. 그러나 위 조건들을 하나라도 충족하지 못한다면 오리지널 의약품 약가(53.55%)의 85% 수준으로 삭감된다. 예를 들어 원료의약품 등록 또는 공동 생동기준 중 한 가지만 충족할 때, 53.55%의 85%에 해당하는 45.52%로 산정되며, 둘 다 충족하지 못했

을 때에는 45.52%의 85%인 38.69%를 약가로 산정하게 된다. 그리고 21번째 제네릭 부터는 최저가의 85%에 해당하는 약가를 산정받는다.

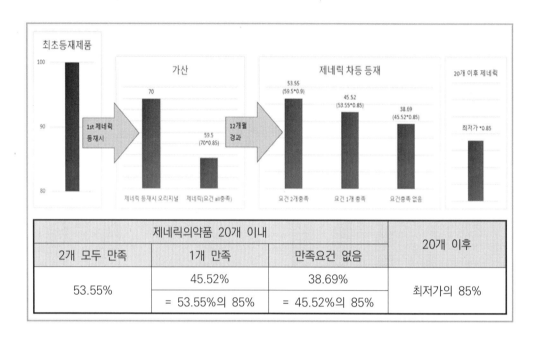

제네릭의약품 20개 이내			20개 이후
2개 모두 만족	1개 만족	만족요건 없음	
53.55%	45.52%	38.69%	최저가의 85%
	= 53.55%의 85%	= 45.52%의 85%	

개편 내용 중에서 품목허가 제도와 맞닿는 부분인 위탁·공동 생물학적 동등성 시험을 원제조사 1개와 위탁제조사 3개 이내로 제한하며, 2023년부터는 위탁·공동으로 진행되는 생동시험을 완전 폐지하고 자체 시험만을 인정하기로 한 부분이 업계로부터 많은 지적을 받았다. 2020년 4월 24일 공개된 제452회 규제개혁위원회 회의록에 따르면 위탁·공동 생동시험을 제한하는 내용의 「의약품 품목허가·신고·심사 규정」 개정안에 대해 철회를 권고하였고 식품의약품안전처 또한 이를 받아들여 해당 고시를 철회하겠다는 의견을 내겠다고 하였으므로 향후 공동 생동시험 규제 부분은 기존처럼 제한 없이 이루어질 것으로 보인다.

04 바이오의약품의 약가산정

　바이오의약품은 사람 또는 다른 생물체에서 유래된 원료를 사용하여 세포배양 등의 생물학적 공정으로 생산한 의약품을 말한다. 여기에는 인슐린과 같은 유전자재조합 단백질 의약품이나 항체 의약품, 백신 등이 포함된다. 바이오의약품은 일반적으로 합성의약품에 비해 크기가 크고 복잡하며, 생물체를 이용한 복잡한 제조공정을 거치므로 변화에 민감하다. 대부분의 바이오의약품은 단백질을 주성분으로 하는 제품이 많으므로 경구투여 방식으로는 소화가 되어 약효를 발휘하기 어려워 정맥이나 근육에 주사하는 방식으로 투여된다. 투여방식으로 인해 합성의약품 보다 부작용이 적다는 장점을 갖고 있으며, 일반적으로 임상 성공률이 높고, 희귀성, 난치성 만성 질환의 치료가 가능하다. 바이오의약품의 복제약의 경우, 합성의약품의 복제약처럼 합성 비율을 알면 쉽게 제조 가능한 것이 아니라 배양기술과 환경조건, 방법에 따라 전혀 다른 물질이 생산될 수 있기 때문에 복제가 쉽지 않다. 또한 생물유래 원료를 사용하여 의약품을 제조하는 만큼 상당수준의 설비를 필요로 한다. 이처럼 바이오의약품을 생산하는 것은 고도의 기술력이 요구되므로 이를 감안하여 바이오의약품의 약가산정 시에 일부 가산을 받는 등 혜택이 있다.

1) 2016년 이후 바이오의약품 약가산정 방식

　2016년 7월 7일 보건복지부에서 발표한 「의약품·의료기기 글로벌 시장창출 전략」에 따라 글로벌 의약품 개발을 위한 제도개선의 일환으로 ① 국내임상·R&D 등 국내보건의료에 기여한 바이오시밀러는 약가의 10%를 가산하여 최초 등재품목 약가의 80%를 적용한다. ② 바이오베터는 합성 개량신약보다 10% 가산하여 개발목표 제품 약가의 100~120%로 우대한다. ③ 고함량 바이오의약품 등재 시 약가에 적용되는 함량배수를 1.75배에서 1.9배로 상향 조정한다.

2) 2020년 이후 바이오의약품 약가산정 방식

2020년 7월 1일부터 시행되는 보건복지부 고시 제2020-51호(2020.2.28.) 「약제의 결정 및 조정 기준」에 따르면 바이오의약품의 약가 가산기간 적용이 달라진다. 기존의 바이오시밀러 등재 후 2년간 가산적용하고, 투여경로, 성분, 제형이 같은 제품이 3개 이하이면 1년 연장하여 가산이 유지되는 제도가 화학의약품과 동일하게 최초 등재 후 1년간 가산, 제네릭/바이오시밀러 제품 3개 이하일 때 건강보험심사평가원 약제급여평가위원회의 심의를 거쳐 1년씩 연장하여 최대 3년간 가산적용을 받을 수 있도록 일원화 되었다. 이러한 개편은 제약회사 입장에서는 가산 적용을 받을 수 있는 폭이 좁아진 것으로 볼 수 있다.

3) 쟁점 : 바이오신약의 약가 현행 등재제도 적절성

신약에 대한 현행 약가등재제도는 바이오의약품이나 화학의약품이나 동일한 기준으로 평가되고 있다. 하지만 앞서 언급했듯이 바이오의약품은 개발과 생산에 있어 난이도 차이가 있으며 그에 따른 투자비용 차이도 매우 크다. 현행 약가제도가 혁신적인 바이오신약의 가치를 적절하게 반영하지 못해 바이오신약의 접근성과 산업발전을 저해한다는 문제가 제기되고 있다. 바이오시밀러와 바이오베터의 경우 이러한 혁신 가치를 반영해 약가가 산정되지만, 바이오신약의 경우는 오히려 화학 의약품과 동일 기준으로 평가되다 보니 그 가치가 과소평가되는 경향이 있다. 일반적으로 바이오신약은 임상적 유용성이 대체약제에 비해 우월 또는 비열등한 경우 약가협상을 생략하고 가중평균가 이하의 가격으로 등재가 가능하며 이때 화학의약품보다 10% 가산하여 대체약제 가중평균가의 100%로 등재된다. 바이오의약품 가운데 세포치료제 같은 경우를 예를 들면 대체약제 대비 임상적 유용성이 개선되었을 때, 유사 또는 비열등한 경우에 따라 약가가 달라진다. 임상적 유용성이 개선된 경우라면 경제성평가 자료 제출 여부에 따라 제도는 좀 더 세분화 된다.

대체약제가 없을 수도 있는 세포치료제에는 크게 도움이 되지 않는 제도로 현행 약가제도를 그대로 유지할 경우 세포치료제나 유전자치료제 등의 첨단 바이오의약품은 약가 등재가 불가능한 경우가 다수 발생하여 환자 접근성과 산업발전에 역행할 수도 있다. 바이오의약품의 제조 특수성을 반영해 바이오의약품의 특성에 맞는 약가 제도 운영 체계가 수립되어 바이오의약품의 가치가 적절히 평가받는다면 환자도 산업계도 혜택을 보는 방향으로 정책이 실현될 수 있다.

표 3.17 ▮ 임상적 유용성 및 경제성 평가에 따른 약가 산정

구분	내용
임상적 유용성이 대체약제 대비 개선된 경우	경제성 평가 자료를 제출하는 경우 : ICER값
	경제성 평가 자료를 제출하지 않는 경우 : 대체약제 최고가의 10% 가산
	경제성 평가 자료제출을 생략 가능한 경우 • 국내 등재되지 않은 외국 유사약제가 선정가능하고 A7 3개국 이상 등재시 : 유사약제의 외국 7개국의 국가별 조정가 중 최저가 • 외국 유사약제가 선정이 곤란하거나 선정 가능하더라도 A7 3개국 미만 등재시 : 기등재된 대체약제 최고가의 110%, 유사 약제 제외국 가격 등
임상적 유용성이 대체약제와 유사 또는 비열등한 경우	(1)과 (2) 중 낮은 금액 (1) 대체약제 가중평균가와 대체약제 최고가 사이 금액 (2) 대체약제 가중평균가격*(100/53.55)로 가산된 금액 • 다만, 새로운 계열의 약제 등인 경우 최대 대체약제 최고가까지 인정할 수 있음

! WORKSHOP

- 수출하는 바이오시밀러 제품의 약가는 오리지날제품 대비 약 몇 %인가?
- 향후 바이오시밀러 수출가격은 낮아질까? 높아질까? 그 이유와 대책은?

05 특허제도와 약가

제약산업의 특징 중 하나는 특허제도와 연계된 약가제도이다. 특허를 보유한 오리지널 제품의 가격은 특허만료 이후의 가격과 차이를 두고 책정되는 것이 일반적이다. 이는 제약산업의 연구개발을 장려하기 위한 특허제도에 기반을 둔다. 의약품의 경우 한 개의 제품을 개발하기까지 많은 위험 요소와 더불어 엄청난 자본과 시간이 소요된다. 후보물질 중 최종적으로 시장에 출시되는 경우는 극히 소수에 그치고 임상단계별로 실패하는 경우가 많다. 따라서 특허로서 독점 판매를 일정기간 보장하지

않으면 시장진입 후 후발제품이 진출하기 전까지의 짧은 시간 동안 그동안 투자한 비용을 충분히 회수하기 어렵게 되기 때문에 대부분의 기업들이 막대한 비용을 지출해야 하는 연구개발 활동을 하지 않을 것이다. 이런 점에서 일정기간 독점 판매를 보장하는 것이 특허제도에 프리미엄 가격정책이다. 특허기간 동안에 신약을 개발한 특허권자는 제품개발에 소요된 연구개발비와 처음 시장에 진입하는 과정에서 투자한 광고비, 그리고 개발과정에서 실패한 수많은 후보물질들의 개발비용까지 포함하여 높은 가격을 책정하게 되고, 특정기간 동안 이 투자비용을 상회하는 이윤을 보상받는다. 많은 나라에서는 특허 이후에도 일정기간 동안 독점가격이 계속 유지되고 있다. 오리지널 개발사의 제품에 대한 로열티(Royalty), 혹은 제품자체의 우월성이 일부 인정되어야 한다고 생각하고 있다. 약가를 지불하는 정부는 최근 특허가 만료된 이후 값싼 제네릭 제품의 이용을 독려하기 위한 다양한 정책을 내놓고 있다.

1) 의약품 허가-특허 연계제도

의약품 특허권자의 권리를 보호하고자 특허기간이 존속하는 동안 판매 허가와 특허를 연계해 복제약품(제네릭)의 시판을 금지하는 제도이다. 특허기간 도중 제네릭 시판 허가를 신청한 사람은 그 정보를 특허권자에게 통보하게 함으로써, 특허권자의 동의 없이 후발주자 제품이 판매되지 않도록 하는 것이 이 제도의 주된 목적이다.

이 제도의 유래가 되는 해치왁스만법(Hatch-Waxman Act)은 법을 제안한 의원의 이름에서 딴 것으로 법안의 본래 명칭은 '약가 경쟁과 특허 부활법'이다. 1984년 미국에서 의약의 가격 경쟁 유도 및 특허권의 존속기간 회복을 위해 제정되었다. 특허권 존속기간의 연장, 일정 요건하에서 특허권 침해로부터의 면제, 최초 유사약품 개발 신청자에 대한 독점권 인정등을 골자로 하고 있다. 이 법의 가장 큰 특징은 이전 제네릭은 제품의 안전성과 유효성을 별도로 증명해야 했었는데, 이 법이 신설되면서부터 기존에 제네릭이 FDA로부터 허가를 얻기 위해 필요했던 중복 시험(duplicative tests)들을 제외하고 오리지널과 생물학적동등성(bioequivalence)을 증명하면 제품허가신청(ANDA: Abbreviated New Drug Application)을 할 수 있게 해 주는 것으로 효율화 함으로써 제약사가 제네릭 시장에 진입하는 것을 더욱 쉽고 비용을 절감가능하게 되었다. FDA 의약품 시판허가 승인을 위한 자료 제출을 목적으로 하는 시험은 특허권 침해가 되지 않음을 명시하였다. 신약 개발사에게는 FDA의 신약 시판허가 승인에 걸리는 기간은 해당 특허의 특허 존속 기간 연장을 통해 특허권을 실질적으로 행사할 수 있도록 하였고 특정 시장독점권 및 자료독점권 부여가 가능하도록 하였다. 또한 다른 특허 침해소송과는 차별화된 신약 개발사와 제네릭의약품 제조사의 특허도전과 침해소송 절차를 확립하였다.

! WORKSHOP

- **의약품 특허(Amodipine) vs 삼성 핸드폰 몇 개의 특허로 보호받고 있나?**
- **의약품 특허의 특징은?**

2) 허가-특허 연계제도의 영향

우리나라에 허가-특허 연계제도가 시행되면 어떤 변화가 발생할까? 2012년 발효된 한미 FTA가 3년여의 유예 끝에 2015년 3월 15일 시행됨에 따라서, 국내 제약사가 제네릭에 대해 식품의약품안전처에 허가 신청을 했을 때, 미국 제약사의 특허 침해 소송이 제기될 경우, 허가 절차가 자동 정지되도록 규정되어 있어서 특허권자의 동의나 묵인 없이는 제네릭이 판매될 수 없도록 허가 단계에서부터 강력한 규제가 적용되는 것이다. 즉 리베이트 쌍벌제 도입 이후 리베이트 투아웃제까지 시행되어 제네릭 영업환경이 크게 위축되어 과거와 달리 특정 제약사의 제네릭이 시장을 독과점 하기는 어렵고, 신약 출시 비중이 낮고 제네릭 비율이 높은 국내 제약업계 현실을 고려할 때 허가-특허 연계제도에 의해서 국내 제약사들의 제네릭 출시가 지연될 가능성이 크다. 또한 이에 따른 특허소송의 비율이 대폭 상승할 것으로 예상되고 있다.

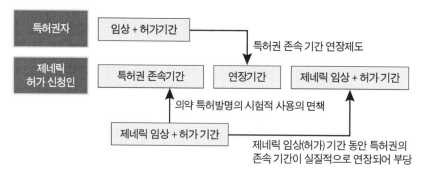

그림 3.16 ▌특허존속기간 연장 및 시험적 사용면책

3) 생물의약품 확대 적용에 대한 반발

허가-특허 연계제도가 미치는 범위는 어디까지인가? 2010년 3월 미국 의료 개혁 법안 (Affordable Care Act), 즉 오바마케어에 생물학적 제제 약가 경쟁 및 혁신법 (BPCIA, Biologics Price Competition and Innovation Act)을 포함한다. BPCIA는 바이오신약 허가 후 4년간 바이오시밀러 허가 신청 금지, 바이오신약 허가 후 4년간 자료독점권(Data exclusivity) 및 8년간 별도의 후속 시장독점권(Market exclusivity) 부여, 최초 대체 가능 바이오시밀러(Interchangeable biosimilar) 허가 후 최소 1년간 독점권 부여(특허 소송 여부 및 합의 여하에 따라 12~42개월 간 여타 대체 가능 바이오시밀러 허가 불가), 바이오신약 개발자 및 바이오시밀러 개발자 간 특허 정보 교류(Patent dance) 규정. 즉 바이오신약은 허가 후 자료독점권 4년 및 시장독점권 8년, 특허 출원 후 20년(특허 등록 평균 4년 소요, 임상 개발 기간 감안 시 평균 잔존 특허 기간 10~12년) 경과 시 독점권이 상실된다.

미국 공중보건 서비스법(Public Health Service Act) 351(i)는 특허 정보 교류 (Patent dance)를 규정하고 있다. 바이오신약 개발자와 바이오시밀러 개발자는 예상 특허 침해 목록 교환, 특허 분쟁 관련 합의 조정 절차를 수행한다. 바이오시밀러 개발자는 바이오신약 개발자에게 바이오시밀러 시판 180일 전 바이오시밀러 시판 사실 고지 의무가 있다.

최근 실제 예를 살펴보면 다국적기업 얀센은 2015년 3월 셀트리온의 '램시마'가 오리지널 제품의 '레미케이드'의 물질특허를 침해했다며 특허 침해소송을 제기했다. 얀센측은 레미케이드 성분 항체를 배양하기 위해 배지에 관한 특허가 남아 있다는 주장으로 특허 침해소송을 제기한 것이다. 물질특허는 바이오 의약품 제조 물질에 부여하는 원천기술의 특허이다. 이런 이유로 '램시마'의 미국출시 일정이 지연될 수 있다는 예측이 나왔다. 미국 공중보건 서비스법(Public Health Service Act) 351(i)는 특허 정보 교류(Patent dance) 규정에 따라 바이오시밀러 개발자는 바이오신약 개발 자에게 바이오시밀러 시판 180일 전 바이오시밀러 시판 사실 고지 의무가 있다. 2016년 4월 5일 미국 식품의약품(FDA) 판매허가를 받은 '램시마'는 오리지널 '레미 케이드' 특허가 기각되어 미국 시장에서 판매할 수 있게 되었다. 2015년 2월 미국 특허청이 '레미케이드' 특허 재심사에서 특허 거절을 통보했기 때문에 셀트리온의 승소했다. 셀트리온 '램시마'는 세계최초 항체 바이오 시밀러이자 자가 면역치료제 이다. 2012년 7월 한국 식품의약품안전처를 통해 시판허가를 받았고 2013년 8월 유 럽의약품청(EMA)으로부터 판매허가를 받았다. '램시마'가 속한 TNF-알파(TNF, tumor necrosis factor) 억제제 세계 시장규모는 35조 원에 이른다. 미국시장만 20조 원 규모다. '램시마'의 오리지널인 '레미케이드', 에브비의 '휴미라' 암젠의 '엔브렐' 등 3개 바이오 신약이 시장을 점유하고 있다. '레미케이드' 시장 규모는 약 15조 원 이다.

한국정부는 생물의약품 허가에 평균 10개월이 소요되고, 일부 생물의약품 분야에 서는 우리나라가 강점이 있으므로 큰 피해가 없다고 하지만 앞으로 개발될 신약들 중 바이오 의약품의 규모가 점차 커지고 있으며 대부분 매우 고가이므로 바이오 시 밀러의 출시가 조금이라도 지연될 경우 그 피해는 막대할 것으로 예상된다. 이러한 상황에서 한미 FTA에는 포함되지 않았지만 허가-특허 연계제도와의 균형점을 찾기 위해 도입된 제도가 바로 우선판매품목허가제이다.

⚠ WORKSHOP

- 특허연계제도의 근간인 법은?

- 특허연계제도의 근본적인 목적은?

4) 우선 판매품목 허가제

우선 판매품목 허가제는 제네릭의약품 제조업자의 특허도전을 장려하기 위한 제도로서 최초로 특허도전에 성공한 퍼스트 제네릭 제조업자에 일정기간 독점적 판매권을 부여하는 내용을 담고 있다. 제네릭 배타적 판매권(사용권), 제네릭 독점권이라고 표현되기도 하는데, 독점판매권을 확보하려면 다음과 같은 조건을 만족해야 한다.

A. 가장 먼저 특허소송을 청구하거나 승소해야 함

B. 가장 먼저 허가를 신청해야 함

- 최초의 특허소송으로부터 14일 이내에 특허소송을 청구하는 경우 모두 최초 청구자로 인정
- 같은 날 허가신청서를 접수하는 모든 제품에 대해 동시에 허가를 청구하는 것으로 인정

미국은 퍼스트 제네릭 제조업자에게 180일의 독점 판매권을 인정하는 것에 반해, 개정 약사법은 9개월의 우선판매품목허가기간을 인정하고 국민건강보호법에 따른 요양급여 신청 약제인 경우 최장 2개월의 연장까지 허용하는 점에서 퍼스트 제네릭 제조업자에 강한 독점권을 부여한다는 평가가 존재한다.

5) 제네릭의약품 제조업자에 미칠 영향

허가-특허 연계제도의 도입과 균형을 이룬다는 의견과 오리지널 의약품의 특허를 침해하지 않는다 하더라도 대다수 제네릭의약품의 출시가 봉쇄될 위험이 있다는 의견이 상충하지만 후자의 의견이 더욱 설득력 있는 추세이다. 그렇다면 어떤 방식으로 이 제도가 의약품 허가-특허 연계제도와 균형을 이룰 수 있을까?

> **미국법 : Hatch-Waxman Act(1984년 시행)**
> **Drug Price Competition and Patent Term Restoration Act : 약가경쟁을 위해 제네릭의약품 도입을 촉진하고 신약특허의 임상허가 기간을 특허존속 기간에서 보충해주기 위한 법안**
>
> **- 제도 입법과정**
> 1980 Patent term restoration Act : 임상 및 허가로 인해 실시하지 못했던 특허기간을 보상
> 1983 Drug price competition Act : 제네릭의 약품 도입 촉진 법안
> 1983 Roche-Bolar case : 특허 기간중 연구 및 허가를 위한 예외적 특허실시를 규정
>
> **1984 Drug Price Competition and patent Term Restoration Act**
>
> 1994 1차 개정 : 퍼스트제네릭 독점권 적격 및 법원판결 조항 개정
> 1996 2차 개정 : 동일한 날짜에 신청한 제네릭에 대한 복수의 퍼스트제네릭 독점권 허용
> 2003 Medicare Act(3차 개정) : 퍼스트제네릭 독점권 실효조항 신설
>
> **신약 허가권자와 제네릭 허가 신청자의 이익균형을 맞춘 법안**

그림 3.17 ▌Hatch-Waxman Act.

6) 의약품 허가-특허 연계제도와의 균형

- A사 : 오리지널 약물 특허 보유 제약사
- B사, C사 : 제네릭 제약사

허가-특허 연계제도만 존재할 때, B사가 A사에 대한 특허도전을 최초로 성공했을 시 제네릭 판매 허가를 얻어서 시장에 진출할 수 있다. 이때, 많은 시간과 비용을 소비하게 된다. 하지만 C사는 별도의 특허 소송 과정 없이 First 제네릭사인 B사의 성공 판례, 오리지널과 B사 제네릭의 임상 결과를 이용하여 시간과 비용의 소비를 최소화 하면 시장 진입이 가능해진다. 때문에 B사는 제품 판매로 얻는 수익만으로 그 동안의 소비 비용을 상쇄할 수 없고 Cost-effective하지 못하게 된다. 이러한 상황을 방지하기 위해서 우선 판매품목 허가제를 제정해 C사도 특허도전에 성공해야만 제네릭 판매를 허가받을 수 있게 된다. B사만 특허도전에 최초로 성공하게 된다면 제네릭 배타적 판매권을 9개월간 보장받아 오리지널 제품과 1:1로 경쟁하게 된다. 또한, B사와 C사 모두 특허도전에 최초로 성공하면 9개월간 제네릭 독점권을 공동 소유 하는 것이다. 하지만 여전히 이 제도의 도입을 둘러싸고 굉장히 논쟁이 많은 상황이다. 어떤 면에서 논란이 있는지 살펴보면 다음과 같다.

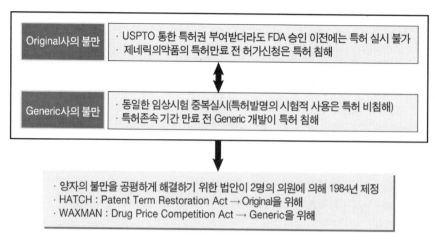

그림 3.18 ▌Hatch-Waxman Act.

7) 우선판매품목허가제의 문제점과 반대 의견

① 오리지널 업체와 제네릭 업체 간의 담합 우려

제도를 악용하여 특허권자와 퍼스트 제네릭사 사이의 제네릭 시판을 연기하는 담합(역지불 합의)이 가능하다. 미국에서는 이와 같은 담합행위가 기승을 부리고 있어 이 제도를 없애야 한다는 의견이 많아지고 있다. 식약처는 이에 대해 약사법과 국민건강보험법 개정을 통해 이 같은 담합행위가 근절될 수 있다고 주장하지만 담합행위는 당사자 외에는 적발하기 힘들며, 담합으로 얻어낼 수 있는 이익은 과징금 액수보다 크다는 것이다.

② 다양한 제품들 사이의 가격경쟁 차단

현행 약가제도에서도 퍼스트 제네릭의약품은 제약산업 육성 및 지원에 관한 특별법에 의해 1년간 최대 14%까지 더 높은 약가가 적용되고 있다. 특히 먼저 시장에 진입한 제네릭의약품이 시장 점유율이 높기 때문에 이 제도가 존재하지 않아도 각제약사들은 빠르게 특허에 도전할 것으로 예상되는 것이다. 오히려 이 제도가 존재한다면 독점권에 의한 가격경쟁의 차단 가능성이 있을 것이라고 보고 있다.

최근 특허가 만료된 노바티스의 골수암 치료제 '글리벡'의 경우 15개 업체가 뛰어들어 상한가의 60%가량을 자진 할인한 업체가 생겨날 정도로 가격 경쟁이 첨예하지만, 이 제도가 시행되게 되면 이와 같은 치열한 가격 경쟁은 찾아보기 힘들어지고, 환자들은 경제적인 의약품을 접할 기회가 줄어들게 될 것이다.

③ 후발 제약회사의 경쟁력 약화

후발 제약회사는 오리지널 외에도 이미 9개월간 시장을 선점한 퍼스트 제네릭과의 경쟁을 해야 하는데 현실적으로 이미 많은 양의 market share를 오리지널과 퍼스트 제네릭이 선점했을 것임으로 독점권을 가지지 못한 제약사들의 시장진입을 늦추거나 경쟁을 막는 효과를 낼 것이다.

 WORKSHOP

의약품 비슷하지만(IMD)… 조금 다르게 하면 인허가 받을 수 있을까?

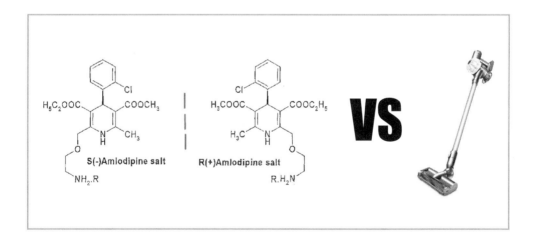

 WORKSHOP

'적응증 세분화' 전략으로 특허 회피(무효화) 가능할까?

ISSUE ⑪

'적응증 세분화(확대)전략' vs 'Prodrug 전략'으로 특허회피, 허가받을 수 있을까?

후발제약사의 품목허가 신청사실 통지 의무는 허가특허연계제도의 핵심이다.

약사법(제50조)과 특허법(제95조)에서 규정한 허가특허연계제도에 따르면, 후발제약사는 특허목록에 등재된 의약품의 품목허가를 신청했을 경우 20일 이내에 특허권자에게 허가신청 사실을 통지해야 한다. 또한, 특허권자는 통지를 받은 날로부터 45일 이내에 특허소송 등을 제기하고 식약처장에게 후발의약품에 대한 판매금지를 신청할 수 있다. 판매금지 신청을 받은 식약처장은 해당 특허가 무효 또는 권리범위에 속하지 않는다는 심결·판결이 있는 경우를 제외하고 9개월간 판매를 금지시킨다.

새로운 적응증 세분화(확대) 전략으로 경구용혈당강하제 DPP-4 inhibitors중 하나인 '가브스(Vildagliptin)' 특허를 회피하려던 한미약품의 도전이 실패했다. 하지만 적응증을 세분화하여 품목허가를 신청할 경우, 해당 사실을 특허권자에게 통지해야 하는지 아닌지에 대한 논란이 있을 수도 있다.

동아ST의 DA-2811물질은 프로드럭(Pro-drug; 약물 자체는 약효가 없지만 인체 흡수되면 유효성분으로 변해 약효를 발휘하는) 전략으로 경구용혈당강하제 Sodium-glucose Cotransporter-2 (SGLT2) Inhibitors의 First in class인 '포시가정10mg(Dapagliflozin)'의 물질특허를 회피하여 '포시가정10mg(Dapagliflozin)'을 대조약으로 '포시가'와 동등성을 입증하기 위하여 임상계획서를 식약처에 제출하여 2020년 4월에 임상1상 계획서를 승인받았다. 과연 물질특허를 회피한 결과 허가받고 제품발매까지 가능할까? 가능한 방법은?

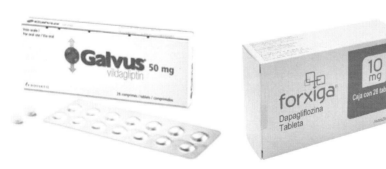

그림 3.19 ▌가브스 제품사진. 포시가 제품사진

CHAPTER 04

약가 사후제도

 우리나라의 약가 사후관리제도는 1999년 시행된 실거래가 상환제도 및 2006년에 시행된 약제비적정화방안에 포함된 사용량 약가 연동제도 및 제네릭 의약품 등재 시 특허의약품의 가격인하 제도 등을 근간으로 하고 있다. 우리나라의 약가등재방식은 2007년에 시행된 선별등재방식(Positive list system)으로 비용효과적인 의약품만을 선별등재하는 방식으로 대체약제 대비 임상적 유용성과 비용효과성 ICER (Incremental Cost-effectiveness Ratio) 그리고 재정영향 등을 평가하여 등재여부를 결정한다.

 약가 사후제도의 궁극적인 목적은 최초등재 시 약가가 결정된 이후 약가결정 시 반영되었던 내용의 변화를 적정하게 반영하여 약가를 조정함으로써 약가인하가 아니라 적정한 약가를 유지하도록 하는 것이다. 따라서 최초 약가결정 시 고려되었던 약의 가치, 대체약제의 수, 대체약제의 가격, 보험재정 영향 등을 재평가하여 그 가격수준이 적정한지 판단하여 조정이 필요한 경우 인하 또는 인상되어야 한다. 또한 의약품 사용실태 및 사용량에 대해서도 지속적인 모니터링으로 관리하여 의약품의 적정사용 유도 및 건강보험 재정의 효율적인 관리에 기여하여야 한다.

 국내에 출시되는 신약은 매우 낮은 약가 수준으로 등재될 뿐 아니라 등재 이후의 약가 인하폭도 대부분의 선진국보다 크다.

 사용량 약가 연동제, 시장형 실거래가제, 새로운 적응증 관련 약가 인하 등 오랫동안 지속되는 중복적인 약가 사후관리 기전과 제약시장 전체에 적용되는 추가적인 약가 인하 기전으로 인한 결과이다.

 약가 사후관리 제도는 새로운 제도의 도입 시점마다 각각의 다른 필요성과 목적에 의하여 만들어졌고, 그 과정에서 제약산업을 둘러싼 보건환경과 약가인하 제도들도 많은 변화를 겪었으나, 약가 사후관리제도에 반영되지 못했다. 그 결과, 현재는 여러 가지 약가 사후관리 제도가 중복적이고 과도하게 적용될 뿐만 아니라, 각각의 사후관리 제도가 서로 상충되고, 적용 시 모순점도 나타나고 있다. 이러한 약가 사후관리 기전의 문제점으로 인해 제약사들은 등재 이후의 매출을 예측하기 어렵고, 또한 이러한 약가 인하기전으로 비교약제의 가격이 낮아지면서 향후 출시되는 신약의 약가를 낮추는 간접적인 요인이 된다. 과도한 약가 사후관리 기전이 신약개발 의욕마저 저하시키는 상황이 되지 않도록 제도를 개선할 필요가 있다.

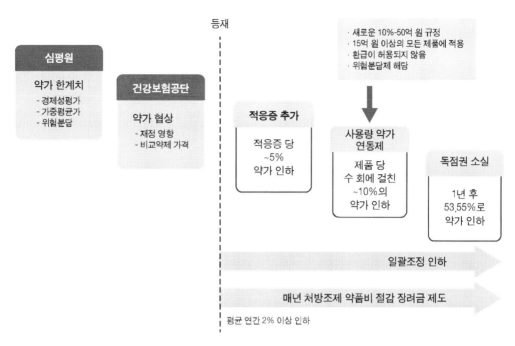

자료 : 건강보험심사평가원, 보건복지부 자료

그림 4.1 ┃ 한국의 약가등재기전

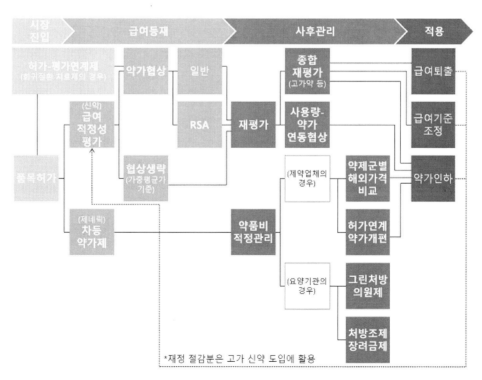

그림 4.2 ┃ 약제 허가-등재 변화 프로세스

01 사용량 약가 연동제

사용량 약가 연동제(PAV; Price Volume Agreement)는 청구액이 예상청구액 또는 전년도 청구액 대비 일정수준 이상 증가하여 보험재정 부담이 발생한 경우(청구액이 예상청구액 대비 30% 이상, 전년도 청구액 대비 60% 이상 증가 또는 전년도 청구액 대비 10% 이상 증가하고 증가액이 50억 원 이상인 경우) 국민건강보험공단 이사장이 제약사와 상한금액 및 인하율을 협상하는 것을 말한다. 약가협상 시 의약품의 사용량과 약값을 연동해 약가를 책정하며, 건강보험 재정에 대한 위험을 공단과 업체가 분담, 약제비 지출의 합리성을 추구하는 데 목적이 있다. 약제 특성에 따라 '유형 가, 나, 다'로 구분해 관리하고 있다. 사용량 약가 연동 협상 유형은 다음과 같다.

사용량 약가 연동 협상 유형	
유형 가	요양급여기준에 따른 협상 결과 합의된 예상청구액이 있는 동일제품군의 청구액이 예상청구액보다 30% 이상 증가한 경우
유형 나	① "유형 가"의 협상에 따라 상한금액이 조정된 동일제품군의 청구액이 전년도 청구액보다 60% 이상 증가하였거나, 또는 10% 이상 증가하고 그 증가액이 50억 원 이상인 경우 ② "유형 가"의 협상을 하지 아니하고, 최초 등재일로부터 4년이 지난 동일제품군의 청구액이 전년도 청구액보다 50% 이상 증가하였거나, 또는 10% 이상 증가하고 그 증가액이 50억 원 이상인 경우
유형 다	"유형 가" 또는 "유형 나"에 해당하지 않는 동일제품군의 청구액이 전년도 청구액보다 60% 이상 증가하였거나, 또는 10% 이상 증가하고 그 증가액이 50억 원 이상인 경우

협상 대상약제는 청구액을 분석하여 해당 업체에 통보하는데 협상 유형에 따라 청구액 분석대상 기간이 다르다.

사용량 약가 연동 협상 유형별 청구액 분석대상기간	
유형 가	동일제품군 중 최초로 등재된 제품의 등재일자로부터 매1년이 되는 시점까지의 기간
유형 나	① "유형 가"의 협상에 따라 동일제품군의 상한금액이 조정된 경우 그 조정된 날로부터 매 1년이 되는 시점까지의 기간 ② "유형 가"의 협상에 따라 상한금액이 조정되지 아니하고 최초 등재일로부터 4년이 경과한 동일제품군의 경우 종전 "유형 가"의 분석대상기간 종료일의 다음 날부터 매 1년이 되는 시점까지의 기간
유형 다	매년 1월 1일부터 12월 31일까지의 기간

　사용량 약가 연동 협상대상 제외약제는 보건복지부장관이 정하여 고시하는 약제로 다음과 같은 약제를 포함한다.

사용량 약가 연동 협상대상 제외약제
1. 동일제품군의 연간 청구액 합계가 15억 원 미만인 동일제품군 2. 상한금액이 동일제제 산술평균가 미만인 품목 3. 저가의약품 4. 퇴장방지의약품 5. 방사성의약품 중 Fludeoxyglucose F18 injection 6. 사전인하제의 사전인하율이 제9조의 협상참고가격에 의하여 산출된 인하율보다 큰 품목 7. 자진인하신청에 의한 인하약제의 인하율이 제9조의 협상참고가격에 의하여 산출된 인하율보다 큰 품목 8. 약제의 결정 및 조정기준 제8조제2항제8호 단서에 따라 상한금액을 조정하지 아니하는 경우

　협상참고가격의 산정은 분석대상기간 종료일 당시 약제급여목록표의 상한금액을 기준으로 아래의 산식을 통해 계산된다.

협상참고가격 산정식	
유형 가	협상참고가격 = 0.9 × (상한금액) + (1-0.9) × {상한금액 × (예상청구액/분석대상기간 동일제품군 청구액)}
유형 나 유형 다	협상참고가격 = 0.85 × (상한금액) + (1-0.85) × {상한금액 × (분석대상기간 전년도 동일제품군 청구액/분석대상기간 동일제품군 청구액)}

하지만 공단은 협상약제가 보험재정에 미친 영향 등을 분석하여 협상참고가격을 보정할 수 있다. 사용량이 일사용량이 일시적으로 증가된 약제의 경우 해당 약제가 보험재정에 실질적으로 미친 영향, 수급 상황 등을 고려하여 다음과 같이 협상참고가격을 보정할 수 있다.

협상참고가격을 보정하는 경우

1. 「감염병의 예방 및 관리에 관한 법률」제40조제1항에 의하여 감염병의 예방 및 치료를 위하여 안정적 확보 및 공급이 필요하다고 질병관리본부장이 지정한 약제로서 일시적인 사용량의 증가가 확인된 경우
2. 생산 시설, 원료 수급 등의 문제로 인하여 분석대상기간 전년도에 정상적인 공급이 이루어지지 않아 분석대상기간에 일시적으로 사용량이 증가된 것이 확인된 경우

그리고 협상약제의 유일한 대체약제에 생산 시설, 원료 수급 등의 문제로 인한 품절이 식품의약품안전처 등의 유관기관을 통하여 확인되고, 이로 인해 해당 협상약제가 분석대상 기간 동안 일시적으로 사용량이 증가한 경우 공단은 그 협상약제가 보험재정에 실질적으로 미친 영향, 수급 상황 등을 고려하여 협상참고가격을 보정할 수 있다. 협상참고가격의 보정 시 고려하는 사항은 다음과 같다.

협상참고가격 보정 시 고려사항

1. 협상약제의 청구액 증가가 보험재정 절감 또는 증가에 미친 영향
2. 협상약제가 대체약제를 포함한 전체 시장에서 가중평균가에 미친 영향
3. 협상약제가 대체약제를 포함한 시장 전체의 보험재정 증가에 미친 영향
4. 협상약제의 재정지출이 대체약제를 포함한 전체 재정지출에서 차지하는 비율

사용량 약가 연동제는 신약의 등재 시점에서 경제성 평가나 가중평균가 수용으로 임상적 유용성과 비용-효과성이 검증됐기에 사용이 장려돼야 함에도 불구하고 등재 후 사용량이 늘어남에 따라 오히려 약가인하 처분을 받게 되므로 제약회사 입장에서는 혁신의 가치를 인정하지 않고 우수한 의약품에 패널티를 주는 격으로 인식할 수 있다. 제약업계는 제약산업은 일반 제조업과 달리 지속적인 신약개발을 위해 매출이익을 재투자하는 선순환 구조가 필수적으로 우리나라의 약가사후관리제도 특히 사

용량-약가 연동제가 지나치게 중복적이고 불합리한 규제라고 주장하고 있다. 실제로 한국아스트라제네카 타그리소정(오시머티닙메실산염)과 한국BMS 엘리퀴스정(아픽사반)이 사용량-약가연동 대상으로 2020년 9월부터 보험약가가 4%대 인하된다. 반면, 새한산업의 테크네디엠에스에이키트주는 외국 공급사 가격이 인상되면서 공급차질이 우려됨에 따라 약가가 63%에 가깝게 오른다.

표 4.1 ▌ 사용량-약가연동 협상(유형 '가')

제품명(성분명)	회사명	조정전(원)	조정후(원)
타그리소정40mg (오시머티닙메실산염)(47.7mg/1정)	한국아스트라제네카	121,686	116,563
타그리소정80mg (오시머티닙메실산염)(95.4mg/1정)	한국아스트라제네카	227,312	217,782
포말리스트캡슐1mg (포말리도마이드)(1mg/1캡슐)	세엘진	377,979	367,774
포말리스트캡슐2mg (포말리도마이드)(2mg/1캡슐)	세엘진	377,829	368,633
포말리스트캡슐3mg (포말리도마이드)(3mg/1캡슐)	세엘진	382,629	373,215
포말리스트캡슐4mg (포말리도마이드)(4mg/1캡슐)	세엘진	386,537	376,364

항목별 약가인하 추진 내용을 살펴보면 먼저 아스트라제네카의 타그리소정과 세엘진 포말리스트캡슐이 함량별로 사용량-약가인하 연동 유형 '가'에 해당돼 건보공단과 업체간 협상을 벌였다. 유형 '가'는 약가협상으로 등재된 신약 가운데 동일제품군 청구액이 약가협상 예상청구액보다 30% 이상 증가한 경우다. 동일제품군은 업체명, 투여경로, 성분, 제형이 동일한 약제를 말한다. 보험가격은 타그리소정 40mg 함량은 현 12만1,686원에서 11만6,563원으로, 80mg 함량 제품은 22만7,312원에서 21만7,782원으로 각각 4.2%씩 떨어진다. 세엘진 포말리스트는 1mg 함량이 37만7,979원에서 36만7774원으로 2.7%, 2mg 함량이 37만7,829원에서 36만8,633원으로 2.4%,

3mg 함량이 38만2,629원에서 37만3,215원으로 2.5%, 4mg 함량이 38만6,537원에서 37만6,364원으로 2.6%씩 각각 인하될 예정이다.

표 4.2 ▮ 사용량-약가연동 협상(유형 '나')

제품명(성분명)	회사명	조정전(원)	조정후(원)
트루리시티 1.5mg/0.5ml (둘라글루타이드. 유전자재조합) 일회용 펜	한국릴리	34,289	34,213
엘리퀴스정2.5mg (아픽사반)(2.5mg/1정)	한국비엠에스제약	1,185	1,132
엘리퀴스정5mg (아픽사반)(5mg/1정)	한국비엠에스제약	1,185	1,132

유형 '나'에 해당돼 약가협상을 벌여 2020년 9월에 등재되는 약제는 총 3품목이다. '유형 가'에 따라 약가가 조정되지 않고 동재일로부터 4년이 경과한 신약으로, 동일제품군 청구액 합계가 예상 청구액보다 30%이상 증가해 상한금액이 조정된 동일제품군이 해당된다. 건보공단은 이 중 청구액이 전년도 청구액보다 60%이상 증가했거나 10% 이상 증가하고 그 증가액이 50억원 이상인 경우 업체와 협상을 벌인다. 해당 제품은 한국릴리 트루리시티1.5mg으로 현 3만4289원에서 3만4213원으로 0.2% 떨어진다. BMS 엘리퀴스정은 2.5mg과 5mg 함량 모두 1185원에서 1132원으로 4.5% 인하될 예정이다. 한편, 사용량-약가연동협상으로 약가인하 후에도 업체 결정에 의해 자진인하를 결정해 보험약가가 더 내려가는 약제도 있다. 한국릴리 트루리시티 1.5mg/0.5ml(둘라글루타이드) 일회용 펜 (1.5mg/0.5mL)은 현 3만4213원에서 내달부터 3만2129원으로 떨어진다.

표 4.3 ▮ 상한가 조정(인상)신청 수용 및 협상

제품명(성분명)	회사명	조정전(원)	조정후(원)
테크네디엠에스에이키트주사 (디메르캅토호박산)_(1.4mg/1병)	새한산업	12,728	20,700
테크네스캔디엠에스에이주 (디메르캅토숙신산)_(1.2mg/1병)	새한산업	12,728	20,700

상한가 인상을 신청해 당국이 이를 수용, 협상에 의해 약가가 책정된 제품도 있다. 새한산업의 테크네디엠에스에이키트주사(디메르캅토호박산)다. 이 약제는 진단용 방사성의약품인 디메르캅토호박산테크네튬(99mTc) 주사액의 조제용에 허가 받은 약제로, 진료상 필수약제는 아니지만 외국 공급사가 가격 인상을 결정해 국내 공급에 차질이 예상된 데다가, 등재된 동일 성분 품목이 생산 계획이 없어 사실상 대체 가능한 제품이 없는 것으로 파악됐다. 이에 업체와 건보공단이 새 약가협상을 벌여 62.6%의 약가인상에 합의했다. 2020년 9월부터 오르는 가격은 1.4mg과 1.2mg 함량 모두 1만2,728원에서 2만700원이다.

다국적제약사의 특허만료 의약품이 무더기로 약가가 인하됐다. 처방량 증가에 따른 사용량 약가연동제가 적용됐다. 많게는 100개 이상의 제네릭이 진입했는데도 오히려 시장 영향력이 확대되고 있다.

보건복지부 자료에 의하면 사노피의 항혈전제 '플라빅스75mg'의 보험상한가가 1,147원에서 1,128원으로 1.7% 인하된다. 아스트라제네카의 고지혈증치료제 '크레스토10mg'의 보험상한가는 609원에서 604원으로 조정된다. 화이자의 소염진통제 '쎄레브렉스100mg'은 338원에서 331원으로 떨어진다.

사용량 약가 연동제 적용에 따른 약가인하다. 사용량약가 연동제'는 의약품 사용량이 많아지면 해당 약물의 가격을 제약사와 건강보험공단과의 협상을 통해 인하하는 제도다.

플라빅스, 크레스토, 쎄레브렉스 등은 특허가 만료돼 제네릭 제품이 진입한 오리지널 의약품이다. 사용량 약가 연동제 적용 조건 중 '동일 제품군의 청구액이 전년도 청구액보다 60% 이상 증가했거나, 또는 10% 이상 증가하고 그 증가액이 50억원 이상인 경우'에 해당되면서 약가인하가 결정됐다.

(단위: 억 원)

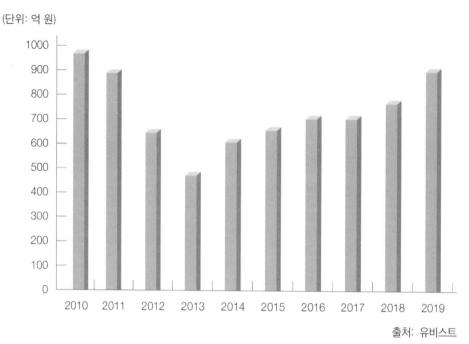

출처: 유비스트

그림 4.3 ▮ 연도별 플라빅스 처방실적 추이

의약품 조사기관 유비스트에 따르면 플라빅스의 지난해 처방금액은 889억원으로 전년보다 17.3% 늘었다. 크레스토는 2018년 741억원에서 지난해 840억원으로 13.4% 증가했다. 쎄레브렉스의 작년 처방실적은 409억원으로 전년대비 10.9% 상승했다.

특허만료 의약품의 처방 증가는 매우 이례적인 현상이다. 통상적으로 제네릭이나 염변경 제네릭 등 후발의약품이 발매되면 오리지널 의약품은 빠른 속도로 시장 점유율이 떨어진다. 하지만 최근 들어 국내 시장에서 특허만료 오리지널 의약품들이 시장 점유율을 더욱 확대되고 있다.

플라빅스의 처방액은 지난 2013년 464억원에서 6년만에 2배 가까이 상승했다. 플라빅스는 지난 2007년 특허가 만료됐고 제네릭 134개가 진입한 상태다. 특허가 만료된지 10년 이상 지났고 100개 이상의 제네릭과 경쟁하는데도 오히려 가파른 성장세를 기록 중이다.

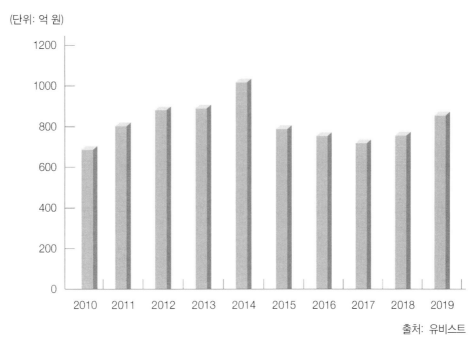

(단위: 억 원)

출처: 유비스트

그림 4.4 ▌ 연도별 크레스토 처방실적 추이

　　2014년 특허가 만료된 크레스토는 연간 1000억원이 넘는 처방액이 2017년 710억원까지 떨어졌다. 하지만 2018년과 2019년 2년 연속 성장세로 돌아섰다. 작년 처방액은 2년 전보다 18.3% 증가했다. 크레스토 제네릭은 130여개 발매된 상태다.

　　쎄레브렉스는 2014년 700억원의 처방액을 기록한 이후 제네릭 진입으로 2017년에는 323억원으로 절반 이하로 떨어졌다. 그러나 2018년과 지난해 2년 연속 10% 이상의 성장률을 기록했다. 쎄레브렉스 시장에는 국내제약사 120여곳이 제네릭을 내놓았다.

⚠ WORKSHOP

- 사용량 연동제도의 문제점은?
- 특허만료 오리지널 의약품 미국보다 한국에서 매출이 더 많은 이유는?

(단위: 억 원)

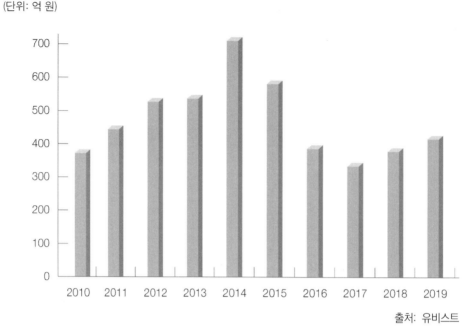

출처: 유비스트

그림 4.5 ▍연도별 쎄레브렉스 처방실적 추이

국내에서의 약가제도 특성상 제네릭의 가격경쟁력이 떨어져 오리지널 의약품이 점유율 확대에 유리하다는 평가도 있다.

국내에서는 제네릭이 발매되면 오리지널 의약품의 보험약가는 종전의 70% 수준으로 떨어진다. 이후 1년이 지나면 특허만료 전의 53.55%로 약가가 내려간다. 제네릭의 상한가는 최초 등재시 특허만료 전 오리지널 의약품의 59.5%까지 약가를 받을 수 있고 1년 후에는 오리지널과 마찬가지로 53.55% 가격으로 내려가는 구조다.

신약의 특허만료 이후 시장의 크기가 계속 성장하는 이유는 첫째, 제네릭과 비슷한 수준의 약가를 형성하면서 처방현장에서 오리지널 의약품의 선호도가 높아져 지속적인 처방이 이루어진다. 둘째, 국내제약사들의 공격적인 영업으로 특허만료 의약품의 시장방어 전선이 견고하게 구축하기 때문이다.

플라빅스는 지난 2017년부터 동화약품이 공동판매를 진행 중이다. 동화약품이 영업에 가담한 이후 플라빅스의 매출이 반등하기 시작했다.

아스트라제네카의 고지혈증치료제 '크레스토'는 그동안 유한양행과 co-promotion 계약을 종료하고, 2016년4월부터 대웅제약과 새롭게 co-promotion을 체결하면서 높은 성장률을 기록하고 있다. '쎄레브렉스'는 제네릭이 진입하기 시작한 2015년부터 제일약품과 co-promotion체결하여 영업활동을 하고 있다.

> **⚠ WORKSHOP**
>
> - 특허만료 오리지널 의약품 어떻게 한국시장에서 Steady Seller가 되었나?
>
> - 글로벌제약사는 왜 국내제약사와 co-promotion 할까? 이유는?

02 급여범위 확대

① 제도개요

건강보험 재정의 효율적 운영을 위하여 약제 급여범위 확대로 인한 사용량 증가(예상) 및 보험 재정영향에 따라 약가를 사전 인하한다. 사용범위 확대에 따라 예상되는 동일 제품군의 예상 추가청구액과 청구액 증가율을 감안하여 인하(1%~5% 범위)한다. 청구액 증가율은 전년도 청구액 대비 예상 추가청구금액의 증가율을 말한다.

인하율 적용으로 인한 청구액 감소분은 예상 추가청구액을 초과하지 않도록 하며, 예상 추가청구금액은 건강보험심사평가원장이 정한 양식에 따라 산정한다. 상한금액 조정시, 내복제, 외용제의 경우 70원, 주사제의 경우 700원 까지만 인하한다.

복지부나 학회 또는 제약사 등이 급여기준 검토요청을 건강보험심사평가원에 접수하면 진료심사평가위원회 등을 거쳐 재정영향이 없는 경우는 건강보험심사평가원에서 검토결과를 회신한다. 재정영향이 있는 경우에는 복지부에 재정영향을 분석요청하여 약제급여평가위원회가 개최되며 이를 통해 급여기준 및 상한금액이 정해진다.

표 4.4 ▌전년도 청구액 대비 예상 추가청구금액의 증가율

(단위 : %)

청구금액 증가율(%) \ 예상추가 청구액	15억 이상 ~ 25억 미만	25억 이상 ~ 50억 미만	50억 이상 ~ 75억 미만	75억 이상 ~ 100억 미만
25%미만	1.5	2.2	2.9	3.6
25%이상~50%미만	1.9	2.6	3.3	4.0
50%이상~75%미만	2.2	2.9	3.6	4.3
75%이상~100%미만	2.6	3.3	4.0	4.7
100%이상	2.9	3.6	4.3	5.0

자료: 건강보험심사평가원, 사용범위 확대 약제 약가 사전인하제도

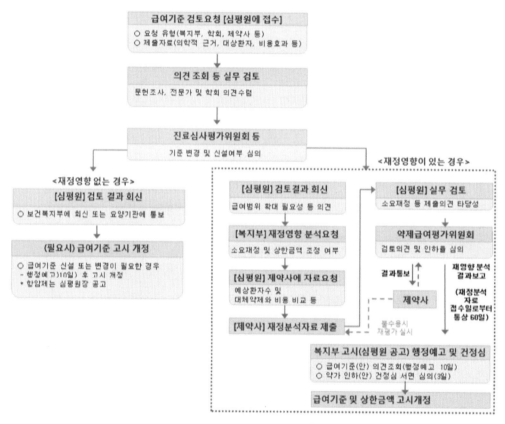

그림 4.6 ▌사용범위 확대 약제 약가 사전인하제도 업무 흐름도

② 사용범위 확대 약제의 상한금액 조정절차

사용범위 확대 약제의 상한금액 조정절차는 다음과 같다.

---

1. 자료제출
  - 사용범위 확대로 인한 상한금액 조정이 필요한 경우 재정영향분석서를 제출한다. 자료의 미비 등으로 인해 보완에 소요되는 기간은 처리기간에 산입되지 않으며, 단, 자료 제출되지 아니하는 경우 사용범위 확대 보류가 가능하다. 이 경우 사유를 홈페이지에 공개한다.
2. 평가절차
  - 급여기준 개선 등으로 약제의 사용범위 확대가 필요한 경우 장관의 승인을 받아 건강보험심사평가원장이 약제급여평가위원회의 심의를 거쳐 상한금액 조정여부 및 상한금액에 대하여 평가한다.
3. 평가내용
  - 약제급여평가위원회는 사용범위 확대 약제의 연간 예상 추가청구액, 상한금액 검토시 다음을 고려한다.
    · 급여확대 범위 및 예상 환자수
    · 대체 가능성 및 시장점유율
    · 기타 보험재정에 미치는 영향
  - 상한금액의 조정여부 및 상한금액에 대한 평가결과를 장관에 보고한다.
  - 보건복지부장관은 상한금액 조정 고시한다.

자료제출
- 사용범위 확대로 인한 상한금액 조정이 필요한 경우 재정영향분석서 제출
  자료의 미비 등으로 인해 보완에 소요되는 기간은 처리기간에 마산입
  단, 자료 제출 되지 아니하는 경우 사용범위 확대 보류 가능,
  이 경우 사유를 홈페이지에 공개

평가절차
- 급여기준 개선 등으로 약제의 사용범위 확대가 필요한 경우 장관의 승인을 받아
  건강보험심사평가원장이 약제급여평가위원회의 심의를 거쳐 상한금액 조정여부
  및 상한금액에 대하여 평가

평가내용
- 약제급여평가위원회는 사용범위 확대 약제의 연간 예상 추가청구액,
  상한금액 검토시 다음을 고려함
  • 급여확대 범위 및 예상 환자수
  • 대체 가능성 및 시장점유율
  • 기타 보험재정에 미치는 영향
- 상한금액의 조정여부 및 상한금액에 대한 평가결과를 장관에 보고
- 보건복지부장관은 상한금액 조정 고시

그림 4.7 ▎사용범위 확대 약제의 상한금액 조정절차

③ 재정영향분석서 작성

상한금액 조정이 필요한 경우 제약사에서 제출해야 하는 재정영향분석서를 작성 시에 다음을 유의해야 한다.

- 분석 양식의 모든 부분이 채워져야 하며, 일부 항목이 변경 또는 생략되는 경우에는 타당한 사유가 소명되어야 한다.
- 한국인 대상 자료를 권장한다. 외국자료를 사용할 경우, 사용 정보의 타당성을 제시해야 한다.
- 추계 기간은 3년을 기본으로 한다.
- 의미있는 모든 비교대상이 기술되어야 한다.
- 허가 또는 신고된 적응증과 추천 투약용량 및 기간이 기술되어야 한다. 기 보험급여된 허가사항과 추가되는 허가사항을 모두 기술한다.
관련 질환 유병률 정보는 한국인에 대한 정보를 우선 적용한다.
- 시장점유율은 환자수, 시장점유비율로 각각 제시되어야 한다.
- 시장점유율을 산출한 근거가 제시되어야 한다.
- 비용 산출 세부사항이 자세히 기술되어야 한다. 사용된 모든 가정을 나열하고, 그 출처를 기술한다. 다른 검토자가 산출해도 동일한 값이 나올 수 있도록 상세히 기술한다.
- 점증적 비용(검토약제 비용과 대체 약제 비용의 차이)이 기술되어야 한다.
- 민감도 분석이 수행되어야 한다. 질환 발생율 또는 유병률, 시장점유율에 대해 민감도 분석을 수행해야 하며, 민감도 분석 방법을 설명한다. 사용된 주요 가정에 대해 빠뜨린 항목이 없이 적절한 범위에서 민감도 분석을 수행했는지에 대해 기술한다.
- 결론을 명확하게 기술해야 한다.

④ 재정영향분석서 예시

○ 의약품 정보

- 000 30mg 약제는 현재 급여기준에서 "적응증1, 적응증2"의 경우에만 보험급여 인정되나, 식약처 허가사항 변경으로 인해 효능효과에 "적응증3"이 추가되어 급여기준 확대를 요청

항목	내용
의약품명	A 10mg B 20mg C 30mg
성분명	D(해당 약제 주성분명)

효능효과	- 경도 내지 중등도의 적응증 1 또는 적응증 2와 관련된 대응적 치료
	  (해당 약제의 효능, 효과 기재)
	- 적응증3에 대해 확대
	  (추가되는 적응증 기재)

제형, 함량, 단위당 상환금액	<table><tr><th>제품명</th><th>제형</th><th>함량</th><th>상한금액</th></tr><tr><td>A 10mg</td><td>정</td><td>10mg</td><td>2,818원</td></tr><tr><td>B 20mg</td><td>정</td><td>20mg</td><td>2,962원</td></tr><tr><td>C 30mg</td><td>정</td><td>30mg</td><td>3,703원</td></tr></table>
치료군 분류(식약처 분류번호, ATC코드), 약물작용기전	- 분류번호 : 식약처 분류번호 기재 - ATC코드 : 해당 약제의 ATC코드 기재 - 약물작용기전: 해당 약제 약물 작용기전 기재

- 대체 약제의 정보 기재, 상한금액은 의약품 주성분별 가중 평균가 적용
- 급여확대 범위 기재

	약제명	성분명	효능효과	함량	상한금액
대체 약제	E	가	대체약제의 식약처 효능효과 기재	10mg	2,202원
	F	나		20mg	1,545원
	G	다		30mg	4,059원
	H	라	대체약제의 식약처 효능효과 기재	10mg	825원
	I	마		20mg	1,203원
급여 확대 범위	■ 급여제한 □ 급여제한 없음 □ 기타 ( ) 급여범위 확대 상세내용 1. 현재 급여기준 기재 2. 급여범위 확대 요청 내역 기재 예) 허가증 효능효과에 '적응증3'이 추가되어 급여기준 확대 요청				

◉ 용법·용량 및 환자당 정보

- 급여확대 대상 약제 및 대체약제의 용법, 용량 등 기재
- 만성질환대상 사용 약제로 투여기간은 연간 적용

대체 약제					
성분명	점유율	권장 투여 용법·용량 및 치료기간	산출식	환자당 투약비용	가중평균 비용*
가	57%	권장 투여 용법, 용량 등 기재	가:(1*2,202원*1회*365일)	803,730원	831,094원
나	8%		나:(1*1,545원*1회*365일)	563,925원	
다	13%		다:(1*4,059원*1회*365일)	1,481,535원	
라	21%	권장 투여 용법, 용량 등 기재	라:(1*825원*2회*365일)	602,250원	
마	1%		마:(1*1,203원*2회*365일)	878,190원	

* 가중평균비용: 비교 약제의 환자당 비용을 점유율로 가중한 비용

◉ 확대 대상 환자의 유병정보

- 진료인원: 건강보험통계연보의 질병 소분류별 다빈도 상병 급여현황 기준, 연평균 증가율(23%)을 반영
- 확대 대상 환자수: 진료인원에 "적응증3"에 대한 복지부 유병률 조사 결과 반영

※ 산출에 사용한 모든 가정 기술, 자료출처 기술

확대 대상	환자수(명)					
	이전 정보			급여 확대 후 향후 예측		
	2011년	2012년	2013년	2014년	2015년	2016년
진료인원	165,359	203,541	250,292	307,782	378,476	465,407
확대 대상 환자수*	-	-	-	41,551	51,094	62,830

* 확대 대상 환자수 = 진료인원 * 유병률

◉ 시장 점유율

- 시장 점유율: 동일 효능의 전체 약제 시장매출액 대비 검토대상 약제 시장 매출액의 비율

- "확대 대상 질환 유병 정보"의 급여 확대 후 향후 예측 환자수 기재

적응증	2014년	2015년	2016년
	1차년도	2차년도	3차년도
급여확대 후 예측 환자수(명)[1]	41,551	51,094	62,830
시장 점유율[2]	3.3%	4.0%	5.2%
점유율 반영 환자수(명)	1,371	2,044	3,287

1) 급여확대 후 예측 환자수: "확대 대상 환자의 유병 정보"의 확대 대상 환자수
2) 시장 점유율: 예측 점유율(예측근거제시)

◎ 소요 약품비 추정

- 대체약제가 있는 경우

    (연간 청구금액) = 연간 환자수 * 시장점유율 * 1일 투약비용 * 365일(투약일수)

확대대상	소요 약품비		
	2014년(1차년도)	2015년(2차년도)	2016년(3차년도)
검토 약제 약품비(A)	35,181,680,921	44,642,718,287	57,232,502,003
대체 약제 약품비(B)	34,532,788,872	43,625,398,418	55,775,227,695
추가 소요 약품비(A-B)	648,820,049	1,017,319,860	1,457,274,308

◎ 시장점유율(세부내역)

01 C 30mg 약제의 급여기준 확대 적용시, 예상 총 청구금액 산출

02 현재 급여기준 적용시(대체약제 정보 및 시장점유율 기준), 예상 총 청구금액 산출

03 추가청구금액: 급여기준 확대 ①과 현행 급여기준 적용 ②의 차액

	시장 점유율			연간 총 청구금액		
	2014년	2015년	2016년	2014년	2015년	2016년
가	55.29	52.8	47.5	18,464,529,654	21,682,732,167	23,986,719,053
나	7.76	6.72	6.65	1,818,295,860	1,936,245,961	2,356,188,615
다	12.61	15.36	19.95	7,762,622,785	11,627,143,571	18,570,426,388
라	20.37	20.16	19.95	5,097,407,082	6,203,506,478	7,548,953,816
마	0.97	0.96	0.95	353,949,825	430,754,303	524,178,438
C 30mg	3	4	5	1,684,803,715	2,762,335,797	4,246,035,693
계(A)	100	100	100	35,181,608,921	44,642,718,278	57,232,502,003
가	57	55	50	19,035,597,581	22,586,179,341	25,249,177,950
나	8	7	7	1,874,531,814	2,016,922,877	2,480,198,543
다	13	16	21	8,002,703,902	12,111,607,886	19,547,817,251
라	21	21	21	5,255,058,848	6,461,985,915	7,946,267,175
마	1	1	1	364,896,727	448,702,399	551,766,777
계(B)	100	100	100	34,532,788,872	43,625,398,418	55,775,227,695
연간추가 청구금액 (A-B)	-	-	-	648,820,049	1,017,319,860	1,457,274,308

◉ 민감도 분석

- 예상 시장 점유율 보수적 접근 반영

  ※ 재정영향 분석에 이용된 가정들에 대한 민감도 분석 결과제시

    민감도 분석 실시한 변수와 분석 결과를 표나 그래프로 종합하여 제시

	시장 점유율			연간 총 청구금액		
	2014년	2015년	2016년	2014년	2015년	2016년
가	43	41	36	14,360,187,649	16,836,970,054	18,179,408,124
나	6	6	5	1,405,898,861	1,728,791,037	1,771,570,388
다	13	15	20	8,002,703,902	11,354,632,394	18,616,968,810
라	34	33	33	8,508,190,515	10,154,549,295	12,486,991,275
마	1	1	1	364,896,727	448,702,399	551,766,777
C 30mg	3	4	5	1,684,803,715	2,762,335,797	4,246,035,693
계(A)	100	100	100	34,326,681,369	43,285,980,976	55,852,741,066
가	45	42	38	15,028,103,354	17,247,627,860	19,189,375,242
나	6	6	6	1,405,898,861	1,728,791,037	1,771,570,388
다	13	16	21	8,002,703,902	12,111,607,886	19,547,817,251
라	35	35	35	8,758,431,413	10,769,976,525	13,243,778,625
마	1	1	1	364,896,727	448,702,399	551,766,777
계(B)	100	100	100	33,560,034,255	42,306,705,707	54,304,308,282
연간추가 청구금액 (A-B)	–	–	–	766,647,113	979,275,268	1,548,432,784

◎ **결론**

- 상기 약제는 급여기준 확대시 재정영향 분석결과, 추가소요 약품비는 2014년(1차년도) 6억 8천만원, 2015년(2차년도) 8억 7천만원, 2016년(3차년도) 14억으로 추정될 것으로 예상됨
- 이하 생략

2) 비급여의 단계적 급여화

① 개요

◎ **기본방향**

치료에 필요한 항목은 급여화하되, 필수적인 분야항목부터 단계적으로 추진

- 치료에 필요하지만, 일부 비용효과성이 불확실한 비급여는 본인부담을 높여 (50~90%) 예비적으로 급여화(예비급여)

* 3~5년 주기 재평가를 통해 급여 또는 비급여로 전환, 예비급여 유지 등 결정('19~), 안정성·유효성 등 의료 기술 평가 필요시 심층평가 실시(보건의료연구원)('20~)

● 필수검사 비급여

MRI 및 초음파는 의학적으로 필요한 모든 경우에 보험이 적용되도록 단계적으로 확대(~'21)

● 의학적 비급여

비급여 의료행위, 소모품(치료재료) 등을 점검하고, 치료에 필요한 의학적 비급여는 '22년까지 단계적으로 급여화 추진

● 상급병실 비급여

국민 수요도, 의료기관 종별 기능, 병원급 의료기관 간 형평성 등을 고려하여 병원(의과·한방) 2·3인실 보험 적용('19)

- 1인실은 감염 등으로 불가피한 경우에 제한적 적용 추진('20)

● 보장성 모니터링 및 대응

보장성 강화대책 추진으로 빠른 지출증가가 예상되는 항목 중심으로 이용량, 청구경향 등 모니터링 강화

TIP! 비급여의 급여화 추진 계획

① (MRI) '19년(두경부, 복부, 흉부 등) → '20년(척추) → '21년(근골계)
② (초음파) '19년(하복부, 비뇨기, 생식기) → '20년(흉부, 심장) → '21년(근골격, 두경부, 혈관)
③ (상급병실) '19년(병원[의과·한방] 2·3인실 보험 적용)
④ (등재비급여) '19년(응급실·중환자실 등) → '20년(척추) → '21년(근골격, 만성질환) → '22년(안·이비인후과 질환 등)
⑤ (기준비급여) '19년(암환자, 뇌혈관 질환 등) → '20년(척추, 근골격, 재활 등) → '21년(정신질환, 영유아질환 등) → '22년(안·이비인후과 질환 등)
 * 추진 일정 및 분야 등은 시행계획 수립과정에서 변경 가능

② 기대효과

필수 의료 분야 비급여의 단계적 건강보험 적용을 통해 국민의료비 절감 및 의료 접근성 향상 도모

- 진단 및 치료에 필수적인 검사(MRI·초음파) 분야 보험적용을 통해 조기 질병 발견을 통한 국민의료비 절감
- 건강보험 급여 기준 확대 및 필수 치료 분야 급여화를 통한 국민의 의료접근성 제고 및 건강보험 체감도 향상

3) 의약품 보장성 강화

① 개요

◉ **기본방향**

의약품의 선별 등재 방식을 유지하면서 보장성 강화

◉ **등재비급여**

사회적·임상적인 요구도가 큰 의약품의 건강보험 적용을 확대하고, 이를 뒷받침하기 위한 제도 개편도 함께 추진

- (희귀질환치료제 등) 허가-평가 연계제도를 활성화*하고 급여적용 가격 유연 검토, 건강보험공단 협상 기간 단축 등 추진
  * 희귀의약품의 경우 '16년부터 적용 가능하나 실제 신청한 사례는 없음
- (항암제 등 중증질환 치료제) 사회적·임상적 요구, 비용효과성, 국민수용도, 재정여건 등을 종합적으로 고려하여 급여 추진

◉ **기준비급여**

건강보험 인정범위가 제한된 급여 의약품 중 사회적 요구가 높은 의약품 중심으로 건강보험 급여 단계적 적용 추진

- 우선 건강보험 급여화를 검토하고, 급여화가 어려운 경우 선별급여 적용 여부 및 본인부담율을 높여(차등)* 급여 적용

* 본인부담률 30%(암 5%, 희귀질환 10%) → 본인부담율 50, 80%(암·희귀질환 30, 50%)

- 행위·치료재료의 급여화 우선순위에 맞추어 추진하되, 항암제는 '20년, 일반약제는 '22년까지 단계적 검토

■ 의약품 보장성 강화 추진 계획

구분	주요 분야 및 대상	예시
2019	중증질환, 항암요법(기타, 암)	류마티스질환치료제, 뇌전증치료제 등
2020	근골격·통증치료, 항암요법(보조약제)	골다공증치료제, 통증치료제 등
2021	만성질환	B·C형 간염 치료제, 당뇨병용제 등
2022	안·이비인후과 질환 등	황반부종치료제, 중이염 치료제 등

② 기대효과

사회적·임상적 요구도가 큰 의약품의 건강보험 적용으로 환자의 치료접근성 확보 및 경제적 부담 완화

⚠ WORKSHOP

- 의약품 보장성 강화 추진의 장점? 단점은?
- 비급여의 급여화 추진 항목 중 가장 높은 증가율을 기록한 분야는?

03 급여약제 재평가

최초 등재 이후 실제로 사용하여 축적된 자료에 근거하여 임상적 유용성과 비용효과성을 재평가하여 계속급여 여부 및 약가에 대한 재검토를 할 필요가 있다. 최초 등재 시에는 임상시험에서 나타난 유효성을 중심으로 평가하여 근거가 제한적이며,

급여이후 일상 진료환경에서 사용하여 관찰되는 효과성과 비용효과성을 분석하여 급여, 약가의 적정성에 관해 재평가하는 것이 필요하다. 특히 선별급여 및 위험분담계약에 의해 급여된 신약은 불충분한 근거 하에 급여 및 약가결정이 이루어졌으므로, 가치에 기반한 급여, 약가결정의 원칙에 부합하기 위해서는 일정 기간 경과후 임상적 유용성 및 비용효과성에 대한 엄밀한 평가를 통해 선별목록제의 원칙에 따라 급여 및 약가를 다시 결정해야 한다.

1) 약제 상한금액 재평가 시기

요양급여기준 제13조제4항제4호에 따른 약제 상한금액의 재평가(이하 이 표에서 "재평가"라 한다)는 약제 상한금액의 산정, 조정 및 가산 기준의 변경에 따라 적용되는 산정, 조정 및 가산기준이 변경되어 새로 고시될 약제와 이미 고시된 약제와의 관계에서 그 상한금액을 조정할 필요가 있을 때 실시한다.

2) 재평가 대상

재평가는 약제급여목록표에 등재되어 있는 약제 중 장관이 별도로 공고하는 약제에 대하여 실시한다. 다만, 상한금액을 인하하는 경우로서 다음 각 목의 어느 하나에 해당하는 경우에는 재평가를 실시하지 아니한다.

- **01** 저가의약품
- **02** 퇴장방지의약품
- **03** 희귀의약품
- **04** 그 밖에 환자 진료를 위하여 안정적으로 공급 및 관리의 필요성이 있어 보건복지부장관이 별도로 정하는 의약품

3) 재평가 기준
① 상한금액 조정기준
- **01** 재평가 대상 약제의 상한금액 조정에 대해서는 약제 상한금액의 산정, 조정 및 가산 기준을 준용한다. 다만, 기준가격 및 상한금액 조정 방법 등에 필요한

세부사항은 장관이 별도로 공고한다.

02 상한금액 조정 시 약제 상한금액의 산정, 조정 및 가산 기준의 저가의약품 기준금액까지만 인하한다. 다만, 약제급여목록표에 최소단위(1mL, 1g, 1mCi 등)로 등재되거나 최소단위 상한금액 표시된 제품 및 산소, 아산화질소는 적용하지 아니한다.

② 상한금액 가산기준

재평가 대상 약제의 상한금액의 가산에 대해서는 약제 상한금액의 산정, 조정 및 가산 기준의 규정을 준용한다.

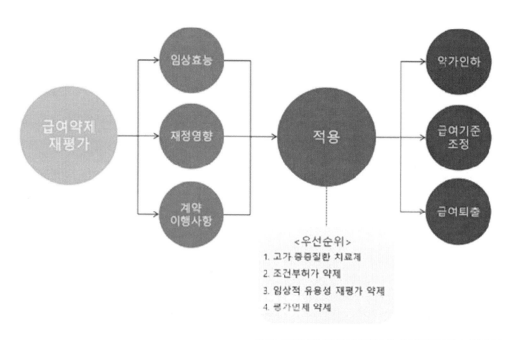

출처: 건강보험심사평가원(제1차 국민건강보험 종합계획)

그림 4.8 ▌급여약제 재평가 방안

TIP! 의약품 급여약제 재평가 관련 이슈(콜린알포세레이트 제제)

콜린알포세레이트 제제 보유 제약회사 66곳이 "급여 적정성을 재평가 해달라"며 이의신청한 것으로 나타났다. 제약회사들의 이의 신청은 건강보험심사평가원(이하 심평원)이 약제급여평가위원회(이하 약평위)를 통해 콜린알포세레이트 제제의 급여 적정성을 재평가해 일부 적응증에 대해 '환자 약값 부담률을 30%에서 80%로 선별급여하기로 결정한데 따른 것이다.

제약회사들은 심평원의 결정이 나오자 ▸환자의 비용부담을 높이고 ▸질환의 경·중을 구분하지 않았으며 ▸해당 약제의 안전성·유효성을 재검증할 동기마저 크게 약화시켰다는 이유를 제기하며 이의신청 의사를 직간접적으로 표명해 왔다.

심평원의 결정이 적법한 지, 객관적인 지도 의문이라는 제약사들은 "임상적 유용성과 비용효과성은 물론 사회적 요구도에 대한 평가 내용조차 전혀 알 수 없다"며 "이의신청을 통해 급여 적정성을 재평가해 줄 것을 요청했다"고 밝혔다.

제약회사들의 주장 〈1〉

"정부 선별급여제도 도입 취지와 정면 배치된 결정"
노령 환자 30일 약값부담이 9000원에서 2만5000원으로 늘어난다.

건강보험심사평가원이 콜린알포세레이트의 일부 적응증(경도인지장애, 우울증 등)에 대해 환자 본인부담률을 30%에서 80%로 높인 것은 비급여의 급여화(선별급여제도)를 통해 환자의 의료비 부담을 낮추고 의료 접근성을 향상시키겠다는 건강보험 보장성 강화대책의 근본 취지에 정면 배치된다.

전세계적으로 확실한 치매치료제가 부재한 현 상황에 재정절감을 이유로 치매 진행을 지연시키는 콜린알포세레이트 제제의 보장률을 떨어뜨리는 것은 치매국가책임제와도 어긋난다.

본인부담금을 대폭 상향시키는 조치는 경제적으로 취약한 노령층으로 하여금 복용 중단을 강요하는 것과 다름없다.

제약회사들의 주장 〈2〉

"의약품에 대한 사회적 요구도 제대로 반영 안해"
적응질환별 경·중 구분하지 않고 의료비 부담도 미 고려

콜린알포세레이트 제제의 급여재평가 과정에서는 사회적 요구도가 제대로 반영되지 않았다. 치매를 제외한 나머지 모든 적응증에 대해 80%의 본인부담률을 일괄 적용한 것이 이를 방증한다.

콜린알포세레이트 제제는 ▸감정 및 행동변화 ▸노인성 가성우울증 외 ▸치매로 진행될 수 있는 경도인지장애와 뇌졸중·뇌경색에 의한 2차 증상에 대한 적응증을 갖고 있다.

세 가지 적응증에 대한 사회적 요구도를 같은 비중으로 본 것이다.

건강보험약제 급여적정성 재평가 시범사업 공고문에 따르면, 사회적 요구도는 재정영향, 의료적 중대성, 연령, 환자의 경제적 부담 등을 고려토록 하고 있다. 환자본인부담금 산정특례에서는 우울증은 경증질환(종합병원 이상 처방 시 환자부담 40~50%)으로, 뇌졸중·뇌경색은 중증질환(환자부담 5%)으로 분류하여 각각 사회적 요구도를 고려해 질환별로 본인부담률을 차등 책정하고 있다.

제약회사들의 주장 〈3〉

先식약처 임상재평가, 後복지부 급여재평가 순리 역행

의약품은 통상 품목허가를 취득하고 난 뒤 보험급여 등재 절차를 거쳐 시장에 진입한다. 기본적으로 의약품의 안전성과 유효성이 보장되고 나서야 급여문제를 검토할 수 있기 때문이다.

그러나 콜린알포세레이트 제제는 선후가 뒤바뀌었다. 안전성과 유효성에 대한 재검증을 뒤로 하고 급여적정성 평가가 먼저 이뤄졌기 때문이다. 그 결과 제약기업은 콜린알포세레이트 제제 임상 재평가를 진행할 동기가 약화됐다.

콜린알포세레이트는 식품의약품안전처로부터 정식 품목허가와 허가 갱신을 받아 20년 이상 처방돼 온 의약품이다. 의료현장의 임상전문가들도 식약처의 허가사항을 근거로 급여재평가가 이뤄져야 한다고 강조하고 있다. 임상재평가 결과가 나올 때까지 급여재평가를 유보하는 것이 순리다.

WORKSHOP

급여약제 재평가하는 근본적인 이유는?

04 유통질서 문란약제 행정처분

2009.8.부터 리베이트 제공 등 약사법 위반 유통질서 문란 약제에 대해 상한금액을 직권으로 조정하여 왔으나 리베이트 행위는 근절되지 않고 더 음성화 되고 있어 리베이트 근절과 건전한 유통질서를 위해 2014.7.2.부터는 리베이트 제공 약제에 대해 요양급여 적용 정지 또는 제외하여 제재수단을 강화하여 시행하여 왔다. 하지만 급여정지로 인하여 환자의 의약품에 대한 접근성이 떨어지는 등의 문제점을 보완하여 2018.9.28.부터는 상한금액을 감액 또는 정지·과징금을 부과하는 제도를 시행하고 있다.

■ 유통질서 문란 행위(「약사법」 제47조제2항)
의약품 채택·처방유도 등 판매촉진을 목적으로 의약품 제조(수입)업자·위탁제조판매업자(종사자 포함)가 의사·약사 및 의료기관 종사자 등에게 금전, 물품, 편익, 노무, 향응 등 경제적 이익을 제공하는 행위

1) 법적 근거

「국민건강보험법」 제41조의2(약제에 대한 요양급여비용 상한금액의 감액 등)

「국민건강보험법 시행령」 제18조의2(약제에 대한 요양급여비용 상한금액의 감액 및 요양급여 적용 정지 기준 등)

「국민건강보험법 시행령」 별표 4의2(약제의 상한금액의 감액, 요양급여의 적용 정지 및 과징금 부과 기준)

2) 상한금액 감액 및 적용 정지 또는 과징금 부과 기준

① 일반기준

약사법 제47조 제2항에 따른 의약품 공급자가 약사법 제76조 제1항 제5호의 2에 따라 행정처분을 받았거나 약사법 제94조 제1항 제5호의 2에 따라 벌금 이상의 형을 선고 받은 경우에 적용 위반행위의 횟수에 따른 약제의 상한금액의 감액 및 적용 정지 기준은 약제의 상한금액이 감액된 날 또는 적용 정지된 날부터 5년간 동일한 약제에 대한 위반행위로 약제의 상한금액의 감액 또는 적용 정지 처분이나 그에 갈음하는 과징금을 부과 받은 경우에 적용한다.

② 약제의 상한금액의 감액 및 요양급여의 적용 정지 기준

부당금액	상한금액의 감액(%)		요양급영의 적용 정지	
	1차 위반	2차 위반	3차 위반	4차 위반 이상
500만원 미만	경고	2	15일	1개월
500만원 이상 1,000만원 미만	1			2개월
1,000만원 이상 2,000만원 미만	2	4	1개월	3개월
2,000만원 이상 3,000만원 미만	4	8	2개월	4개월
3,000만원 이상 4,000만원 미만	6	12	3개월	5개월
4,000만원 이상 5,000만원 미만	8	16	4개월	6개월
5,000만원 이상 6,000만원 미만	10	20	5개월	7개월
6,000만원 이상 7,000만원 미만	12	24	6개월	8개월
7,000만원 이상 8,000만원 미만	14	28	7개월	9개월
8,000만원 이상 9,000만원 미만	16	32	8개월	10개월
9,000만원 이상 1억원 미만	18	36	9개월	11개월
1억원 이상	20	40	10개월	12개월

※ 부당금액이란 「약사법」 제47조 제2항을 위반하여 해당 품목의 판매촉진을 목적으로 쩨공된 경제적 이익 등을 보건복지부장관이 정하는 방법에 따라 환산한 금액

3) 과징금 부과 기준

① 대상약제(「국민건강보험법 시행령」 제70조의2제1항)

01 보건복지부장관이 지정·고시하는 퇴장방지 의약품

02 식품의약품안전처장이 정하는 희귀의약품

03 요양급여의 대상으로 고시한 약제가 단일 품목으로서 동일제제가 없는 의약품

04 그 밖에 보건복지부장관이 특별한 사유가 있다고 인정한 약제

② 부과기준

과징금은 약제의 요양급여 적용 정지 처분을 결정한 날의 전년도 1년간 해당 약제로 인해 발생한 요양급여비용의 심사결정 총액에 아래 표에 따른 적용 정지 기간별 과징금 부과 비율을 곱한 금액으로 한다.

표 4.5 ▮ 과징금 부과기준

적용 정지 기간	부과 비율(%)	
	3차 위반	4차 위반 이상
15일	11	
1개월	15	55
2개월	19	59
3개월	23	63
4개월	27	67
5개월	31	71
6개월	35	75
7개월	39	79
8개월	43	83
9개월	57	87
10개월	51	91
11개월		95
12개월		97

4) 업무절차

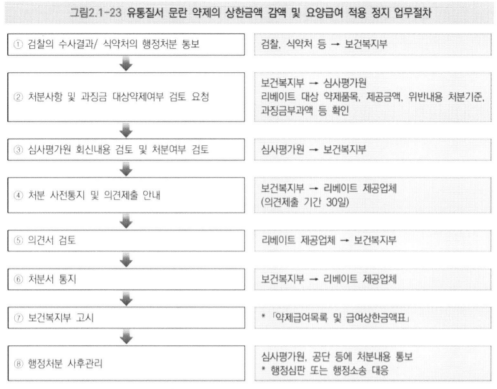

그림2.1-23 **유통질서 문란 약제의 상한금액 감액 및 요양급여 적용 정지 업무절차**

① 검찰의 수사결과/ 식약처의 행정처분 통보	검찰, 식약처 등 → 보건복지부
② 처분사항 및 과징금 대상약제여부 검토 요청	보건복지부 → 심사평가원 리베이트 대상 약제품목, 제공금액, 위반내용 처분기준, 과징금부과액 등 확인
③ 심사평가원 회신내용 검토 및 처분여부 검토	심사평가원 → 보건복지부
④ 처분 사전통지 및 의견제출 안내	보건복지부 → 리베이트 제공업체 (의견제출 기간 30일)
⑤ 의견서 검토	리베이트 제공업체 → 보건복지부
⑥ 처분서 통지	보건복지부 → 리베이트 제공업체
⑦ 보건복지부 고시	* 「약제급여목록 및 급여상한금액표」
⑧ 행정처분 사후관리	심사평가원, 공단 등에 처분내용 통보 * 행정심판 또는 행정소송 대응

* 필요시 수사기관 등에 자료협조요청(수시)

그림 4.9 ▎유통질서 문란 약제의 상한금액 감액 및 요양급여 적용 정지 업무절차

5) 약제의 상한금액 조정

01 유통질서 문란행위 기간이 2009.8.1.부터 2014.7.1.까지인 경우, 유통질서 문란 약제의 상한금액 조정기준에 의거 해당 약제의 상한금액을 직권으로 조정할 수 있다.

02 상한금액 인하율 = 부당금액÷결정금액×100 ≤ 상한금액의 20%

- 부당금액 : 조사대상 요양기관에서 해당 의약품의 유통질서 문란 행위에 제공된 경제적 이익 등(물품 등은 금액으로 환산)의 총액
- 결정금액 : 조사대상 요양기관에서 부당금액과 관련된 해당 의약품의 처방(판매)총액

6) 약제의 요양급여 적용 정지·제외 및 과징금 부과

유통질서 문란행위 기간이 2014.7.2.부터 2018.9.27.까지인 경우, 유통질서 문란약
제의 요양급여 정지·제외 및 과징금 부과 기준을 적용한다.

CHAPTER 05

현행 약가제도에
관한 고찰

01 건강보험과 제약산업과의 관계

제약산업은 고부가가치를 창출하는 미래 성장산업임과 동시에 국가보건의료체계의 지속성 확보를 위해 정부의 각종 규제가 작용하는 산업으로 제약산업에 대한 가치 판단 기준에 따라 방향이 결정 된다. 특히 우리나라의 제약 산업은 보험재정 안정과 제네릭의약품 사용 유도 등 보건의료정책과 신약 개발 및 성장 환경 제공이라는 산업정책의 이해관계가 자주 충돌하는 분야이다. 우리나라의 경우 의약품에 관련하여 선진국에 비해 상대적으로 강력한 사회적 규제가 작동하고, 제약산업을 공공재로 인식하는 경향이 강하다. 산업 전반에 대하여 약사법을 비롯한 각종 보건의료 관련 법률과 하위법령, 고시가 적용되며, 특히 의약품 가격을 건강보험 상에 등재하여 통제하는 가격규제는 매우 중요한 규제수단으로 작용한다. 약가를 이용한 가격규제는 사회적 비용과 건강보험 재정 절감이라는 효과를 거두기도 하지만 제약회사 입장에서는 이윤 축소 및 신제품 개발 등의 기업 활동을 위축시키는 한편, 의약품의 사용량 증가와 고가약 처방비중을 증가시키는 처방행태에도 영향을 미치는 것이다.

제약산업은 의약품 선택권이 최종 소비자인 환자의 선택권이 제한된다. 즉, 1차 고객이 최종 소비자인 환자가 아닌 의사이다. 환자의 질환 특성에 맞게 의사가 처방을 선택하고, 약사에게 조제되어 환자에게 전달하는 구조이다. 더구나 처방하는 의사의 의약품 선택에 있어서도 자유롭지만은 않다. 처방 의사가 속한 병원의 의약품 약제위원회(Drug committee)기준에 따라 처방이 제한될 수 있다. 미국의 경우 보험회사인 HMO(Health Management Organization) 혹은 이들이 약제관리만 외부에 위탁하는 약제관리 위탁회사인 PBM(Pharmacy Benefit Manager)의 철저한 관리에 의해 약제 선택권이 제한되기도 한다. 또 다른 특수성은 최종 소비자인 환자가 구매에 대한 지불을 전적으로 지불하는 것이 아니라, 환자가 일부 지불하고 나머지는 국가 혹은 보험회사가 지불하는 구조로 환자는 자신이 구매한 의약품의 가치에 대한 민감성이 떨어진다. 즉, 보험약가가 정해진 가운데 제약회사 입장에서는 이윤을 극대화하기 위해 제품 판매를 촉진하는 데에 노력을 기울일 수밖에 없고, 선택권을 가진 의사 또는 의료기관을 중심으로 마케팅 활동이 이루어지면서 음성적인 리베이트 구조화라는 부작용을 일으켜 사회적 문제가 되기도 한다. 이렇게 과다 지출된 비용은 높은 약가와 낭비적 사용, 과당경쟁이라는 악순환으로 되풀이되면서 국내 제약 산업의 경쟁력을 하락시킨다.

오리지널 의약품이 특허 만료된 후 제네릭의약품은 적개는 10개 이내 많은 경우는 수십 개의 제품이 시장에 출시되어 과당경쟁으로 인한 비용 증가와 품질 저하 현상이 나타나고 있기 때문에 제네릭의 허가를 대폭 강화하여 합리적 가격에 고품질 제네릭의약품을 이용하도록 사후관리를 통한 지속적인 품질 개선을 해야 한다. 따라서, 제약계에서는 기존의 제네릭만으로 성장 불가하기 때문에, 제네릭 약가정책 제도 변화에 대비해 기존의 제네릭에 대한 품질 관리를 강화하는 동시에 제네릭보다 정책 제도적으로 우대받을 수 있는 개량신약과 신약개발에 더욱 매진해야 할 것이다. 건강보험 지출의 증가는 보험료 증가와 국고지원의 증가 등 국민부담률의 증가를 수반한다는 점에서 건강보험 수입의 확충을 위한 방안들 이전에 건강보험 지출 효율화를 위한 제도개선이 선행될 필요가 있고, 이와 더불어 건강보험 피부양자 제도의 개선, 건강보험 재정통계 공개 확대 등 건강보험 관리운영체계를 개선할 필요가 있다.

02 약제비 비중

2019년 건강보험 총진료비는 약 80조억 원으로 그중 약제비가 약 19조3,000억 원으로 약제비 비중이 약 24%로 OECD국가 평균보다 높다. 2018년 국민의료비 대비 약품비 비중도 0.65로 선진국인 A7(미국·영국·프랑스·독일·이탈리아·스위스·일본) 국가보다 높다.

표 5.1 ▮ 총진료비 구성과 약품비 규모

(단위: 억원, %)

연도	행위별 수가						정액 수가		
	행위별 총 진료비	기본 진료료	진료 행위료	약품비	약품비 증감률	재료대	정액수가 총 진료비	요양병원	포괄수가
2015	539,065 (92.9)	144,414 (26.8)	233,964 (43.4)	140,986 (26.2)	4.83	19,701 (3.7)	41,106 (7.1)	26,762 (65.1)	14,644 (34.9)
2016	601,493 (93.0)	163,405 (27.2)	259,246 (43.1)	154,286 (25.7)	9.43	24,555 (4.1)	45,131 (7.0)	30,105 (66.7)	15,026 (33.3)
2017	646,111 (92.80)	177,366 (26.68)	284,693 (44.06)	162,098 (25.09)	5.06	26,955 (4.17)	50,160 (7.20)	34,432 (68.64)	15,729 (31.36)
2018	725,711 (93.14)	188,779 (26.01)	326,613 (45.01)	178,669 (24.62)	10.22	31,650 (4.36)	53,431 (6.86)	36,716 (68.72)	16,715 (31.28)
2019	803,157 (93.61)	201,084 (25.04)	372,986 (46.44)	193,388 (24.08)	8.24	35,698 (4.44)	54,782 (6.39)	36,927 (67.41)	17,855 (32.59)

출처: 건강보험심사평가원, 2019 급여의약품청구현황

표 5.2 ▮ 건강보험진료비/약품비 구성비추이 (2015년-2019년)

(단위: 억원, %)

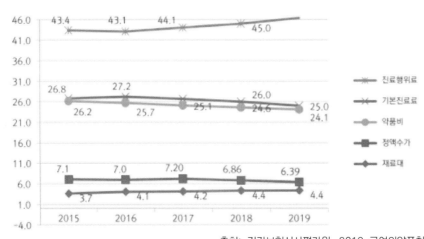

출처: 건강보험심사평가원, 2019 급여의약품청구현황

약제비 지출을 더욱 합리화하여 치료효과와 비용효과성이 입증된 우수한 약제를 선별적으로 등재하여 건강보험 재정을 효율적으로 관리해야 한다. 특히, 적절한 치료법이 없는 질환의 치료제가 개발되면서 환자 단체나 의료계의 급여 및 급여 확대된 희귀의약품, 함암제 등 약제비 청구금액 증가율이 높은 고가약제에 대한 체계적인 관리가 필요하다. 고가 항암제 및 희귀질환치료제 등의 약품비가 급격히 증가하고 있다. 국민건강보험공단이 제출한 청구금액 자료에 의하면 항암제는 2014년 8,418억 원에서 1조4,600억 원으로 73.4% 증가했으며, 항암제는 2014년 1,396억 원에서 2018년 4,370억 원으로 3배 이상 늘었다.

표 5.3 ▮ OCED 국민의료비, 약품비, 약품비 비중

(2018, 단위:US$,/%)

국가명	국민의료비(1인당)	약품비(1인당)	국민의료비 대비 약품비비중
호주(2017)	4,710.62	13.8	0.29
오스트리아	5,538.30	12.0	0.22
벨기에	5,103.20	14.6	0.29
캐나다	5,287.4(P)	16.4	0.31
체코	3,170.67	16.0	0.51
덴마크	5,294.51	6.4	0.12
핀란드	4,331.48	12.4	0.29
프랑스	5,154.12	13.0	0.25
독일	6,223.79	14.2	0.23
그리스	2,265.90	26.2	1.16
헝가리	2,149.72	26.9	1.25
아이슬란드	4,419.91	10.8	0.24
아일랜드	4,911.85	12.4	0.25
이탈리아	3,484.94	17.9	0.51
일본(2017)	4,392.91	18.3	0.42
대한민국	3,085.18	20.0	0.65
멕시코	1,144.90	22.1	1.93
네덜란드	5,436.29	7.4	0.14
노르웨이	6,283.2(P)	7.4	0.12
폴란드	2,113.70	20.8	0.98
포르투갈	3,097.30	14.7	0.47
슬로바키아	2,142.08	25.5	1.19
스페인	3,429.8(P)	15.3	0.45
스웨덴	5,433.73	9.8	0.18
스위스	7,279.79	12.3	0.17
영국	4,289.79	12.3	0.29
미국	10,637.14	11.6	0.11
에스토니아	2,368.13	17.4	0.74
이스라엘(2016)	2,520.29	13.1	0.52
슬로베니아	3,054.59	18.0	0.59
라트비아	1,856.49	26.5	1.43
리투아니아	2,385.09	22.1	0.92

출처: OECD Health data 2018년

표 5.4 ▌2014-2018년 항암제, 희귀의약품 청구금액

(단위 : 명, 백만 원)

연도		2014년	2015년	2016년	2017년	2018년
항암제	환자수	490,476	509,866	541,569	581,843	637,700
	청구금액 (비중*)	841,834 (6.19%)	938,343 (6.55%)	1,046,934 (6.71%)	1,171,420 (7.03%)	1,460,023 (8.07%)
희귀	환자수	21,334	26,506	49,902	62,331	80,168
	청구금액 (비중)	139,604 (1.03%)	201,889 (1.41%)	240,954 (1.54%)	328,253 (1.97%)	437,025 (2.41%)

*전체 약제비(본인부담금 포함, 의료급여 제외) 중 비중

출처: 국민건강보험공단

우리나라의 약제비 비중이 지속적으로 증가하는 원인은 급격한 고령화와 만성질환이 많아지면서 의약품 사용량이 증가하고 항암제와 희귀의약품등의 고가 신약이 약제비 지출에 미치는 영향 높아졌기 때문이다. 뿐만 아니라, 제네릭의약품의 사용률은 높지만, 제네릭의약품과 특허 만료 오리지널 제품의과의 가격 차이가 미약하거나 동일가격이어서 이에 따른 약제비 지출의 효율성이 적은 것이 이유 중 하나이다. 이외에도 신약과 오리지널 제품이 특허가 만료되어도 시장에서의 점유율이 공고히 유지되고 있으며, 대체 가능한 의약품 중에서 제품 간 약가 경쟁이 미흡하고 기존 시장에서 시간 변화에 따르는 가격 인하 현상이 약한 편이기 때문이다. 제네릭의약품과 특허만료 의약품, 신약에 대한 약제비 지출구조를 살펴봤을 때 우리나라는 OECD와 A7 국가에 비해 신약보다 제네릭의약품에 더 많은 지출을 하고 있기 때문이다.

향후 고령화가 더 진행될수록 약제비 증가는 더욱 커질 것으로 예상되며 건강보험의 지속가능성을 담보하려면 약제비 지출을 효율화하고 낭비적 요인을 최소화해야 하며, 이를 위해 제네릭 대체조제 활성화와 특허만료 의약품에 대한 규제 강화, 의사 처방 패턴 개선 등이 필요할 것이다. 또한, 우리나라의 제네릭의약품은 향후 주요 외국에서 시행하고 있는 저가의 제네릭 사용 촉진 정책이 실제 효과를 발휘할 수 있도록 국가별 오리지널과 제네릭의약품의 사용 추이, 의약품 가격과 조달 정책의 특성 반영, 각국 정부들은 의약품 소비에 지출하는 비용을 참조가격제등으로 약제비

관리가 필요할 것으로 생각된다. 고가 항암제와 희귀질환치료제 등의 약품비 지출이 급증하고 있기 때문에 안전성과 치료 효과, 비용 효과성을 입증한 우수한 약제에 대해서만 건강보험을 적용하는 등 고가 약제에 대한 급여의약품 재평가를 통해 급여체계를 관리할 필요가 있다.

❗ WORKSHOP

- 국민의료비 대비 약품비 비중이 높은 이유는?
- 미국이 약품비의 비율이 높은 가장 큰 이유는?

❗ WORKSHOP

- 우리나라 향후 약제비 비중이 높아질까? 낮아질까? 그 이유는?
- 글로벌회사 특허만료 제품이 한국에서 어떻게 시장 점유율을 높일까?

❗ WORKSHOP

제2의 다라프림(Daraprim)사태를 방지할 대책은?

ISSUE ⑫

제약회사의 탐욕, 다라프림(Daraprim) 사례

2016년 9월, 마틴 슈크렐리는 튜링제약을 설립하고 에이즈, 말라리아 등 전염병 치료제인 다라프림의 특허권을 사들였다.

피리메타민이 핵심 성분인 다라프림(Daraprim)은 세계보건기구(WHO)의 기본 의약품 목록에 올라 있을 정도로 널리 사용되는 항생제로 임신 여성, 에이즈 바이러스(HIV), 말라리아 환자와 같이 면역력이 떨어진 사람들의 기생충 감염을 막는 약으로 사용됐다. 튜링제약(Turing Pharmaceuticals)이 등장하면서 환자들은 이전처럼 약품을 값싸게 구매할 수 없었다. 슈크렐리가 자신이 설립한 튜링제약을 통해 다라프림 가격을 크게 올렸기 때문이다. 이전에 한 알에 13.5달러(약 1만 5천 원)하던 가격을 특허권 구입과 함께 50배가 넘는 750달러(약 87만 원)로 올렸다. 정부의 제재로 약품 병원 공급가격을 50% 낮췄지만 환자들은 큰 고통을 겪어야 했다.

큰 폭의 인상으로 환자의 약값 부담이 천정부지로 치솟자 제약 업계 등에서 비난이 이어졌다. 제약산업의 주요 로비단체인 미국 제약협회(PhRMA)는 튜링제약 튜링제약(Turing Pharmaceuticals)은 제약협회의 회원기업이 아니며 최근 튜링제약의 가격인상을 포용할 수 없다고 밝혔다. 이런 상황에서 2016년 호주 고등학생들은 독점적 지위를 이용한 튜링의 부당한 행위를 고발하겠다며 시드니 대학이 주도하는 말라리아 연구의 한 부분으로 참여하여 다라프림을 비교도 안 되는 저렴한 가격으로 생산해내는 데 성공했다. 17세에 불과한 이 소년들은 심지어 치료제의 성분 제조법을 인터넷에 공개하기도 했다. 2016년 포브스에 따르면 호주 사립 고등학교 시드니그래머스쿨 학생들은 시드니대학 교수진들의 감독하에 에이즈와 말라리아 치료제로 60년간 널리 사용된 다라프림의 주요 성분을 학교 실험실에서 성공적으로 배합해냈다. 학생들은 클로로페닐 아세토니트릴 17그램을 이용해 다라프림의 유효성분인 피리메타인 3.7g를 불과 20달러에 생산했다. 동일한 무게는 미국에서 약 11만달러(약 1억3,000만원)에 달한다.

슈크렐리가 미국에서 다라프림 독점판매권을 지니고 있어서 학생들이 미국에서 약품을 판매하려면 복잡한 법적 절차를 거쳐야 한다. 하지만 학생들의 발견은 (대폭 인상에도 불구하고) 다라프림은 여전히 가격이 낮게 책정돼 있다고 한 슈크렐리의 주장을 무력화했다. 또한 연구개발에 소홀한 튜링과 같은 제약회사가 R&D에 엄청난 비용을 들이는 다른 기업과 동일한 보호를 받는, 미국 제약 산업의 기형적 구조를 말해주고 있다. 다라프림의 가격이 17.5달러에서 750달러로 급증하여 미국사회에 큰 이슈로 작용하여 미국 FDA는 기생충 감염으로 인한 질환 치료에 사용하는 다라프림(Daraprim)의 퍼스트제네릭을 2020년 3월에 승인했다.

출처: 시드니대학

그림 5.1 ▎항생제 '다라프림'을 개발한 호주 학생들

03 인구 고령화에 따른 의료비 증가

1) 노인진료비 증가

우리나라는 세계에서 가장 급격한 인구구조의 고령화로 노인인구 비율이 지속적으로 증가하고 있다. 2018년 우리나라 65세 이상 노인인구가 전체 인구의 14.3%를 차지하여 고령사회(Aged Society)에 진입했고 2020년에 15.7%, 2030년에는 25%, 2050년에는 약 40%에 도달할 것으로 예측했다. 인구 고령화는 노인성 질환 진료 증가 등으로 인해 노인진료비가 급격히 증가하고 있어 2018년 건강보험 진료비 77조 9,141억 원 중 65세 이상 노인진료비는 31조1,173억 원으로 39.9%를 차지함(2017년 대비 3조 9,816억 원 증가, 14.7%증가) 하고 있어 중요한 사회문제가 되고 있다. 노인인구의 증가에 따라 정부는 건강한 노년의 삶을 지원하기 위해 진료비에 대한 보장성 강화를 지속적으로 추진하고 있다. 앞으로 노인진료비가 더욱 증가할 것은 자명하고, 노인진료비의 적정한 관리를 위해서는 현황에 대한 정확한 인식이 필요하다. 건강보험심사평가원의 진료청구내역자료를 분석하여 노인진료비 현황을 보면 다음과 같다.

표 5.5 ▌인구 및 진료인원 현황

(단위: 천명, %)

구분		2014년	2015년	2016년	2017년	2018년
인구수	전체	50,747	51,015	51,246	51,446	51,635
	65세 이상	6,277	6,541	6,763	7,076	7,381
	(구성비)	(12.4)	(12.8)	(13.2)	(13.8)	(14.3)
건강보험 진료인원수	전체	47,700	47,775	48,076	48,332	48,554
	65세 이상	6,154	6,312	6,521	6,868	7,178
	(구성비)	(12.9)	(13.2)	(13.6)	(14.2)	(14.8)

※ 인구수(통계청, 연령계층별 인구구성비) : 매년 7.1. 시점
　 진료인원수 : 연간 진료 받은 인원 수

출처: 건강보험심사평가원 2019.4.15

표 5.6 ▌우리나라 미래 인구 수

(단위: 천명, %)

연도	2020년		2030년		2040년		2050년	
	인구수	비율	인구수	비율	인구수	비율	인구수	비율
계	51,780	100.0	51,927	100.0	50,855	100.0	47,744	100.3
15세 미만	6,297	12.2	5,000	9.6	4,982	9.8	4,250	8.9
15세-64세	37,358	72.1	33,947	65.4	28,649	56.3	24,487	51.3
65세 이상	8,125	15.7	12,980	25.0	17,224	339	19,007	39.8

출처: 국가통계포털(KOSIS), 장래인구추계

건강보험 전체 진료비는 '14년 이후 연평균 9.3% 증가한 반면에 노인진료비는 연평균 12.6% 높은 증가율을 보였다.

표 5.7 ▌65세 이상 노인인구수 및 노인진료비 증가 현황

(단위: 억원, %)

구분		2014년	2015년	2016년	2017년	2018년	연평균 증가율 ('14~)
전체	진료비	545,275	580,170	646,623	696,271	779,141	9.3
	증가율	7.5	6.4	11.5	7.7	11.9	
65세 이상	진료비	193,551	213,615	245,643	271,357	311,173	12.6
	(구성비)	(35.5)	(36.8)	(38.0)	(39.0)	(39.9)	
	증가율	10.4	10.4	15.0	10.5	14.7	

출처: 건강보험심사평가원 2019.4.15

건강보험 노인진료비는 2014년 35.5%에서 지속적으로 증가해 2018년에는 약 40%에 도달했다.

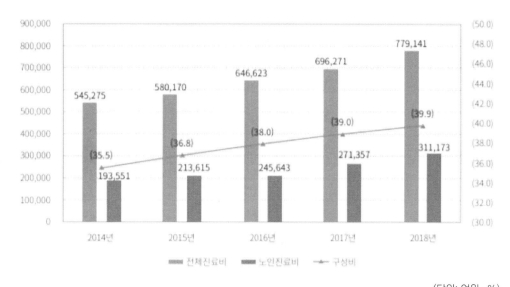

(단위: 억원, %)

출처: 건강보험심사평가원 2019.4.15

그림 5.2 ▍연도별 건강보험 노인진료비 현황

2009년 대비 2018년 진료비 비중은 요양병원(13.1% → 19.5%)과 치과병의원 (1.6% → 7.3%)은 증가한 반면에 병의원(36.2% → 25.6%)과 한방병의원(4.9% → 3.8%)은 감소하였다.

표 5.8 ▍의료기관 종별 노인진료비 및 노인내원일수 현황

(단위: 천일, 억원)

구분		상급 종합병원	종합병원	요양병원	병의원	치과 병의원	한방 병의원
진료비	2009년	18,997	18,507	11,079	30,639	1,359	4,172
		22.4%	21.8%	13.1%	36.2%	1.6%	4.9%
	2018년	52,533	54,726	47,825	62,701	17,802	9,352
		21.4%	22.3%	19.5%	25.6%	7.3%	3.8%
내원일수	2009년	12,029	18,227	18,284	126,249	6,393	26,776
		5.8%	8.8%	8.8%	60.7%	3.1%	12.9%
	2018년	20,561	35,714	57,051	171,742	15,713	40,711
		6.0%	10.5%	16.7%	50.3%	4.6%	11.9%

출처: 건강보험심사평가원 2019.4.15

노인의료비 증가에 대한 해결책으로 첫째, 노인의료비 증가율이 높은 상급종합병원 즉 2차 진료기관에 대한 이용 제한책을 모색해야 한다. 구체적으로는 당뇨나 혈압과 같은 만성질환과 같은 지속적인 관리가 필요한 부분에 대한 1차 진료기관인 동네 병원을 활용한 방안들이 강화해야 할 것으로 보인다. 커뮤니티케어 정책을 활용하여 동네 주치의나 예방과 관련된 활동들이 지원해야 한다. 최근 이슈가 되고 있는 원격의료도 지역사회단위의 지원체계로 맞물려, 노인환자가 심각하지 않은 만성질환의 경우 2차, 3차 진료기관으로 가지 않아도 되는 환경을 마련해야 한다.

2) 고령사회 진입으로 장기요양보험 규모 급증

우리나라가 급격한 노인인구 증가로 인하여 장기요양보험 규모가 커지고 있다. 국민건강보험공단 자료에 의하면 '2019 노인장기요양보험통계연보'에 따르면, 2019년 12월 말 기준 의료보장 인구 중 65세 이상 노인은 약 800만명으로 전년 대비 5.1% 증가했다. 이 가운데 장기요양보험 신청자는 전년보다 10.3% 증가한 111만명, 인정자는 15.1% 많아진 77만명으로 나타났다. 노인인구 증가율도 가파르지만, 이보다 장기요양보험 신청자 및 인정자 증가율이 더 높았다. 연간 급여이용 수급자는 73만 명으로 전년대비 12.9% 증가했다.

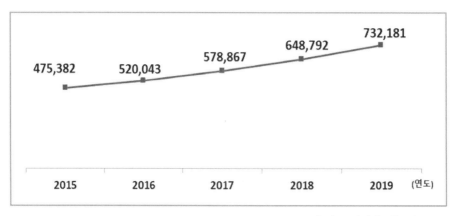

출처: 국민건강보험공단, 2019

그림 5.3 ▌연도별 급여이동수급자추이(명)

　　2019년 장기요양보험 총 연간 급여비(본인일부부담금+공단부담금)는 전년대비 21.2% 증가한 8조 5,653억 원으로 집계됐다.

　　8조 5,653억 원 중 공단부담금은 7조 7,363억 원으로 90.3%를 차지했다. 장기요양 보험료 총 부과액 4조 9,526억 원 중 직장보험료는 4조 2433억 원, 지역보험료는 7,093억 원으로, 직장보험료가 대부분을 차지했다. 세대 당 월평균 보험료는 9,191원 으로 전년 대비 21.0% 늘었다. 급여이용 수급자 1인당 월평균 급여비는 128만 원으 로 전년 대비 6.2%, 급여이용 수급자 1인당 월평균 공단부담금은 116만 원으로 전년 대비 7.7% 상승했다.

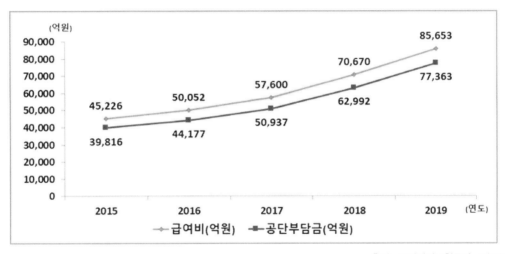

출처: 국민건강보험공단, 2019

그림 5.4 ▎연도별 급여비 및 공단부담금 추이

 WORKSHOP

노인환자 대상으로 주치의 제도를 도입한다면 장점, 단점은?

ISSUE ⑬

노인 의료비 증가하고 상급병원 쏠림 현상 심화, 주치의 제도 도입 필요한 이유

첫째, 노인 인구의 증가와 더불어 노인 의료비의 증가가 지속되고 있다.

지난 2019년 우리나라의 65세 이상 노인 인구는 전체의 15%와 800만명을 넘어섰다. 2000년에 비해 비율과 숫자 면에서 두 배 이상 증가한 숫자다. 20년 후에는 이 숫자에서 다시 두 배 이상 증가한다. 2018년 노인 1인당 연평균 진료비는 457만원으로 전체 1인당 평균 진료비인 153만원 보다 3배 많았다.

2009년에 우리나라의 의료비 지출은 GDP 대비 6.1%였으나 지속적으로 증가해 2018년에는 8.1%를 차지했다. OECD 평균이 매년 8.8%로 비교적 일정하게 유지돼 온 것에 비하면 증가세가 가파르다.

우리나라 환자의 연간 외래 방문 횟수와 인구당 병상 수는 OECD 최고 수준이다. 지금까지 제시한 숫자를 보면 우리나라 국민들의 의료비 부담이 크고 현재와 같은 상태로는 지속가능하지 못하다는 것을 쉽게 알 수 있다. 앞으로 10년도 버티기 어렵다.

둘째, 문재인 케어로 상급병원 쏠림 현상이 심해졌다.

문재인 케어는 건강보험 보장률을 높이기 위해서 추진됐다. 그 방법으로 필수 의료 부문에서 비급여의 급여화가 추진됐다. 3년간에 걸쳐 초음파검사, MRI 검사를 포함해 특진비, 상급병실료, 간병비 등의 급여화가 단계적으로 진행됐다. 그 결과 상급종합병원의 진료비가 많이 저렴해진 대신 의료전달체계 작동은 여전히 미미해 상급종합병원으로 환자 쏠림 현상이 일어났다. 개인 의원과 중소병원의 진료비 점유율은 떨어졌으며 비급여 진료비도 줄어들지 않았다. 이와 동시에 전공의법 개정과 내과와 외과의 전공의 수련기간 단축 등도 진행돼 상급종합병원은 의료인력난을 겪게 되어 입원 전담전문의제를 도입하고 있으나 아직 역부족이며 응급의료센터의 인력난도 가중되고 있다. 경증 환자를 동네의원으로 돌려보내는 일이 시급하게 됐다.

04 문재인 케어

문재인 케어의 건강보험 보장성 강화 대책의 핵심은 비급여의 전면 급여화다. 의학적 필요성이 있는 모든 비급여가 건강보험으로 편입된다. MRI, 초음파 등 치료에 필수적인 비급여는 모두 급여화 된다.

OECD 국가와 비교해 볼 때 우리나라 국민들의 의료비 부담이 여전히 높고, 실제로 가족이 중증질환에 걸리게 되면 의료비 걱정부터 앞서고, 특히 저소득층은 의료비 때문에 빈곤층으로 전락하는 사례가 많다. 따라서 국민들의 과중한 의료비 고통을 줄이기 위해서는 국가가 나서야 하고, 건강보험 보장성 강화를 통해 책임을 다하겠다고 밝힘과 동시에 건강보험 보장성 강화는 건강보험의 혜택범위를 넓히고, 의료비 중 본인이 부담하는 비율을 낮추는 것이다.

건강보험의 보장성 강화(비급여의 급여화)는 국민 입장에서 환영할 만한 일이다. 그러나 보장성 강화를 위해서는 상당한 규모의 재원이 필요하다. 건강보험 보장성 강화로 의료비 증가가 가속될 우려가 있으며, 우려가 현실화 될 경우 중장기 건강보험 재정수지는 더욱 악화될 것이다. 기존 비급여대상 항목들을 급여로 전환하게 되면 가격에 대한 심리적 부담이 감소되고, 수요자(환자)가 의료서비스 가격에 둔감하게 된다. 또한 본인 부담률이 낮게 되어 고가 의료서비스에서 수요가 늘어 고가 의료서비스 남용 가능성이 높아진다. 건강보험 보장성 강화 대책이 국민의 의료비 부담 감소라는 본래 취지와 달리 건강보험료 폭등으로 이어질 것이라는 비판적 지적이 앞으로도 계속될 것으로 보인다.

◉ **문재인 케어를 추진하는 정부와 보건복지부가 주장하는 장점은 다음과 같다.**

■ 치료비의 많은 부분을 차지하는 비급여 문제를 해결할 수 있다.

● MRI, 초음파 검수 모두 건강보험의 적용이 가능해 진다.

● 상급병실료도 2인실가지 건강보험이 적용되며, 꼭 필요한 경우 1인실도 혜택을 받을 수 있다.

● 예약이 힘들고 비싼 대형 병원의 특별진료를 없앨 수 있다.

- 간병이 필요한 모든 환자의 간병비용도 건강보험이 적용 가능하다.

■ 노인, 어린이 및 저소득자의 취약 계층에 대한 혜택 강화로 가계 파탄을 최대한 없앨 수 있다.

- 연간 본인부담 상한액을 대폭으로 낮춰서 본인부담 상한제 인하의 혜택을 받는 환자가 70만명에서 2022년 190만 명으로 3배 가까이 늘어날 전망이다.
- 하위 30% 저소득층 본인부담 연간 상한액을 100만원 이하로 낮춤으로서 실질적 의료비 100만 원 상한제를 실현할 수 있다.
- 15세 이하 입원진료비 부담률을 20%에서 5%로 낮출 수 있다.
- 중증치매환자의 본인부담률을 10%로 인하하여 치매환자 160일 입원치료비 1600만원을 약 150만원 가량으로 낮출 수 있다.

■ 긴급 위기상황 지원 강화와 재난적 의료비 지원으로 의료 안전망을 구축할 수 있다.

- 의료비 지원을 4대 중증질환에서 모든 중증질환으로 확대할 수 있다.
- 소득 하위 50% 환자는 최대 2000만 원까지 의료비 지원을 받을 수 있다.
- 대학병원과 국공립병원의 사회복지팀을 확충하여 서비스의 질적 및 양적 상승을 기대할 수 있다.

◎ **문재인 케어 추진을 반대하는 측에서 생각하는 단점은 다음과 같다.**

■ 막대한 추가 재정이 필요하다.

- 문재인 케어는 약 30조 원을 투자해서 보장성을 확대하겠다는 주장이나 30조 원으로는 절대로 보장성을 확대할 수 없고, 오히려 의료 쇼핑 등을 통해서 기하급수적으로 늘어나는 추가재정으로 건강보험이 파산되고 건강보험료가 폭등할 수 있다.
- 현재 실손보험에 가입하고 있는 수많은 가입자들이 불이익을 당할 수 있다.

■ 비급여를 감내하면서 받을 수 있는 치료의 기회를 박탈한다.

- 문재인 케어는 원칙적으로 비급여를 금지하기에 실제로 많은 환자들이 큰 피해를 볼 가능성이 있다. 특히 치명적인 악성 종양이나 응급환자의 경우 매우 심각한 결과를 초래할 수 있다.

■ 파산에 대한 리스크가 현저히 높아진다.

- 현재도 원가보다 낮은 보험수가 때문에 파산을 면하기 위해 진료량을 늘리고 비급여 진료로 수익을 충당하는 수많은 중소형 병원과 의원들이 줄파산할 수 있다.

■ 건강보험의 적자가 늘어날 것이다.

- 정권이 바뀔 때마다 계속해서 강화되는 의료보험으로 장기적으로 보면 건강보험공단은 무지막지한 적자와 부채가 불가피한 상황이다. 이 패해는 현재가 아닌 후대에게 고스란히 갈 것으로 예측된다.

○ 건강보험 보장성 강화대책 시행 결과

■ 보장성 확대를 통한 의료비 부담 경감

2017년 8월 시행 후 2년간 보장성 대책을 통해 약 2조2,000억 원의 의료비 경감 혜택을 받았다. 세부적으로는 노인·아동 등 의료취약계층의 본인 부담률 인하로 환자 본인이 부담하던 의료비 약 8,000억 원이 경감됐다.

 * 아동입원진료비 본인 부담 10~20% → 5%로 경감 등

그간 환자가 전액 본인이 부담하던 의학적 비급여 진료·검사 등에 대해 건강보험을 적용하여 약 1조4,000억 원의 비용이 경감되었다.

국민 **3,600만명**에 보장성 강화 혜택

2,100만명	선택진료	6,090억원
49만명	상급병실	739억원
217만명	초음파	1,451억원
57만명	MRI	1,243억원
102만명	아동입원	1,215억원
52만명	임플란트	1,276억원

의료비 부담 **2조 2천억원** 경감

출처: 보건복지부 보도자료 (2019년 7월2일)

그림 5.5 ▌건강보험 적용 수혜자 현황

■ 중증질환 환자의 부담은 더욱 경감

MRI·초음파 및 상급병실 급여화, 선택진료비 폐지 등 중증환자 치료에 필요한 비급여 진료·검사 등의 건강보험 적용 확대로 환자의료비 부담이 1/2~1/4 수준으로 경감되었다.

출처: 보건복지부 보도자료 (2019년 7월2일)

그림 5.6 ▌건강보험적용 후 MRI 환자 의료비 부담

● 의약품도 항암제·희귀질환 치료제 등 중증질환 치료제 중심으로 건강보험 보장성이 확대되었다.

* 항암제·희귀질환 치료제 등 421개 항목 건강보험 적용

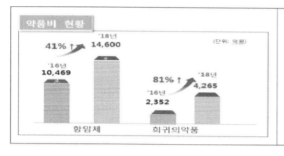

출처: 보건복지부 보도자료 (2019년 7월2일)

그림 5.7 ▌중증질환 치료제의 건강보험 재정 투입 현황

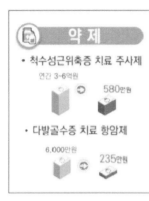

- **(사례 1)** 회귀질환(척수성근위축증) 치료 주사제 ('19.4월 건강보험 적용)
  - 1인당 연간 약 3억 원~6억 원 소요 → 약 580만 원 미만으로 경감(본인 부담 상한제 적용)
- **(사례 2)** 다발골수종(혈액암) 치료 항암제('19.4월 건강보험 적용)
  - 1인당 치료 주기(4주) 당 약 6,000만 원 소요 → 건강보험 적용으로 4주간 235만 원 수준으로 경감

출처: 보건복지부 보도자료 (2019년 7월2일)

그림 5.8 ▌건강보험 적용 후 중증질환 치료제 비용 부담

 WORKSHOP

- ▪ 문재인 케어 장점, 단점은?
- ▪ 문재인 케어의 비급여 → 급여 사례는? 그 영향은?

05 성분명 처방

　성분명 처방의 장점으로는 소비자의 의료접근성 강화, 소비자의 약에 대한 선택권 강화, 약국의 의약품 재고 감소, 건강보험 재정보험 부담 경감 등이 있다. 이론적으로는 성분명 처방전 제도로 인해 대체약품을 이용할 수 있기 때문에 소비자는 집 근처의 약국에서도 약을 조제 받아 복용할 수 있는 것이다. 약국은 적은 종류의 의약품을 구비하고도 약을 조제할 수 있어 의약품 재고를 줄일 수 있다. 또한 약국 조제 시 약사가 환자에게 제품명이나 가격 정보 등을 알려 소비자의 알권리가 충족될 가능성이 높아질 뿐만 아니라 정부의 건강보험 재정보험 부담도 줄어드는 효과도 있다. 고질적인 의약품 리베이트 병폐도 없거나, 확연하게 줄어들 것이다. 성분명 처방 제도는 제약사에게도 유리한 점도 있다. 약품 선택권이 의사에서 의사와 약사, 환자로 분산되기 때문에 일부 남아있던 리베이트 관행이 점진적으로 축소될 것으로 보이기 때문이다. 지금까지 의사와 환자의 관계는 수동적인 관계지만, 성분명 처방으로 인해 약사와 환자의 관계는 능동적인 면으로 바뀌면서 아마 약품에 대한 선택권, 약에 대한 정보와 가격을 알게 됨으로써 알권리와 약제의 선택권이 확보될 것이다. 하지만 의사협회는 다음과 같은 문제점을 제기하고 있다.

1) 약제 생동성 실험의 부실 문제

약제 생동성(생물학적 동등성) 실험을 하는 과정은 19~50세의 성인에게 오리지널약과 재네릭약을 1주간격으로 번갈아 투여한 후 혈액 검사를 하여, 약의 혈중농도가 최고일 때의 값(Cmax)과 총 혈중 약물농도, 즉 AUC(area under the concentration-time curve)를 비교해 보아, 제네릭 약물의 Cmax 와 AUC가 오리지널약물의 80~120% 범위에 들면 시험을 통과시키는 것이다. 제네릭 제품의 생동성 실험은 대부분 위탁업체에 위탁하여 시행하였는데, 위탁업체들은 제약회사에게 비용을 받고 시행해주므로 쉽게 해주는 구조를 갖출 수밖에 없고, 많은 약을 실험하기 위해서는 그 실험 과정에서 부실함이 따를 것은 짐작할 수 있는 현실이다.

2) 약품 교체 사용의 문제점

제네릭 제품의 생동성 실험이 잘 되었다고 가정해도 그 약효는 어느 정도의 차이가 있게 된다. 생동성 실험은 대조약의 80~120% 범위에 있으면 되기 때문이다. 예를 들어 같은 용량의 같은 성분의 약이라도 환자가 A제약회사 약을 먹다가(약효 80%) B제약회사 약으로 (약효 120%) 바꾸어 먹을 때 실제 그 효과는 1.5배로 증가되는 현상이 생기며, 그 반대의 경우는 약의 효과 0.67배로 감소되는 현상이 생긴다. 특히 와파린 또는 디곡신과 같이 치료농도 범위가 적은 약물은 환자에게 치명적인 일이 생길수도 있으며, 당뇨약도 그대로 처방했는데, 복용약이 바뀌면서 혈당이 올라가거나, 저혈당에 빠지는 일이 생기는 등 혼란이 야기될 것이다.

3) 환자들의 권리 문제

환자들은 가격이 약간 비싸더라도 선호하는 제약회사의 약을 원할 수가 있다. 그러나 성분명 처방제도가 시행되면 약국은 그 약국에 준비되어 있는 약으로 조제하게 되므로 환자들의 권리가 침해되는 결과가 생긴다. 시범사업에서는 약국에서 약사가 환자에게 여러 약을 이야기해주고 선택한 것으로 조제해 준다고 하지만, 성분명 처방제가 확대 실시될 경우 이는 불가능한 일이 될 것이며, 약국에 준비되어 있는 약으로 조제할 것은 자명한 일이다.

4) 의사들의 진료의 어려움

현재 의사들은 환자를 진찰한 후 환자의 체질과 병의 상태 또는 경제적 상황까지 고려하여 약을 선택하여 처방해주고 있다. 환자에게 오리지널약과 제네릭약 중 어떤 것을 선택하는 것도 환자의 상태와 약품의 특성 등을 고려한 후 의사의 결정이 필요한 것이다. 또한 현 제도에서는 의사가 처방 후 환자가 어떤 약을 복용했는지 알 수 있지만, 성분명 처방제가 시행되면, 환자가 어떤 제약의 어떤 약을 복용했는지 알 수가 없게 된다. 이에 따라 환자가 약을 복용한 후 증세나 소견의 호전이 없을 때 의사는 약효가 떨어지는 약이 조제되었기 때문인지 다른 이유 때문인지 등에 대해 고민을 하게 되며, 환자의 다음 처방에 대해 혼란스러워지게 되고, 결국 환자에게 피해가 돌아가게 될 것이다.

5) 약화사고의 책임 문제

의사는 환자를 진찰하고, 그 결과 의학적 판단에 의해 처방을 하며, 그 처방에 대해 책임을 진다. 그런데 성분명 처방제 이후 환자에게 약화사고가 발생할 때 그 책임이 누구에게 있는지 모호해진다. 결국 의사는 약을 처방하고도 어떤 약이 투약될지 걱정하게 되며, 약화사고에 대해 책임지기 힘든 상황까지 생기게 되며, 의사와 환자 모두가 피해를 볼 수 있다.

6) 건강보험의 약제비 절감 효과

보건복지부는 성분명 처방제도 시행의 가장 큰 장점으로 약제비 절감을 생각하는 것 같다. 그러나 과연 약제비 절감이 될지도 알 수 없는 일이다. 약사들도 환자나 주변 의사들의 인기를 얻기 위해 비싼 오리지널약 중심으로 준비하여 약을 조제해

줄 수도 있고, 의사들은 약사들이 아무런 약을 선택해서 조제해주는 것이 환자에게 안 좋을 수 있다고 생각하여, 제네릭 약이 아직 나오지 않은 최신의 비싼 오리지널약 중심으로 처방이 옮겨 갈 수 있으며 그렇게 된다면 약제비는 더욱 증가할 수도 있게 된다. 또 다른 측면으로 정부는 현재 보험약가가 싼 약으로 조제하는 약국에게 인센티브로 돈을 주고 있는데, 성분명 처방제 이후로도 이 제도를 끌고 가서 싼 약으로의 조제를 유도할 것이다. 그 결과 효과가 부족한 제네릭약이 환자에게 투여된다면 치료가 지연되거나 실패되는 결과도 발생할 수 있고, 이 때문에 의료비가 추가 지출될 수 있다는 것도 생각할 부분이다.

7) 국의 불편과 재고문제

성분명 처방제를 시행하려는 목적 중 다른 한 가지가 약국에서 같은 성분의 약을 여러 가지 준비해야하는 불편함과 약품의 재고가 증가하는 것을 해소해 주기 위함에 있다. 그러나 현재 의약분업이 정착되면서 약국들은 그 동네의 병의원에서 처방하는 약의 이름을 대부분 파악하고 있어서 약품 준비에 큰 어려움은 없는 상태이며, 현재 대부분의 환자들은 진료 받은 병의원과 가까운 약국을 이용하고 있으므로 환자의 불편도 없는 것이 현실이다. 또한 환자가 먼 곳에 있는 약국에 가서 조제하더라도 현재 규정상 의사에게 알린 후 대체조제가 가능하도록 되어 있다. 즉 약국은 가까운 병의원에서 주로 처방하는 약품과 널리 처방되는 약품만 준비해도 되는 것이며, 모든 약품을 준비하고 있어야 하는 것은 아니므로 상기 주장은 설득력이 별로 없다고 할 수 있다. 그리고 약국의 약품 재고를 줄이는 것은 제약회사에서 약을 포장할 때 작은 양의 포장단위를 생산하거나, 유통 방법을 개선시키는 등의 여러 방법을 연구, 시행하여 해결해야 할 일인 것이다.

! WORKSHOP

- 성분명 처방의 근본적인 목적은?

- 성분명 처방이 잘 실시되지 못하는 원인은?

06 복합제 사용

대부분의 고혈압 환자는 혈압 조절을 위해 한 가지 이상의 고혈압 약을 처방받는데, 고혈압 전체 치료환자의 60%가 두 종류 이상의 고혈압 약을 복용하고 있는 것으로 나타났다. 또 세 종류 이상의 고혈압 약을 복용하는 환자도 17.7%에 달한다. 연구 결과에 따르면, 고혈압약제의 경우 여러 개별 약제를 병용하는 것보다 복합제 복용 시 환자의 복약순응도가 36%나 개선됐다. 복약순응도 개선 땐 고혈압환자의 사망 위험도 29% 감소했다. 이 같은 상황을 감안해 의료진도 단일제제 여러 개를 처방하기보다 두 종류 이상의 성분을 한 제제에 담은 복합제 처방을 확대하고 있다. 고혈압 치료에 있어서 복합제의 장점은 높은 복약 순응도에 있다. 복합제는 여러 성분을 하나의 제형에 담고 있기 때문에 약물 개수를 줄여 환자 만족도가 높고, 가격 면에서도 단일제 여러 개를 복용하는 것보다 저렴하다. 복합제를 복용하는 것은 단일제를 여러 개 복용하는 것보다 순응도와 비용효과 측면 모두에서 환자 만족도가 높기 때문에 혈압의 조절률도 높아진다. 이런 흐름에 맞춰 최근 5년간 고혈압 복합제 개발이 활발히 이뤄지고 있다. 고혈압 치료제 시장 내 복합제의 점유율도 50%를 넘어섰다. 특히, 고혈압과 이상지질혈증을 동반한 고혈압 환자 수도 증가하면서 안지오텐신Ⅱ 수용체 차단제(ARB)+칼슘채널차단제(CCB)+스타틴(Statin) 조합의 약물 시장 규모가 성장하고 있다. 유비스트의 원외처방실적에 따르면 2019년 ARB+CCB+스타틴 계열의 약물 전체 실석은 137억 원으로, 2018년 31억 원 대비 342.6% 증가했다. 품목 수도 2018년 6개에서 2019년에는 10개로 늘었으며 올해 더욱 늘어날 전망이다.

표 5.9 ┃ 가산이 유지되는 개량신약의 원외처방 조제액

(단위: 백만 원, %)

회사명	제품명	2019	2018	증감
한미약품	아모잘탄 플러스	18,213	9,912	8.7%
LG화학	제미메트 서방정	63,530	54,948	15.6%
보령제약	듀카브	27,127	18,150	49.5%
종근당	듀비메트 서방정	1,401	1,018	37.6%

자료 : 유비스트

WORKSHOP

- 향후 복합제 처방이 증가할까? 감소할까? 그 이유는?
- 복합제 처방이 증가하면 약제비 절감효과가 발생할까? 그 이유는?

07 DUR 제도

의약품안전사용서비스(DUR, Drug Utilization Review)는 환자가 여러 의사에게 진료 받을 경우 의사와 약사는 환자가 복용하고 있는 약을 알지 못하고 처방·조제하여 환자가 약물 부작용에 노출될 가능성 있다. 의약품 처방·조제 시 병용금기 등 의약품 안전성 관련 정보를 실시간으로 제공하여 부적절한 약물사용을 사전에 점검할 수 있도록 의사 및 약사에게 의약품 안전 정보를 제공하는 것이다.

의약품을 처방하거나 조제 시 의사 및 약사에게 병용금기 등 의약품 안전성 관련 정보를 사전에 제공하여 약물이 적절하게 사용될 수 있도록 한다. 제품명 또는 성분명을 검색하여 원하는 제품을 선택한 뒤 검색하면 해당 DUR 정보를 확인할 수 있다.

의사는 처방단계에서 환자의 처방(의약품)정보를 건강보험심사평가원으로 전송한다. 건강보험심사평가원은 환자의 투약이력 및 DUR 기준과 비교해서 문제되는 의약품이 있으면 의사의 컴퓨터 화면에 1초 이내로 경고 메시지를 띄워준다. 의사는 처방을 변경하거나 임상적 필요에 의하여 꼭 처방할 경우 예외사유를 기재하여 처방을 완료하고 그 정보를 건강보험심사평가원에 전송한다. 약사도 동일한 과정을 거치게 되며, 경고 메시지가 있는 의약품에 대해 처방의사에게 변경여부를 물어 변경에 동의하는 경우 변경하여 조제할 수 있으며, 조제 완료한 내역은 건강보험심사평가원에 전송한다. 우리나라는 건강보험심사평가원 주관으로 2008년부터 본격적으로 시행하고 있다.

➤내가 먹는 약 알아보기

• 같이 복용하게 되는 모든 의약품을 입력하면, 의약품간의 금기나 사용(급여)중지, 중복여부를 확인할 수 있습니다.

• 조회약품은 100개까지 가능합니다. (단, 허가취소등 삭제되거나 미생산되는 약품은 검색에서 제외됩니다)

• 한 개 이상의 검색조건을 입력해 주세요.

출처: 건강보험심사평가원, 의료정보

그림 5.9 ▮ 내가 먹는 약 알아보기

우리나라의 DUR 제도 추진배경은 다음과 같다.

건강보험심사평가원은 2002년 12월 서울 및 경기지역의 '02년 9월 청구분 중 15일간의 약국 청구자료(약 780만건)를 대상으로 '전산화 약물사용평가 프로그램을 활용한 약제비심사 효율성 향상방안'에 대한 연구용역을 실시하였다. 연구결과 연구대상 건 중 미국의 의약품안전사용을 초과한 건수가 전체의 약 4.8%로 나타났다. 이에 정부는 의약품의 안전하고 적절한 사용에 문제가 있다고 판단하고 국내 의약품사용평가체계 및 기준 개발을 위하여 의약품 사용 평가위원회를 구성하여 건강보험심사평가원에 설치·운영하게 하였다. 그리고 2004년 1월 처음으로 병용금기 162항목(86성분, 1070품목) 및 연령금기 10항목(약 140품목)을 고시하였다. 다음해인 2005년에는 테르페나딘(항히스타민제)과 케토코나졸(항진균제)을 함께 복용한 환자가 호흡곤란 증세를 보이며 사망한 소송 사례가 발생함에 따라 부작용이 발생할 수 있는 안전성 문제 의약품 사용의 심각성이 크게 대두되었다. 병용·연령금기 고시 이후 매년 연평균 2만 건 정도의 금기 의약품 투약사례가 지속적으로 발생하자 국회 등이 금기약을 투여 받은 환자에게 그 내용을 통보하는 등 국민이 안심하고 약을 먹을 수 있는 대책 마련을 요구하였다. 그러나 진료가 끝난 후 심사 청구한 명세서내역을 통해 환자에게 금기의약품 투약 사실을 통보하는 것은 이미 약을 먹고 난 후에 금기약 복용을 알게 되는 문제점이 있었다. 이와 같이 심사 단계의 사후점검으로는 의약품 안전투약 관리의 실효성이 저하되고 부작용 등 사전예방이 미흡한 것으로 나타나 근본적인 대책을 마련하게 되었다.

DUR 제도가 약제비에 미치는 영향은 다음과 같다.

최근 우리나라는 노인인구가 증가함에 따라 고혈압, 당뇨 등 약제 의존성이 높은 만성질환이 증가하고, 신약 개발과 소득 수준이 높아짐에 따라 의약품을 부적절하게 사용할 개연성도 높아지고 있다. 국내 부적절한 의약품 사용의 규모는 각 연구마다 연구시점, 연구설계, 연구대상의 차이가 있어서 다르게 나타나고 있으나, 환자가 여러 병원을 방문함으로 인해 발생할 수 있는 약물상호작용이 22~32% 정도로 추정되고 있다. 또한 65세 이상 노인에서는 약물의 상호작용으로 인한 안전성이 우려되기 때문에 더욱 신중하게 투여하여야 한다. 그러나 실질적으로 전반적인 상황을 충분히 고려하여 처방되지 않은 경우도 발생하는 것으로 추정되기에 DUR 제도로 인해 부적절한 처방을 사전에 예방할 수 있다. 미국의 Medco사는 전향적 DUR 프로그램을 통해 부적절한 처방조제를 사전에 예방함으로써 2007년 7% 이상의 약제비를 절감할 수 있었다고 보고한 바 있는데, 직접적인 약품비 절감까지는 아니더라도 불필요한 중복처방을 사전에 방지할 것으로 예상된다. 더욱이 2단계 고양시의 DUR 시범사업의 효과를 평가한 연구(2010) 결과, 처방을 변경하도록 팝업창이 생성된 이후 의사나 약사가 처방내역을 변경하거나 취소하는 처방전은 22.7%로 나타나, DUR 제도가 부적절한 처방을 감소시키는 데 있어서 보다 효과적이며 이는 약제비의 절감으로 이어질 것으로 예상된다.

! WORKSHOP

- DUR 제도로 약제비 절감 효과를 가져오는 원인은?
- DUR 제도 실행으로 인한 환자가 얻을 수 있는 장점은?

CHAPTER 06

향후 약가정책

우리나라는 1989년에 전국민의 보편적 의료보장(Universal Health Coverage)을 통해 공공과 민간을 구분하지 않고 지역, 계층, 분야에 관계없이 대한민국 국민이면 누구나 저렴하고 양질의 의료보험을 받을 수 있도록 제도화 했다. 즉, 보편적 의료보장은 모든 국민들이 필요로 하는 양질의 의료서비스를 큰 재정적 부담 없이 이용할 수 있도록 보장하는 것으로 모든 국민이 필수적이고 안전하게 지불가능하고 효과적이며 질적으로 의료보장의 차별성이 없이 접근한다는 의미다.

OECD에 통계에 의하면 우리나라 국민들의 기대수명은 1960년대 52.4년에서 2013년에 81.8년으로 약 43년 만에 약 30년 가까이 증가했다. 비용 대비 효과적인 측면에서 GDP 대비 경상의료비 지출비율은 2013년 기준 6.9%로 OECD회원국 평균(8.9%)보다 낮아 비용 대비 효과적인 측면에서 앞서 나가고 있다.

이와 같은 의료개혁을 통해 우리나라가 보편적 의료보장을 통해 저렴하고 양질의 서비스를 제공하는 것은 제약산업의 자국화가 실현됐기 때문이라 생각된다.

다국적 제약사의 값비싼 오리지널 의약품을 대체하여 저렴하고도 양질의 제네릭 의약품과 백신, 그리고 대체 할 수 있는 국산신약을 통해 자국화가 성공했기 때문에 성공적인 의료개혁을 달성할 수 있었다고 판단된다. 한국을 제외한 대만, 싱가포르, 필리핀, 베트남 등 대부분의 국가에서는 제약산업의 자국화를 실현하지 못하여 주로 다국적 제약사의 오리지널 의약품을 사용하고 있고, 오리지널 의약품 비중이 많은 나라는 80%를 상회하는 국가도 있다.

제약산업은 자국화 실현되지 않으면 안정적 의료보장 쉽지 않다. 전 세계 대부분의 나라들은 의료개혁을 통해 자국 의료보장을 안정적이고 효과적으로 대응하려 노력하고 있지만 제약산업의 자국화가 실현되지 않은 국가에서는 많은 한계점에 봉착할 수밖에 없을 것이다.

2017년 문재인 정부 출범과 동시에 제약바이오산업을 신산업으로 육성하고 미래의 중요한 먹거리 산업으로 인식하고 있다. 또 최근에 문재인 케어를 통해 우리나라 보건의료에 있어 건보 보장성을 확대하는 내용을 골자로 하는 정책을 발표했다.

제약정책(Pharmaceutical Policy)의 목표는 다양성을 가지고 있다. 제약정책에 있어 의료비와 연계되는 약제비가 무분별하게 증가하는 것도 문제이지만 무조건 절감하는 것은 의료의 질을 떨어뜨릴 수 있는 문제가 있다. 특히 의약품 가격을 인하하는 것은 단기적으로는 의료비 절감 효과가 있을 수 있지만, 연구개발을 주도하는 제약기업의 의지를 후퇴시켜 결국에는 좋은 신약과 의약품이 제공되지 못함으로써 국민 건강증진에 도움을 주지 못하는 문제점을 발생시킬 수 있다.

이런 측면에서 제약정책의 최종 목표(Objectives)는 첫째 소비자에게 안전하고 유효한 양질(Good Quality)의 의약품을 제공하고, 둘째 의약품 비용과 의약품의 가격을 통제해서 건강보험 재정의 균형을 조율하며, 셋째는 경제 활용을 촉진하기 위한 산업을 육성하는데 있다.

의약품의 지출비용은 가격과 소비량으로 관계되는 방정식으로 설명될 수 있다. 의약품의 지출을 조율하기 위해서는 공급, 수요 측면의 규제와 인센티브를 적절하게 조율함으로써 의약품 지출을 조절할 수 있다. 의약품 가격은 인하보다는 소비량 조절이 더 중요하다. 여러 연구자들에 의하면 가격 인하보다는 소비량을 조절하는 것이 중요하다고 한다. 하지만 이를 해결하기 위해서는 가격은 정부와 기업 간 문제일 수 있지만 소비량과 관련해서는 의사, 약사, 환자 등 다양한 이해관계자(Stakeholder)가 관여하여 조율하고 협치(Governance)할 수 있는 메커니즘이 필요하다.

2017년 8월 9일 정부는 지금까지 국민이 체감하는 의료비 경감대책이 미흡했고 이를 개선하고자 보장성을 강화로 하는 내용을 발표했다. 그동안 비급여 항목이 많고, 국민이 직접 부담하는 의료비가 선진국에 비해 높은 수준으로 의료비의 재정적 부담의 안정 장치가 취약하고 긴급, 위기상황 대응을 위한 지원체계가 제한적이어서 이에 대한 국민적 요구의 증대에 따라 건강보험의 보장 수준을 획기적으로 높여 의료 사각시대를 해소하고 국민이 체감할 수 있는 보장성 강화를 골자로 발표했다. 문재인 케어는 미래 질병으로부터 부담을 완화하고 보장성을 강화한다는 측면에서 반가운 정책이다. 하지만 우리에게 의료의 보장성을 강화하는 만큼 재정부담이 매우 큰 문제이며 이를 해결하기 위한 보건의료정책이 장기적인 관점에서 결정되어야 한다.

우리나라는 65세 이상 노인인구 구성비가 OECD 국가 중 가장 가파르게 증가하는 나라다. 국민건강보험공단과 통계청에 의하면 우리나라 65세 이상 노인인구가 2010년에 10.9%에서 2018년 전체 인구의 14.3%를 차지하여 고령사회(Aged Society)에 진입했고 조만간 65세 인구 비율이 20% 이상이 되는 초고령사회(Post-aged Society)

로 진입될 것이다. 2026년에 노인 의료비가 차지하는 비율이 50%로 증가할 것으로 예측된다. 이로 인해 제약산업에 재정적 고통 분담 등 영향을 받지 않을 수 없다. 즉, 제약정책은 보건의료(Healthcare), 공중보건(Public health), 산업(Industry)과 정책 간에 이해가 다르기 때문에 상호 경쟁관계가 형성되어 있어 서로 완충할 수 있는 논의가 필요하다.

정부가 두 마리 토끼를 잡기 위한 산업육성과 보장성 강화를 모두 실현하기 위해서는 보장성 강화에 따른 제약산업에 단순한 고통 분담을 이끌기 보다는 글로벌 경쟁력을 확보할 수 있는 global standard 규제조화 노력과 함께 혁신적인 신약개발 역량을 확대할 수 있는 약가제도와 신약개발연구 활성화를 위한 R&D지원의 확대가 필요하다. 이를 위해 다양한 이해관계자를 중심으로 협치가 이룰 수 있는 협의체 구성 및 협의체 논의가 활발히 이루어져야 한다.

우리나라는 급속한 인구 고령화로 인하여 의약품 수요가 빠른 속도로 증가할 것이 확실하여 그로 인한 약품비 증가는 필연적이다. 이런 상황을 예측해서 건강보험재정을 늘리거나, 건강보험재정을 효율적으로 활용해야 한다. 즉, 효율적인 약가정책이 필요한 상황이다.

우리나라 처방의약품 중 신약, 개량신약 뿐만 아니라 처방의약품 대부분을 차지하는 제네릭 약가정책이 매우 중요한 시점이다. 예전에는 제네릭의약품은 공식에 의해 약가가 정해졌지만 개정된 제네릭 약가정책은 차등을 두는 약가 정책이다.

제네릭 약가정책이 동일성분 동일약제가 아닌 차등을 두는 이유와 대책에 대하여 살펴본다.

01 제네릭의약품 약가 차등제 적용

이유 동일성분의 제네릭의약품 수가 너무 많은 것이 그 이유 중 하나이다.

우리나라 제네릭 시장은 산업적 측면에서 볼 때 진입장벽이 낮아 기술기반이 없어도 허가를 받아 판매할 수 있다. 동일제제 동일약가 구조에서 늦게 진입하더라도 기존 제품 수준의 가격을 받을 수 있기 때문이다. 제네릭 판매는 단기적 수익을 발생시키기 때문에 기업은 약가인하 등 환경 변화에 품목 수 증가로 대응해왔다.

시장구조 측면에서 보면 동일제제 내 제품 수가 많아도 약가경쟁은 미흡해 환자와 지불자 편익으로 이어지지 않고, 계단식 약가제도 하에서 특허만료 오리지널 매출이 외국과 다르게 타격이 없거나 성장세를 보이기도 한다.

수요 측면에서 살펴보면 시장에서 낮은 약가에 대한 수요가 미흡하다. 행위별 수가제도 중심의 지불제도와 저가 제품 인센티브 구조 취약, 동일 제제 중 오리지널과 제네릭 간 약가차이가 미미해 의사와 환자 모두 제네릭 또는 낮은 약가 제품을 사용할 동기가 매우 낮다.

표 6.1 ▌동일 성분 내 등재 품목 수 현황

(단위: 수)

연도	구분	계	1품목	2~3	4~10	11~20	21~30	31~40	41~50	51~60	61 이상
2016.1.1	성분수	5,170	3,132	1,040	644	162	72	32	25	18	45
	%	100	60.6	20.1	12.5	3.1	1.4	0.6	0.5	0.3	0.9
	품목수	20,279	3,132	2,387	3,787	2,380	1,756	1,112	1,121	1,009	3,595
	%	100	15.4	11.8	18.7	11.7	8.7	5.5	5.5	5	17.7
2017.1.1	성분수	4,820	2,826	988	637	156	74	44	21	15	59
	%	100	58.6	20.5	13.2	3.2	1.5	0.9	0.4	0.3	1.2
	품목수	21,302	2,826	2,282	3,751	2,313	1,819	1,535	961	843	4,972
	%	100	13.3	10.7	17.6	10.9	8.5	7.2	4.5	4	23.3
2018.1.1	성분수	4,891	2,853	1,001	652	158	80	43	23	12	69
	%	100	58.3	20.5	13.3	3.2	1.6	0.9	0.5	0.2	1.4
	품목수	22,303	2,853	2,299	3,838	2,318	1,975	1,513	1,039	668	5,800
	%	100	12.8	10.3	17.2	10.4	8.9	6.8	4.7	3	26
2019.1.1	성분수	4,373	2,579	846	568	170	67	40	23	17	63
	%	100	59	19.3	13	3.9	1.5	0.9	0.5	0.4	1.4
	품목수	20,833	2,579	1,971	3,254	2,509	1,656	1,396	1,031	924	5,513
	%	100	12.4	9.5	15.6	12	7.9	6.7	4.9	4.4	26.5
2020.1.1	성분수	4,348	2,528	843	558	156	99	41	29	13	81
	%	100	58.1	19.4	12.8	3.6	2.3	0.9	0.7	0.3	1.9
	품목수	23,521	2,528	1,954	3,180	2,254	2,496	1,470	1,321	720	7,598
	%	100	10.7	8.3	135.	9.6	10.6	6.2	5.6	3.1	32.3

출처: 국민건강보험심사평가원, 2019년, 급여의약품 청구현황

현재 (2020년 1월 1일 기준) 총 4,348개 성분과 23,521개 품목이 급여목록에 등재돼 있다. 2016년에 비해 성분 수는 줄었으나 품목 수는 오히려 증가했다. 이 중 성분별 1개 품목만 등재돼 있는 오리지널 의약품은 2,528개로 전체 10.7% 이다. 반면 제네릭이 전체 등재 품목 수는 지속적으로 증가하고 있다.

특히 급여 등재 의약품 중 동일성분의 제품이 61개 이상은 2016년에 3,595개 17.7%에서 2020년에 7,598개로 전체의 32.3%를 큰 폭의 증가를 가져왔다. 즉, 많은 수의 동일성분 제네릭의약품의 등재로 인하여 다품목 경쟁 체제에서 시장점유율이 높은 제품이 나오기 어렵고 제네릭 기업 규모가 커질 기회도 줄어들고 있다.

02 제네릭의약품 사용 확대 방안

대책 제네릭의 품질강화, 가격인하와 함께 제네릭 사용을 확대해야 한다.

제네릭의 품질강화, 가격인하와 함께 제네릭 사용을 확대하고 유통질서 강화를 통한 효율성,투명성 제고와 함께 유통기업 경쟁력 강화로 가치 향상을 도모하고, 혁신역량강화를 통한 국내개발신약 공급 확대 및 기술혁신의 질을 제고해야 한다.

제네릭 품질강화, 가격인하, 사용확대를 위해서는 국산 제네릭의약품에 대한 의구심을 불식하고 국제적 산업경쟁력을 가지기 위해 선진국과 동일한 수준의 제도와 실행 수준이 필요하다.

제네릭 공급과 지출 개선의 목표인 시장 정상화와 지출 효율화, 공급구조와 산업강화를 기반으로 하고 제도 개선이 필요하다.

제도 개선은 크게 **01** 품질 기준과 규제 수준을 높여 시장 진입장벽을 현재보다 높이고 **02** 저가 제품 선호 수요기전을 마련해 약가경쟁을 유도하며 **03** 등재가 인하보다 거래가를 낮추는 유인 구조 형성 **04** 거래가를 낮추어 제품 판매량이 늘 수 있는 제도 기전 마련 **05** 가격경쟁이 발생하지 않을 경우 제도적 약가인하로 지출 효율화 추구 등이 있다.

이를 위해서 다음과 같은 개선이 필요하다.

- 제도적 약가조정 기전 개선
- 지불보상체계 개편
- 처방 목표와 인센티브 제공
- 환자 본인부담제도 활용
- 보험자 구매력 활용

⚠ WORKSHOP

- 의료기관별로 제네릭 처방비율이 다른 이유는?

- 향후 제네릭의약품 처방이 늘어날까? 줄어들까?

⚠ WORKSHOP

- 우리나라의 제네릭 의약품 사용 비율은 55%다. 늘리기 위한 방안은?

- 제네릭의약품 약품비 비중이 46%로 OECD 평균보다 높은 이유는?

ISSUE ⑭

'제네릭의약품 약품비' 46%로 OECD 국가 평균보다 높은 이유는?

국내 제네릭의약품 공급 및 사용 현황을 보면 국내 제네릭 사용률과 청구액 비중은 OECD 국가 평균
(25%)보다 높다. 국내 제네릭 사용량은 전체 의약품 사용량의 55%를 차지했고 약품비는 46%를 차지
한다. 의약품 시장이 가장 미국의 경우 전체 의약품 중 제네릭 사용량이 약 81%지만 약품비 비율은
약 15% 이다. OECD 국가 평균과 비교해도 비슷한 결과이다. OECD 국가 평균 전체 약품비 중 제네
릭 비중은 25%로 사용량(52%)은 유사한 수준이었지만 약품비 지출에서는 큰 차이가 있다. 이는 외국
과 우리나라는 제네릭 가격 정책이 다르기 때문이다. 우리나라는 OECD 국가 대부분이 운영하는 약가
차등제도가 아닌 현재 특허만료 후 오리지널의약품과 제네릭 가격이 동일하게 적용되는 동일성분 동일
약가정책이다. 제네릭을 사용해서 지출효율화를 이루어야 하나 경제적측면(가격면)에서 오리지널 의약
품과 제네릭의약품의 가격차이가 없고, 성분명처방이 아닌 상품명 처방도 이유 중 하나이다. 또한 의료
기관별로 보면 상급종합병원은 오리지널의약품 비중이, 의원이나 보건소는 제네릭의약품 비중이 높게
나타났다.

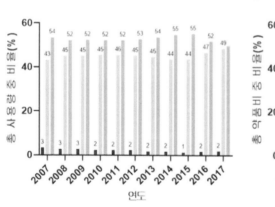 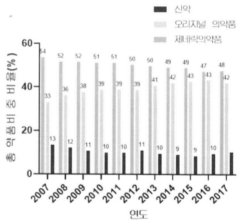

출처: 식품의약품안전처(한은아 교수 발표자료)

그림 6.1 ▌의약품 유형별 사용량 및 약품비 비중

03 2020년 7월 1일부터 시행되는 제네릭 약가제도 개편안

1) 제네릭 약가산정기준 개편 내용과 의미

2020년 7월 1일자로 시행된 「약제의 결정 및 조정 기준」은 제네릭의약품 약가 산정 기준을 개편하고, 기등재된 제품이 다회용 또는 1회용만 있는 점안제의 신청제 품이 1회용 또는 다회용인 경우의 산정기준 신설 및 가산제도를 개편하는 등 차등 산정으로의 제도개편을 주요 개정이유로 하고 있다.

2018년 고혈압 의약품 중 발사르탄 원료 의약품에서 발암물질이 검출되어 사회적 으로 큰 파장을 일으키는 사태가 발생하였고, 당시 공동 생물학적 동등성 시험제도 와 높은 제네릭 약가 수준으로 인한 제네릭의 난립, 원료 품질관리 미비가 주요 원인 으로 지적되자, 제네릭 의약품에 대한 제약사의 책임성을 강화하여 제네릭 의약품의 품질강화 등을 확보하기 위한 일환으로 제네릭 의약품 개발을 위한 노력에 따라 상 한금액에 차등을 두는 '제네릭 의약품 차등 보상제도'를 도입하는 것을 주요 골자로 하여 위 약제조정기준이 개정되었다.

개정된 약제조정기준은 01 '자체 생물학적 동등성 시험 실시' 및 02 '등록된 원 료의약품 사용'이라는 기준 요건 충족 여부에 따라 제네릭 의약품 가격을 산정하도 록 하는 것을 주요 내용으로 한다. 즉, 2020년7월1일부터 시행되는 제네릭 개편안 은 기본적으로 일괄적으로 적용하던 53.55%의 약가를 자체 생동성 시험 여부 등 세부기준 충족 여부에 따라 차등을 두는 계단식 약가제도를 골자로 하고 있다. 아울 러 제약업계의 의견을 반영해 개량신약 또는 개량신약을 구성하는 개별 단일제 또 는 복합제와 투여경로·성분·제형이 동일한 제품이 등재될 때까지 가산을 유지하기 로 했다.

TIP! 기준 요건

(1) 자체 생물학적동등성시험자료 또는 임상시험 입증 자료 제출: 품목 허가권자(제약사)가 시험의 뢰자가 되어 수행한 식품의약품안전처 고시 「의약품동등성시험기준」 제18조에 따른 생물학적 동등성 시험결과 보고서 또는 「의약품 등의 안전에 관한 규칙」에 따른 임상시험 결과보고서 등의 자료를 제출한 경우

(2) 등록된 원료의약품 사용 입증 서류 제출: 완제의약품 제조 시, 식품의약품안전처 고시 「원료의 약품 등록에 관한 규정」에 따라 식품의약품안전처에 등록된 원료의약품을 주 약리작용을 나타 내는 성분으로 사용함을 입증하는 서류를 제출한 경우(복합제의 경우, 신청제품을 구성하는 모 든 주 약리작용을 나타내는 성분이 식품의약품안전처에 등록된 원료의약품인 경우에만 기준을 충족하는 것으로 본다). 다만, 식품의약품안전처 고시 「의약품의 품목허가·신고·심사 규정」 또 는 「의약품동등성시험기준」또는 「원료의약품 등록에 관한 규정」에 따라 기준 요건 중 하나 혹 은 전부가 제외되는 의약품인 경우 제외되는 요건은 기준 요건을 충족한 것으로 본다. 위임형 후발의약품도 기준요건을 모두 충족한 것으로 본다. 즉, 자체 생물학적 동등성 시험 자료 또는 임상시험 입증 자료 등을 제출하면서 등록된 원료의약품 사용 입증 서류를 제출한 경우에만 기존과 같이 상한금액을 53.55%로 하고, 위 기준 요건 중 1개만 충족한 의약품의 경우에는 53.55%의 85%인 45.52%로, 모두 충족하지 못한 의약품에 대해서는 45.52%의 85%에 해 당하는 38.69%로 상한금액을 조정하되, 건강보험 등재 순서에 따라 21번째부터는 위 요건 충족여부와 무관하게 기 등재된 동일제제 상한금액 중 최저가의 85%로 조정하도록 약제조정 기준을 개정한다. 단, 기업분할 및 인수 등에 의한 양도양수 품목은 기존 약가를 유지할 수 있다.

개정된 약제조정기준은 제네릭 의약품 내에서 등재 순서 20번째까지 국민건강보험 청구액 청 구액 비중이 거의 90%에 이른다는 점을 고려하여 제네릭 의약품이 건강보험에 불필요하게 등 재되는 것을 방지하기 위하여 건강보험 등재 순서 21번째부터는 자체 생물학적 동등성 시험 실시 및 등록된 원료의약품 사용이라는 기준 요건 충족 여부와 상관없이 최저가의 85% 수준으 로 상한금액을 산정하도록 하고 있다. 개정된 약제조정기준은 차등 가격 체계 운영을 통해 제약 사에서 신약 개발 동력을 지속적으로 확보할 수 있게 하면서도, 자체 생물학적 동등성 시험 실시 및 등록된 원료의약품 사용 여부 등을 고려하여, 그 요건에 부합하지 못하는 제네릭 의약 품에 대해서는 상한금액을 53.55% 보다 낮게 책정하겠다는 정책적 의지이다.

표 6.2 | 제네릭 약가산정 기준 개편 주요내용(2020.2.28. 개정 2020.7.1. 시행)
※ 요건 ① 자체 생동시험 또는 자체 임상시험, ② 등록된 원료의약품 사용

구분			약가 비율	
			오리지널 특허만료 전 약가 대비	개정 전 약가(53.55%) 대비
차등제	1~19번째 제네릭	요건 2개 만족	53.55%	100%
		요건 1개 만족	45.52%	85%
		요건 0개 만족	38.69%	72.25%
계단식	20번째 이후 제네릭	요건 상관없이	32.89%(=38.69%의 85%) 또는 최저가의 85% 중 낮은 가격	61.41% 또는 최저가의 85% 중 낮은 가격

2) 복지부의 '약제의 결정 및 조정기준 개정'과 관련한 질의답변

❖ 신규 등재 의약품

Q 기준 요건 충족을 위해 생물학적 동등성 시험 또는 임상시험자료를 제출해야 하는 대상은 무엇인가?

A 기준 요건은 - 자체 생물학적동등성시험자료 또는 임상시험 입증 자료 제출 - 등록된 원료의약품 사용 입증 서류 제출이다. 식품의약품안전처 규정 상 의약품동등성을 입증해야 하고 생물학적동등성시험 또는 임상시험을 수행하여 허가받도록 명시된 대상 의약품은 기준 요건 충족을 입증하는 자료를 제출해야 한다.

Q 생물학적동등성시험을 실시해야 하는 대상이나 생동성시험 자료가 아닌 타 자료 제출이 필요한 품목은 무엇인가?

A 생물학적동등성시험을 실시해야 하는 대상이나 식약처 허가 및 동등성 시험 규정 등에 따라 생동성시험 자료 제출이 다른 자료 제출로서 갈음되거나 면제되는 제품의 경우에는 이에 해당함을 입증하는 자료(식약처 인정 공문 등)를 제출하면 기준 요건을 충족한 것으로 인정한다. 예를 들어 생물학적동등성을 인정받은 품목과 제형 및 주성분의 종류는 동일하나 주성분의 함량이 다른 경구용 고형제제 중 동일 제조업자의 품목은 비교용출시험자료 제출로 생동성 시험 자료 제출을 갈음하는 경우이다. 따라서 생물학적동등성시험 갈음·면제 품목에 해당되는 경우 생동성시험 관련 자료 대신 해당 사항을 입증하는 증빙 자료를 제출하면 된다.

Q 생물학적동등성시험 관련 기준요건을 충족하기 위한 세부 기준은 무엇인가?

A 자체 생물학적동등성시험 또는 자체 임상시험을 수행하는 경우 생동성시험 관련 기준 요건을 충족한 것으로 보며, 자체적으로 수행했다는 것의 판단을 위해 품목허가권자(제약사)가 직접 주관(시험의뢰자)이 되어 실시한 생동성시험자료 또는 임상시험 수행 입증 자료를 제출해야 한다.

Q 자체 생물학적동등성시험 또는 자체 임상시험 수행 관련 계열사 인정 여부는?

A 현행 '약제 상한금액의 산정, 조정 및 가산 기준' 적용 방식과 동일하게, 계열사는 동일 회사로 인정하지 않는다. (모회사·자회사의 경우도 동일)

Q DMF 등록이 제외되는 품목은 무엇이며 기준 요건에 어떻게 적용되는가?

A 식약처 고시 '원료의약품 등록에 관한 규정'에서 등록대상 원료의약품에서 제외하고 있는 제제들의 경우(희귀의약품, 유전자재조합의약품 등)는 기준 요건을 충족하는 것으로 인정한다.

Q 등록된 원료의약품 사용을 판단하는 세부 기준은 무엇인가?

A 식품의약품안전처 홈페이지에 공고된 '등록대상원료의약품(DMF) 총 등록공고 현황'에 공고된 원료의약품 사용을 입증하는 자료 제출 시 기준 요건을 충족한 것으로 인정한다. 이때, 원료를 등록한 업체와는 관계없이 식약처 원료의약품(DMF) 등록공고에 등록된 원료를 사용하는 것이 입증된 경우 기준 요건 충족으로 판단한다. 복수의 제조소의 원료를 사용한 경우, 해당 제품의 사용 원료 모두가 원료의약품(DMF) 등록공고에 등록되어 있어야 한다. 복합제의 경우, 제품을 구성하는 모든 주 약리작용을 나타내는 성분이 식약처에 등록된 원료의약품을 사용하여 제조하였음을 입증해야 한다. 기준 요건 충족 여부 판단은 품목 허가증의 제조방법란에 기재된 주성분 제조원의 명칭, 주소, DMF 등록번호 등과 식약처 원료의약품(DMF) 등록공고의 등록번호의 일치 여부 등을 확인한다.

Q 약가 차등 관련 기준 요건을 충족하기 위해 제출해야 하는 자료의 범위는 무엇인가?

A (기준 요건1) 식약처 생물학적동등성시험 입증 공문, 생물학적동등성시험 또는 임상시험 결과보고서 사본, 품목 허가증 사본 등 자체 생동성 시험 혹은 임상 시험 실시를 입증할 수 있는 서류를 제출하면 된다.
(기준 요건2) 식약처 DMF 공고 목록, 식약처 품목 허가증 사본 등을 제출하면 된다.

Q 최초등재제품과 코마케팅(Co-marketing)하는 제품(위임형 후발의약품)의 개편안 적용은 어떻게 되는가?

A 해당 제품이 위임형 후발의약품 정의에 적합하면서 이를 입증하는 자료를 제출하는 경우 기준 요건을 모두 충족한 것으로 판단한다. 위임형 후발의약품은 품목 허가 시의 요건 등이 아닌 약제급여목록표에 최초로 등재된 제품(최초등재제품)의 코마케팅 제품에 대해서만 적용된다.

❖ 차등 약가

Q 최저가의 85% 수준으로 약가를 산정하는 '20개 제품'의 기준은?

A 20개 제품의 기준은 '동일제제'별 제품 수 20개(최초등재제품 포함)를 의미한다. 이 때 제형은 주성분 코드가 달라도 동일제형군에 속하는 경우 동일제제로 보며 함량이 다른 경우 동일제제로 포함되지 않는다. 다만, 약제급여목록표에 최소단위로 상한금액이 표기된 제품 또는 1회용 점안제의 경우에는 단위당 함량을 기준으로 상한금액을 산정하므로 주성분 코드 기준이 아닌 품목허가 제품 수(식약처 품목 기준 코드)를 기준으로 20개를 적용한다.

Q 동일제제가 20개 제품 이상 등재된 상황에서 기준 요건을 모두 충족한 제품의 약가 산정 방법은?

A 기준 요건 2가지를 모두 충족한 제품이더라도 기등재된 동일제제 제품이 20개 이상이면 21번째 신청 제품부터는 동일제제 최저가와 38.69% 중 낮은 가격의 85%로 등재된다.

Q 급여목록표에 신청제품과 동일제제의 자사제품이 있는 경우 어떻게 적용되는가?

A 약가제도 개편 전에는 동일제제 중 자사제품이 급여목록표에 등재되어 있는 경우 기 등재된 자사제품과 동일가를 부여토록 하였으나, 약가제도 개편 후에는 원칙적으로 기준 요건과 등재 품목 수를 반영한 차등·계단식 약가를 적용하도록 하고 있다. 그러나 예외적으로 1개 제품만 등재되어 있는 경우에는 자사동일가를 인정, 기 등재된 자사 제품과 동일가로 산정한다.

❖ 세부 사례별 적용 방안

Q 다수의 제네릭 품목이 동일한 달에 동시 등재 신청하여 품목 수 20개가 넘어가는 경우 어떻게 적용하는가?

A 동일제제별 등재 품목 수가 19개인 제품군에 20번째 제품이 결정신청한 경우, 동일한 달에 등재 신청한 동일제제 제네릭 제품은 실질적으로 20번째로 등재 신청한 것으로 인정하여 기준 요건 충족 여부에 따라 약가 산정한다. 익월 등재 제품부터는 전월 등재된 제품군을 포함한 기등재 동일제제 중 최저가와 38.69% 중 낮은 가격의 85% 가격으로 계단식 약가가 적용된다.

Q 계단식 약가 적용 시작 후 등재 품목 수에 변경이 생기는 경우 어떻게 적용하는가?

A 동일제제별 등재 품목 수가 21개 이상으로 38.69% 또는 최저가의 85% 중 낮은 금액으로 등재된 제품의 산정 이력이 존재하는 경우, 후발 등재 제품의 약가는 등재 품목 수 변동에 관계없이 계단식 약가(38.69% 또는 동일제제 최저가의 85% 중 낮은 금액)를 적용한다.

Q 이미 등재된 제품의 기준 요건 충족 여부 변경 시 어떻게 적용하는가?

A 약제급여목록표 등재 후 추가적으로 기준 요건을 충족하여 해당 사실을 입증하는 자료를 제출하더라도 변경된 기준 요건 충족 여부를 반영한 약가 반영(인상)은 없다. 그러나 제조소 변경으로 인한 생동성시험 수행 주관사 변동이나 DMF 등록 취하 등 기준 요건과 관련한 허가 정보 변경 시 변경된 사항을 건강보험심사평가원에 고지해야 한다.

Q 특허권 침해 문제로 판매할 수 없어 가등재된 의약품의 개편안 적용은 어떻게 되는가?

A 가등재 제품의 경우 관련 규정에 따라 아직 등재되지 않은 것으로 간주하므로, 특허권 침해 문제 소멸로 실제 등재되는 시점에서 다른 신규 등재 신청 제품과 동일하게 적용한다. 실제 등재 시점에서 동일제제 내 등재 품목 수에 따라 기준 요건에 따른 차등 약가 또는 계단식 약가를 적용한다.

Q 우선판매품목허가제도를 통해 허가받은 제품도 다른 제품과 동일하게 개편안이 적용되는가?

A 기준 요건 등의 충족 여부는 다른 제품들과 동일한 개편안이 적용되며, 등재 시기는 개편안 이전과 동일하게 적용된다.

Q 개편안을 적용한 약가 산정 시 '양수 전 약가'와 '산정된 약가' 중 어떻게 적용되는가?

A '약제 상한금액의 산정, 조정 및 가산 기준' 제5호마목과 바목에 따른 약가 적용은 제도 개편 전과 동일한 기준으로 적용된다. 따라서, 제5호마목의 경우는 종전가와 동일하게, 제5호바목의 경우에는 삭제된 제품의 최종 상한금액과 산정된 약가 중 낮은 금액으로 산정된다.

Q 품목별 양도양수 시 생동성시험 관련 기준 요건의 지위 승계 및 등재 품목 수에 따른 약가는 어떻게 되는가?

A 품목 양도양수의 경우에는 양도 제품의 기준 요건 충족 지위를 양수 제품이 모두 승계하게 된다. 다만, 양도 제품이 자체 생동성 시험과 DMF 기준 요건을 모두 만족한 제품인 경우, 양수 제품이 이와 동일한 제조소에서 생산한 제품을 판매할 경우에만 기준 요건을 모두 승계 받은 것으로 간주하며, 제조소가 다를 경우 기준 요건에 따른 입증 자료를 따로 제출해야 한다. 약가 산정은 개편안에 따라 동일제제 등재 품목 수에 따른 약가 적용을 받게 된다. 만약 동일제제 등재 품목 수가 20개 이상인 시점에 양도양수가 이루어지는 경우 양수한 제품의 약가는 계단식 약가 산정 방식에 따라 산정된다.

Q 품목별 양도양수 시 최초등재제품이 양도양수되는 경우 어떻게 적용되나?

A 품목별 양도양수 시 최초등재제품 여부에 관계없이 개편안에 따라 동일제제 등재 품목 수에 따른 약가 적용을 받게 된다. 만약 동일제제 등재 품목 수가 20개 이상인 시점에 양도양수가 이루어지는 경우 양수한 제품의 약가는 계단식 약가 산정 방식에 따라 산정된다.

Q (위임형 후발의약품 적용 방안) 임상시험자료를 허여받아 허가받은 품목은 개편안에 어떻게 적용되는가?

A 최초등재제품과 코마케팅하는 제품(위임형 후발의약품)은 이를 입증하는 자

료를 제출하는 경우 기준 요건을 충족하는 것으로 간주한다. 다만, 최초등재 제품이 아닌 제품의 임상시험자료를 허여 받아 허가받은 제품의 경우 동 기준에 해당되지 않으므로 기준 요건 충족을 입증하는 추가 자료를 제출해야 한다.

Q 공동임상으로 개발비를 분담하여 허가받은 제품의 경우 기준 요건에 어떻게 적용되는가?

A 공동임상 개발 제품의 경우라도 기준 요건 충족을 위해서는 자체 생물학적동 등성시험 또는 자체 임상시험을 수행하고 이를 입증하는 자료를 제출해야 한다. 따라서 임상시험을 통해 허가받은 제품의 경우에도 품목 허가권자(제약사)가 주관하여 수행한 임상시험인 경우에만 인정한다. 다만, 공동임상으로 허가받은 제품이 급여목록표상의 최초등재제품일 경우에는 기준요건 적용을 받지 않는다.

Q 동일회사가 제조판매허가(신고) 제품을 수입허가(신고)로 전환하거나 그 반대의 경우 어떻게 적용되는가?

A 동일회사에서 제조판매허가(신고) 제품을 수입허가(신고)로 전환하거나 수입허가(신고) 제품을 제조판매허가(신고) 제품으로 전환하는 경우, 개편 전과 동일하게 삭제된 제품의 최종 상한금액과 동일가로 산정한다. 다만, 기존 제품의 삭제와 새로운 제품의 등재가 동시에 이루어져 제품이 전환되는 경우에 한하며, 제조판매허가(신고) 또는 수입허가(신고) 제품을 추가하는 경우 삭제 및 전환의 경우에 해당되지 않으므로 적용 대상이 아니다. 또한, 제조판매허가(신고) 품목을 위탁제조판매허가(신고) 품목으로 전환 시에도 동일 조항에 따른 기준을 적용한다.

❖ 가산 기준 관련

Q 개편안 적용으로 변경되는 가산 제도 관련 주요 내용은 무엇인가?

A 개편안 시행 이후에는 기준 요건을 모두 충족하는 제품에만 가산 제도가 적용된다. 또한, 합성·생물의약품의 기본 가산기간은 모두 1년으로 하고, 투여경

로·성분·제형이 동일한 제품의 회사 수가 3개사 이하인 경우 가산 유지 기간을 모두 최대 추가 2년(총 3년)까지로 통일했다. 이후 가산기간 연장을 원하는 경우, 제약사는 매년 약제급여평가위원회의 심의를 거쳐 최대 2년 한도 내에서 가산비율 조정 및 가산기간 연장을 할 수 있다. 단, 개량신약복합제를 포함한 개량신약의 경우 원칙적으로 1년+2년(+2년)의 가산제도 개편안을 동일하게 적용하나 여기에 추가로 개량신약 또는 개량신약을 구성하는 모든 개별 단일제 또는 복합제와 투여경로·성분·제형이 동일한 제품이 등재될 때까지 가산을 유지한다.

Q 개량신약의 가산이 유지 및 종료되는 기준은 무엇인가?

A 최대 5년간의 가산제도 적용 후에도 개량신약(또는 개량신약복합제) 해당 품목 또는 품목을 구성하는 개별 단일제나 복합제의 후발의약품이 등재될 때까지 가산을 유지한다. 동일 투여경로·성분·제형의 제품이 등재되는 것을 의미하므로 함량이 다른 제품의 후발의약품이 등재되는 경우에도 가산이 종료된다.

Q 약제급여평가위원회에서 심의하는 가산 연장 기준은 어떻게 되는가?

A 가산기간 3년 경과 후, 약제급여평가위원회에서 심의하는 가산 연장 기준은 대체약제, 진료상 필수여부, 제외국 등재 현황 및 청구현황 등을 고려할 예정이다.

Q 2020년 7월 1일 시행되는 개편안은 언제부터 적용되는가?

A 새로운 개편안의 적용은 '고시 시행 당시 종전의 규정에 따라 결정·조정을 신청한 약제 중 심사평가원장의 평가 또는 재평가 절차가 완료되지 아니한 약제부터 적용'된다. 따라서 2020년 5월 결정신청 제품들까지는 이전 규정이 적용되며 2020년 6월 결정신청 제품부터는 개정된 고시 기준이 적용될 예정이다. 다만, 5월 이전에 결정신청된 제품이더라도 재평가 신청 또는 자료보완 등의 사유로 인하여 평가 기간이 지연된 경우에는 개정된 고시 기준이 적용될 수도 있다.

❖ 기등재 의약품 재평가

Q 기존에 등재된 의약품은 모두 개편안 적용 대상인가?

A (산정기준 개정 관련 재평가) 기 등재된 의약품 중 투여경로·성분·함량·제형이 동일한 제제(동일제제) 내 최초등재제품 및 희귀의약품, 퇴방의약품, 저가의약품을 제외한 모든 품목이 재평가 적용 대상으로 2020년 8월 1일까지 급여목록에 등재된 제품이 재평가 대상이다. 최초등재제품이 목록에서 삭제되어 존재하지 않는 경우에는 식약처에서 대조약으로 지정된 제품은 재평가에서 제외되나, 대조약이 복수일 경우에는 대조약 상호간에 생동성 시험 등을 수행해야 한다.

(가산기준 개정 관련 재평가) 기 등재된 의약품 중 투여경로·성분·제형이 동일한 제품의 회사 수가 3개 이하인 경우로 2021년 1월1일 기준, 최초 가산 적용 시점으로부터 3년을 초과한 품목은 모두 재평가 대상이다.

Q 기존에 등재된 의약품 중 제네릭은 모두 개편안 적용 대상인가?

A 재평가 적용 대상 중 저가의약품, 희귀의약품, 퇴장방지의약품 등은 개편안 적용 대상에서 제외되며, 기타 사항은 과거 2012년 일괄인하 등의 사례를 참고해 개별로 검토될 예정이다.

Q 기존에 등재된 의약품 재평가 시 20개 개수 제한이 적용되는가?

A 기존에 등재된 의약품의 경우 동일제제별 품목 수 제한은 적용하지 않고 기준요건 충족 수준에 따른 가격 차등 방안만 적용한다.

Q 산정기준 및 가산기준 변경에 따른 재평가 관련 추진 일정은 어떻게 되는가?

A (산정기준 변경 관련 재평가) 제네릭 약가제도 개편안 시행('20.7.1.) 이후 3년간의 유예기간을 거쳐 기 등재 의약품에 대한 재평가가 이루어질 예정이다.

(가산기준 변경 관련 재평가) 가산기준 관련 개정 규정 시행('21.1.1.) 이후 별도의 유예기간 없이 기 등재 의약품 중 가산기간 3년 경과 약제에 대한 재평가가 이루어질 예정이다.

Q 2012년 재평가 시 상대적 저가 적용되어 등재된 품목의 기준 가격은 무엇인가?

A 2012년 일괄인하 시 최종 평가 금액이 상대적 저가 기준선으로 조정된 제품군들의 경우, 이 금액을 53.55% 가격으로 간주하고 이에 따른 약가 차등제를 적용할 예정이다.

우리나라 약가제도 변천과정 요약

우리나라가 의약품 지출 비용에 위기감을 인식한 전환점은 단연 전국민 건강보험이다. 의약분업으로 환자 약제 접근의 문턱을 이중으로 만들어 놓았지만, 보장성이 담보된 의료 이용은 약품비 지출의 절대 상승을 유도했다.

이를 대비해 정부는 의약분업 직전 '실거래가 상환제도'를 도입해 약가 차액을 없애 기반을 마련했지만 늘어나는 약품비 비중을 억제할 수 없었고 계단형 약가제도 도입과 폐지, 선별등재제도, 약가 일괄인하 도입으로 수차례 억제책을 써왔다.

최근 들어 정부는 약제 접근성과 약품비 절감, 질 관리를 유기적으로 연동할 수 있는 종합 대책을 내놨다.

실거래가 상환제 도입 이후 약 20년 동안 다양한 약가제도를 신설했다.

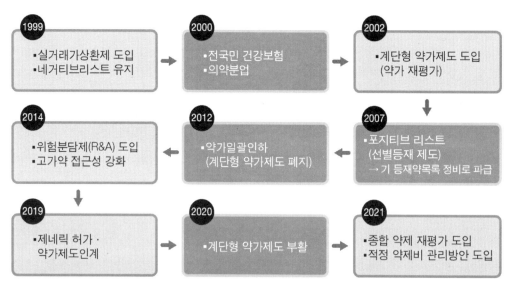

❘ 20년간 약가제도 변천과정

■ 전국민 건강보험제도(1989)

실거래가 상환제도 도입(1999년)과 그리고 의약분업(2000)= 전국민 단일 건강보험이 실시되고 의약분업이 도입될 당시만 해도 정부의 약가제도는 네거티브 리스트 제도(Positive List System)로 운영했다.

신약 개발이 미진했던 이 시대에는 세계적으로도 근거중심 급여제도가 기술적으로 미약했던 때였다. 정부는 2000년 7월 의약분업을 앞두고 1999년 종전에 채택해온 고시가제도를 완전히 바꿔 약가 차액을 배제하는 실거래가 상환제도를 전격 도입했다. 이때 함께 도입된 기전이 바로 저가약 대체조제 인센티브제도다. 오리지널 의약품 처방량을 줄여 약품비를 절감하기 위한 목적으로 도입된 이 제도는 현재 약사사회에서 '동일성분조제제도'로 개칭된 제도로, 약사가 처방전에 기재된 제품보다 저가약으로 대체조제할 경우 약가 차액의 일정부분을 사용장려 비용으로 지급받을 수 있는 제도지만 현재까지 실효성은 없었다.

실거래가 상환제는 요양기관의 약가 이윤을 없애되, 행위에 따른 적정한 금액을 의약사 등 보건의료인의 수가로 보전하는 것이 골자다. 정부는 사후관리를 통해 실제 구입 가격을 조사하고 주기적으로 상한가를 조정한다. 그러나 이 제도는 요양기관의 저가구매 동기를 떨어뜨리고 할증이나 음성적 거래를 양산한다는 비판에 부딪히게 된다.

■ 약가재평가제도(2002년)

늘어나는 약품비 비중과 건강보험 재정 파탄 등 문제에 맞닥뜨린 정부는 2002년 약가재평가제도 도입을 선언했다.

약가재평가제는 선진국 중 A7로 규정된 국가들의 표시약가와 비교(A7 조정평균가)해 약가를 인하하는 제도로서, 약가산정방식에 차등을 두어 일명 '계단형 약가제도'로 불린다. 동일 성분 의약품이지만 건강보험 등재 순서에 따라 가격을 차등 결정하는 계단식 약가방식 중 하나다. 이 제도는 3년을 주기로 재평가, 약가 재산정 등의 과정을 거친다. 당시 지적된 문제는 약가가 높은 선진국 일부만을 규정해 비교하기 때문에 가격 비교가 불안정한데다가, 환율 문제 등으로 세계적인 약가 평가와 우리나라 사이에 괴리가 발생한다는 점이었다. 특히 외국 급여약제목록에 등재된 표시약가만으로 가격을 참조해 먼저 등재된 국가의 가격이 높을 경우 그 영향을 고스란히 받을 수밖에 없다. 결국 정부는 또 다른 특단의 대책을 강구할 수밖에 없게 된다.

■ 모든 약가제도를 포괄하는 선별등재제도(positive list system) 전격 도입(2007년)

전국민 단일건강보험과 의약분업이 시행될 당시만 해도 정부는 네거티브 리스트제도(Positive List System)의 틀을 뒤바꾸는 시도조차 하지 못했다.

네거티브 리스트제는 보험에서 제외하고자 하는 의약품들을 '급여제외목록'으로 구분하고 나머지 약제는 자동으로 보험급여화시키는 체계로서, 이를 180도 전환하는 선별등재제도(포지티브 리스트)를 단행하자 보험약가제도는 일대 개혁이 이뤄진다.

포지티브 리스트제는 2006년 말 정부가 약제비적정화방안을 통해 신약 가격에 경제성평가를 도입해 비용효과성이 낮은 약제는 보험권에 진입 자체를 하지 못하도록 하는 약제급여 시스템이다.

이 제도로 신약 경제성평가 기전이 채택되면서 약가협상 기전이 동시에 도입된다. 보건복지부는 심사평가원에 등재 전 약제 적정성을 심의, 평가하도록 하고 이후 건보공단이 약가협상을 하도록 기관별 기능을 분배해 등재 문턱을 까다롭게 설정했다.

현재 정부와 학계는 모든 약가제도를 설계 또는 제안할 때 선별등재제도를 기본 프레임으로 고려하고 있다. 선별등재제도 시행 이전에 이미 네거티브로 등재된 약제에 대한 목록 정비도 가속화되고 있다.

■ 약가 일괄인하와 시장형실거래가(2012년)

정부는 제네릭의 의존도가 높고 신약개발 역량이 낮은 우리나라 제약산업의 선진화를 위해서 2012년 제네릭의 가격을 일괄적으로 인하하는 한편 혁신형 제약기업을 지정하여 집중지원하는 제약산업 선진화 정책을 시행했다. 이것은 국내 제약기업에게는 생존과 성장을 위한 적절한 대응방안을 모색하지 않을 수 없는 중요한 환경변화이며, 제약바이오산업을 국가 미래 성장동력으로 육성한다는 정부는 정책효과에 대한 명확한 근거를 확보하여 정책시행 지식을 축적하는 것이 필요한 시도였다.

약가 일괄인하제도는 종전 계단형 약가재평가 차등 산정 방식을 폐지하고 동일성분동일가격 원칙을 부여해 일정 상한가를 부여하는 게 기본 골자다. 기본 인하 비율은 제네릭의 경우 최고가 약제(오리지널) 상한가의 53.55%로 이른바 '반값 약가제'로도 불리고 있다. 이를 위해 정부는 기등재약 약가 재평가를 진행했다. 다만 퇴장방지의약품과 저가약, 희귀의약품과 안정공급을 위해 복지부장관이 별도로 정한 의약품은 대상에서 제외됐다. 제도 도입 이후 오리지널 제품 특허만료 후 1년 이내에는 제네릭은 특허만료 전 약값의 59.5%, 특허만료된 오리지널은 70%로 가격이 결정된다. 그 이후 제네릭과 특허만료 오리지널 모두 특허만료 전 약 값의 53.55%로 조정되게 된다. 이는 제네릭의 등재 속도를 빠르게 촉진하기 위한 정부 정책이다.

■ 약품비 적정관리 – 제네릭 약가개편과 계단식 평가제 부활(2019년)

발사르탄 사태로 의약품 질 평가를 허가·약가와 연계시키는 작업이 본격화됐다. 여기다 정부의 보장성강화로 인한 비용(재정) 절감 문제가 약값 지불 관리에까지 영향을 미쳤다. 품목허가와 보험약가를 연계하는 제네릭 의약품 약가제도 개편방안은 약가 차등화는 크게 식품의약품안전처의 허가제도 개편방안 연계와 제네릭 수에 따른 인하로 구분된다.

먼저 제네릭 산정 가격인 오리지널의 53.55%를 받기 위해서는 정부가 요구하는 기준 요건을 충족해야 한다. 요건은 자체 생물학적 동등성 시험 실시와 등록된 원료의약품 사용(DMF) 충족 여부가 관건이다. 2개 기준 요건을 모두 충족하면 현재와 같이(제네릭 등재 전) 원조(오리지널) 의약품 가격의 53.55%로 가격이 산정된다. 그러나 1개 또는 미충족할 경우 기준 요건 충족 수준에 따라 53.55%을 기준으로 0.85씩 곱한 가격으로 산정된다. 즉, 15%씩 깎이는 것이다.

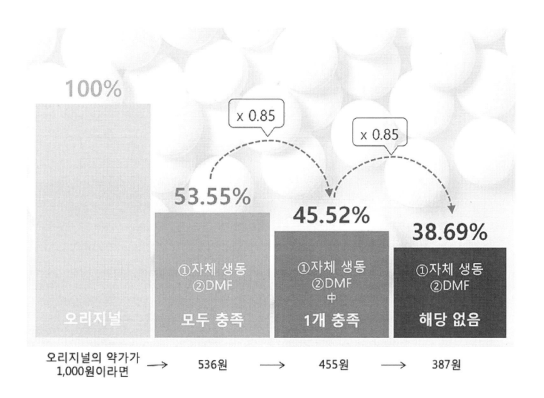

출처: 데일리팜

❚ 제네릭 약가개편 인하 방식

허가 연계와 별도로 인하되는 가격 기준, 일명 '커트라인제'도 도입된다. 등재 순서 21번째부터는 기준 요건 충족 여부와 상관없이 무조건 최저가의 85% 수준으로 약가가 산정된다. 정부의 제네릭 의약품 약가제도 개편방안은 제약기업의 책임성을 강화하고 제네릭 개발에 들어가는 소요 비용과 시간, 투자 보상을 차등화 하는 것이다.

■ 고가약 사후관리 – 종합 약제 재평가제도(2020년 이후)

정부는 최근 '국민건강보험 종합계획안'의 일환으로 '종합 약제 재평가제도'를 발표했다. 이는 주로 고가 일색인 신약을 타깃으로 한 재정 절감 대책이다. 임상 효능과 재정 영향, 계약 이행사항 등을 포함하는 종합적인 의약품 재평가로서 정부는 2020년에 개선안을 마련해 2021년부터 시범사업에 들어갈 계획도 세웠다. 이 기전은 임상시험 환경과 치료 환경이 달라 임상에서 도출된 약제 효과가 반감되거나 다른 경우, 보험자가 약값을 등재 가격에 맞춰 지불할 수 없다는 문제의식에서 비롯됐다.

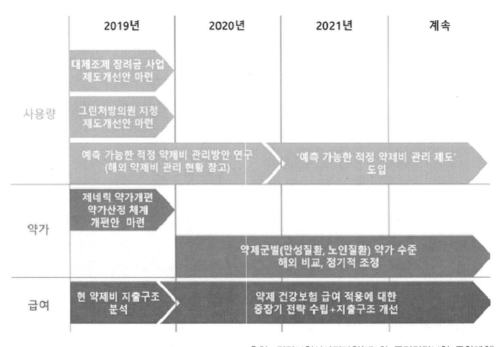

출처: 건강보험심사평가원(제1차 국민건강보험 종합계획)

▌약제비 적정 관리책(안)

　　등재 문턱을 낮춰 환자 접근성을 높이기 위한 여러 등재제도로 보험권에 진입한 약제들 특성에 맞춰 등재 유형별로 평가방식을 차등화 하고 단계적으로 추진하는 게 특징이다. 정부는 선별급여, 고가·중증질환 치료제, 조건부허가 약제·임상적 유용성이 기대보다 떨어지는 약제와 평가면제 등으로 보험권에 진입한 약제를 우선 검토, 적용하겠다고 했다. 이렇게 재평가 된 결과로 정부는 약가를 인하하거나 급여기준을 축소 조정, 더 나아가 퇴출하는 기전으로 급여목록을 정리할 방침이다.

용어정리

- **약가업무(Market Access)**: 제약사 내에서 약의 급여 등재, 약가 협상 업무(Pricing & Reimbersment)와 이를 뒷받침하는 경제성평가(PE; Pharmaco-Economics)를 담당하는 부서의 이름.

- **행위별수가제(FFS; Fee-For-Service)**: 의료기관에서 의료인이 제공한 의료서비스(행위, 약제, 치료재료 등)에 대해 서비스 별로 수가를 정하여 사용량과 가격에 의해 진료비를 지불하는 제도..

- **포괄수가제(DRG;Diagnosis Related Groups)**: 병원경영개선을 목적으로 개발된 입원환자 분류체계로 진단명, 부상병명, 수술명, 연령, 성별, 진료결과 등에 따라 유사한 진료내용 질병군으로 분류한다. 이때 하나의 질병군을 DRG라 한다.

- **최초등재제품**: 약제급여목록표에 해당 투여경로·성분·함량·제형으로 최초 등재된 제품을 말한다.

- **자료제출의약품**: 「약사법」, 「의약품 등의 안전에 관한 규칙」, 「마약류관리에 관한 법률」 및 같은 법 시행규칙, 「희귀질환관리법」에 따른「의약품의 품목허가·신고·심사규정」 제2조 제8호에 따른 안전성·유효성심사 자료제출의약품 및 「약사법」 및 「의약품 등의 안전에 관한 규칙」에 따른 「생물학적제제 등의 품목허가·심사 규정」(이하 "생물학적제제규정"이라 한다) 제2조제2호에 따른 자료제출의약품을 말한다.

- **개발목표제품**: 신청제품의 식품의약품안전처 허가를 위한 시험에서 비교대상으로 선택된 제품과 주 약리작용을 나타내는 성분이 같은 제품으로 기등재된 동일제제 중 최고가 제품을 말한다. 다만, 개발목표제품과 주 약리작용을 나타내는 성분이 같으면서 제형이 다른 제품도 등재되어 있는 경우, 성분 및 제형이 신청제품과 가장 유사한 제품의 동일제제 중 최고가 제품을 개발목표제품으로 하며, 유사도를 구별하기 곤란할 경우 등재일이 가장 빠른 제품의 동일제제 중 최고가 제품을 개발목표제품으로 한다.

- **개량신약**: 약사법, 의약품 등의 안전에 관한 규칙, 마약류관리에 관한 법률 및 같은 법 시행규칙, 희귀질환관리법에 따른 (의약품의 품목허가·신고·심사 규정) 제2조 제9호에 따라 식품의약품안전처장이 인정한 의약품으로서 단일제 및 복합제(개량신약 복합제)를 포함한다.

- **생물의약품**: 생물학적제제규정 제2조제9호에 따라 사람이나 다른 생물체에서 유래된 것을 원료 또는 재료로 하여 제조한 의약품으로서 보건위생상 특별한 주의가 필요한 의약품을 말하며, 생물학적제제, 유전자재조합의약품, 세포배양의약품, 세포치료제, 유전자치료제, 기타 식품의약품안전처장이 인정하는 제제를 포함한다.
- **동등생물의약품**: 생물학적제제규정 제2조제10호에 따라 동등생물의약품으로 식품의약품안전처장이 허가한 의약품을 말한다.
- **개량생물의약품**: 이미 허가된 생물의약품에 비해 다음 가목부터 다목까지의 어느 하나에 해당하는 제제학적 변경 또는 다음 라목에 해당하는 변경으로 이미 허가된 생물의약품에 비해 안전성·유효성 또는 유용성(복약순응도·편리성 등)을 개선한 것으로 식품의약품안전처장이 인정한 의약품을 말한다.
  가. 유효성분의 종류 또는 배합비율
  나. 투여경로
  다. 제형
  라. 명백하게 다른 효능효과를 추가
- **생물학적동등성시험**: 「약사법」 및 「의약품 등의 안전에 관한 규칙」, 「마약류관리에 관한 법률」, 「의약품동등성시험기준」에 따라 그 주성분·함량 및 제형이 동일한 두 제제에 대한 의약품동등성을 입증하기 위해 실시하는 생체 내 시험을 말한다.
- **외국임상자료**: 임상시험자료집 중 외국에서 얻어진 임상시험자료를 말한다.
- **가교자료**: 국내외에 거주하는 한국인을 대상으로 얻어진 시험자료로서 임상시험자료집에서 발췌하거나 선별한 자료 또는 가교시험으로부터 얻어진 자료를 말한다.
- **가교시험**: 의약품의 안전성·유효성에 관한 민족적 요인에 차이가 있어 외국임상자료를 그대로 적용하기가 어려운 경우 국내에서 한국인을 대상으로 가교자료를 얻기 위하여 실시하는 시험을 말한다.
- **생체이용률**: 주성분 또는 그 활성대사체가 제제로부터 전신순환혈로 흡수되는 속도와 양의 비율을 말한다.
- **생물의약품**: 사람이나 다른 생물체에서 유래된 것을 원료 또는 재료로 하여 제조한 의약품으로서 보건위생상 특별한 주의가 필요한 의약품을 말하며, 생물학적 제제, 유전자재조합의약품, 세포배양의약품, 세포치료제, 유전자치료제, 기타 식품의약품안전처장이 인정하는 제제를 포함한다.
- **생물학적 제제**: 생물체에서 유래된 물질이나 생물체를 이용하여 생성시킨 물질을 함유한 의약품으로서 물리적·화학적 시험만으로는 그 역가와 안전성을 평가할 수 없는

백신·혈장분획제제 및 항독소 등을 말한다.

- **유전자재조합의약품**: 유전자조작기술을 이용하여 제조되는 펩타이드 또는 단백질 등을 유효성분으로 하는 의약품을 말한다.
- **세포배양의약품**: 세포배양기술을 이용하여 제조되는 펩타이드 또는 단백질 등을 유효성분으로 하는 의약품을 말한다.
- **세포치료제**: 살아있는 자가, 동종, 이종 세포를 체외에서 배양·증식하거나 선별하는 등 물리적, 화학적, 생물학적 방법으로 조작하여 제조하는 의약품을 말한다. 다만, 의료기관 내에서 의사가 자가 또는 동종세포를 당해 수술이나 처치 과정에서 안전성에 문제가 없는 최소한의 조작(생물학적 특성이 유지되는 범위 내에서의 단순분리, 세척, 냉동, 해동 등)만을 하는 경우는 제외한다.
- **유전자치료제**: 병치료 등을 목적으로 인체에 투입하는 유전물질 또는 유전물질을 포함하고 있는 의약품을 말한다.
- **희귀의약품**: 적용대상이 드물고 적절한 대체의약품이 없어 긴급한 도입이 요구되는 의약품으로서 식품의약품안전처장이 지정하는 것을 말한다.
- **임상시험**: 「약사법」 및 「의약품 등의 안전에 관한 규칙」에 따라 의약품 등의 안전성과 유효성을 증명할 목적으로, 해당 약물의 약동·약력·약리·임상적 효과를 확인하고 이상반응을 조사하기 위하여 사람을 대상으로 실시하는 시험(생물학적동등성시험을 포함한다)을 말한다.
- **등록된 원료의약품**: 「약사법」 및 「의약품 등의 안전에 관한 규칙」, 「마약류관리에 관한 법률」 및 같은 법 시행규칙에 따라 식품의약품안전처장이 지정하는 원료의약품에 대하여 「원료의약품 등록에 관한 규정」에 따라 식품의약품안전처에 등록된 원료의약품을 말한다.
- **사용량 약가 연동제**: 약제급여목록 및 급여 상한금액표에 등재된 약제에 대하여 예상 청구액을 초과하거나 보건복지부장관이 정하는 비율이나 금액이상 증가한 경우 이미 고시된 약제의 상한금액을 조정하는 것을 말한다.
- **동일제품군**: 약제급여목록표상의 업체 명. 투여경로, 성분 및 제형이 모두 동일한 약제들을 말한다.
- **협상등재약제**: 공단과의 약가협상에 의하여 약제급여목록표에 등재된 약제를 말한다.
- **산정등재약제**: 약가협상에 의하지 않고, 약제급여목록표에 등재된 약제를 말한다.
- **청구액**: 요양급여비용 총액을 의미하며, 본인부담금의 청구분을 포함한다.
- **협상대상제외약제**: 보건복지부장관이 사용량 협상 대상에서 제외하여 협상을 명하지

않는 약제를 말한다.
- **재협상약제**: 약제의 결정 및 조정 기준 제8조 제2항 제4호에 따라서 재협상하는 약제를 말한다.
- **사전인하약제**: 요양급여기준 제13조 제4항 제2호 및 약제의 결정 및 조정 기준 제8조 제2항 제2호에 의하여 상한금액이 조정된 약제를 말한다.
- **예상청구액**: 요양급여기준 제11조의2 제8항에 따라 공단과 업체가 합의한 요양급여비용의 예상청구액을 말한다.
- **환급액**: 업체가 약제의 결정 및 조정 기준 제8조 제2항 제4호에 따라서 재협상하는 경우 협상이 지연된 만큼의 재정 지출분에 대하여 공단에 환급해야 하는 환급액과 이에 대한 금융비용을 포함한 금액을 말한다.
- **금융비용**: 재협상약제의 협상이 지연된 기간 동안 발생하는 이자 등을 보전하기 위하여 그에 상응하여 공단이 업체에 징수하는 비용을 말한다.
- **생물학적동등성 시험(bioequivalence test)**: 임상 시험의 일종으로 주성분이 전신순환 혈에 흡수되어 약효를 나타내는 의약품에 대하여 동일 주성분을 함유한 동일 투여경로의 두 제제가 생체이용률에 있어서 통계학적으로 동등하다는 것을 입증하기 위해 실시하는 시험을 말한다.
- **주성분**: 의약품의 효능·효과를 나타낸다고 기대되는 주된 성분으로 일반적으로 의약품의 허가 사항에 주성분으로 기재되는 성분.
- **유효성분**: 주성분에서 의약품의 효능·효과를 나타내는 부분. 예를 들어, 주성분이 실데나필시트르산염인 경우 유효성분은 실데나필을 의미함.
- **위임형 후발의약품**: 신약(오리지널 의약품, 브랜드 의약품)의 제약사에 의해 직접 또는 위탁생산되어 신약과는 다른 이름이나 포장으로 판매되는 의약품
- **공동생동**: 여러 제약회사가 모여 비용을 공동 지불해 생동성 시험을 실시하는 것으로, 생동성이 인정되면 이 중 한 회사가 의약품을 제조해 각각의 회사에 공급하게 된다. 이 때 각 회사는 생동성 시험에 드는 비용의 1/n을 지불하기 때문에 단독 생동보다 비용 부담이 줄어들게 된다.
- **위탁생동**: 위탁제조를 의뢰할 때 해당 품목이 이미 생동성 시험을 통과한 약이라면 위탁제조된 약에 대해서 별도의 생동성 시험 없이도 생동성을 인정해주는 것. 이 때 두 약은 같은 제조사가 제조하는 똑같은 약이지만 각자의 회사에서 다른 이름으로 판매된다. 공동생동과 위탁생동은 같은 제조사에서 만든 약을 여러 회사가 다른 이름으로 판매할 수 있게 된다는 공통점이 있지만, 공동생동은 개발단계(생동성 시험)

에서부터 여러 회사가 함께 참여하는 반면 위탁생동은 일반적으로 이미 개발된(생동성 시험을 통과한) 약에 대한 위수탁이 이뤄진다는 점에서 차이가 있다.

- **의약품특허권**: 품목허가를 받은 의약품에 관한 특허권.
- **USPTO(US Patent and Trademark Office)**: 미국특허청.
- **품목허가**: 약사법 제31조 제2항 및 제3항에 따라서 제조업자 등이 제조하거나 위탁 제조한 의약품을 판매하려는 경우 또는 법 제42조 제1항에 따라서 수입을 하려는 경우 식품의약품안전처장에게 품목별로 신청하여 받는 제조판매·수입 품목허가
- **특허관계 확인서**: 등재의약품의 안전성·유효성 자료를 근거로 의약품등의 제조판매·수입 품목허가를 받으려는 자가 품목허가 신청시에 제출하여야 하는 등재특허권과 품목허가신청 의약품의 관계에 대한 확인서로 의약품 등의 안전에 관한 규칙 제4조 및 별지 제5호 서식으로 규정하고 있음.
- **의약품 특허목록**: 식품의약품안전처장이 품목허가 또는 변경허가를 받은 자료부터 등재 신청을 받은 의약품에 관한 특허권을 등재하여 관리하는 의약품 특허목록으로 인터넷 홈페이지(http://nedrug.mfds.go.kr)에 공개됨.
- **등재사항**: 약사법 제50조의2제4항에 따라 특허목록에 등재된 사항. 의약품의 명칭, 특허권등재자·특허권자등의 인적사항, 특허번호, 특허권의 설정 등록일 및 존속기간 만료일, 특허청구항 등을 포함함.
- **물질에 관한 특허**: 의약품에 포함된 성분에 관한 특허로, 염, 수화물을 포함하는 용매화물, 이성질체, 무정형, 결정다형에 관한 특허가 이에 포함될 수 있음.
- **제형에 관한 특허**: 주사용, 경구 등 제형(제제)의 특수성 등을 이용하여 의약적 효과를 증대시키는 내용에 관한 특허.
- **조성물에 관한 특허**: 의약품 주성분을 조합한 복합제 또는 의약품과 첨가제의 조합을 통한 처방에 관한 특허.
- **의약적 용도에 관한 특허**: 의약품의 효능·효과, 용법·용량, 약리기전 등에 관련된 특허.
- **등재특허권**: 특허목록에 등재된 특허권.
- **등재의약품**: 특허목록에 의약품특허권이 등재된 의약품.
- **통지의약품**: 등재의약품의 안전성·유효성에 관한 자료를 근거로 품목허가 또는 변경허가를 신청하고, 그 신청사실을 특허권등재자와 등재특허권자등에게 통지한 의약품.
- **특허권등재자**: 품목허가 또는 변경허가를 받은 자로서, 의약품특허권의 등재를 신청하여 특허목록에 의약품특허권을 등재받은 자.
- **등재특허권자등**: 특허목록에 등재된 의약품특허권의 특허권자 또는 전용실시권자.

- **안전성·유효성 자료**: 약사법 제31조 제10항에 따라 신약 또는 식품의약품안전처장이 지정하는 의약품에 관하여 품목허가 또는 품목신고를 받기 위하여 제출하여야 하는 안전성·유효성에 관한 자료를 가리키며, 구체적인 제출자료는 의약품 등의 안전에 관한 규칙 제9조 및 식품의약품안전처장의 고시에 규정하고 있음.

- **(품목허가 등 신청사실의) 통지**: 등재의약품의 안전성·유효성에 관한 자료를 근거로 의약품의 품목허가 또는 효능·효과에 관한 변경허가를 신청한 자가 등재특허권이 무효이거나 품목허가를 신청한 의약품이 등재특허권을 침해하지 않는다고 판단할 경우에 품목허가 등을 신청한 사실과 신청일, 판단의 근거 등을 특허권등재자와 등재특허권자등에게 통지하는 제도.

- **판매금지**: i) 식품의약품안전처장이 등재특허권자등의 신청을 받아 통지의약품에 대하여 등재특허권자등이 통지를 받은 날로부터 9개월간 판매를 금지하는 처분 또는 ii) 식품의약품안전처장이 우선판매품목허가를 받은 의약품과 동일하고, 등재의약품과 유효성분이 동일한 의약품에 대하여 최초로 우선판매품목허가를 받은 의약품의 판매가능일로부터 9개월간 판매를 금지하는 처분.

- **동일의약품**: 주성분 및 그 함량, 제형, 용법·용량, 효능, 효과가 동일한 의약품.

- **우선판매품목허가**: i) 우선판매품목허가를 신청하는 의약품과 동일의약품이면서 ii) 등재의약품의 안전성·유효성에 관한 자료를 근거로 품목허가 또는 변경허가를 신청하는 의약품으로서 iii) 등재의약품과 유효성분이 동일한 의약품의 판매가 일정기간 동안 금지되어, 우선하여 의약품을 판매할 수 있는 허가.

- **NDA(New Drug Application)**: NDA는 미국 식품의약품청이 미국에서 신약 판매허가를 승인받기 위해 의약품 의뢰자가 취하는 공식 단계이다.

- **ANDA(Abbreviated New Drug Application)**: 미국 식품의약품청에 제네릭의약품 시판허가신청을 하는 단계이다. 제네릭의약품은 이미 FDA의 시판허가 승인을 받고 시장에 나와 있는 신약과 동일한 유효성분, 함량, 제형, 용법, 효능이 동일한 의약품이므로 ANDA에서는 신약의 안전성과 유효성을 동일하게 가지는 것으로 전제하고 제네릭의약품이 대조약목록의약품(Reference Listed Drug)과 생물학적 동등성함을 입증하는 자료만을 요구한다.

- **NCE(New Chemical Entity Exclusivity)**: Hatch-Waxman Act는 새로운 화학성분(Active Drug Moiety)을 포함한 신물질에 대해 FDA 시판허가 승인일로부터 5년간 시장독점권과 자료독점권을 부여할 수 있도록 규정한다. 5년 NCE 자료독점권은 신물질과 같은 제네릭의약품의 ANDA 신청접수는 신약의 시판승인이 허가된 날

로부터 5년간 거부한다는 것이다.

- **역지불합의**(Pay for Delay): 신약특허권을 가진 오리지널 회사와 제네릭의약품 회사가 특허분쟁을 취하하고 경쟁하지 않기로 하는 대신 경제적 이익을 제공하면서 합의하는 것. 오지지날 품목을 가진 다국적회사가 국내회사에 제넥릭품목 판매지연을 조건으로 Co-promotion하는 행위 등을 말한다.
- Dipeptidyl Peptidase-4 (DPP-4) Inhibitor: 혈당을 낮춰주는 GLP-1을 분해하는 효소인 DPP-4를 억제하여 GLP-1의 작용기간을 연장하여 당뇨병을 치료하는 약물.
- SGLT-2 (Sodium/Glucose Co-transporter 2) inhibitor: 신장에서 포도당의 재흡수에 관하여는 나트륨/포도당 공동수송체-2)를 선택적으로 억제하여 소변으로 포도당 배출을 증가시켜 혈당 상승을 억제한다.

참고문헌

· 임형식, 2018, 제약바이오산업현장, 내하출판사
· 임형식, 2020, 의약품 인허가의 현장, 내하출판사
· 임형식, 2020, 제약영업마케팅의 현장, 내하출판사
· 건강보험심사평가원, 2018, 2017년 진료비통계지표
· Brian Klepper, 2013, Getting Beyond Fee-For-Service, Medscape Connect's Care and Cost Blog
· 건강보험 행위 급여·비급여 목록표 및 급여 상대가치점수(보건복지부 고시 제2020-331호)
· 고신정, 2011, 신포괄수가 시범사업 확대...초음파 등 급여화, 의협신문 (http://www.doctorsnews.co.kr/news/articleView.html?idxno=71744)
· Henry Kotula, 2017, Cartoon - Fee for Service Healthcare
· 보건복지부, 2020, OECD Health Statistics 2020
· 이재원, 2020, 내년도 의원급 초진진찰료 330원 오른다, 의학신문 (http://www.bosa.co.kr/news/articleView.html?idxno=2127959)
· 대한의사협회 의료정책연구소, 2020, 주요국 의원급 의료기관 진찰료
· 강건택, 2020, 코로나 두려워말라고?···트럼프 같은 치료받으면 1억원 훌쩍, 연합뉴스 (https://www.yna.co.kr/view/AKR20201008005500072)
· 송재훈, 2020, 건강보험 진료비 중 약품비 비중 하락, 23%대 근접, 의약뉴스 (http://www.newsmp.com/news/articleView.html?idxno=207420)
· 최윤정, 최상은, 2010, 보험약가 상환방식 연구, 건강보험심사평가원, p.53
· 김혜린, 이의경, 2015, OECD 국가 대비 우리나라의 신약 가격수준 비교분석, 성균관대학교
· 이태진 외, 2014, 제약산업정책의 이해, 한국보건산업진흥원
· 김병호, 2020, 문재인케어 신약 보장성 강화하려면 약가 제도 개선 필요, 매일경제 (https://www.mk.co.kr/news/it/view/2020/09/988382/)
· 강희정, 보건복지포럼 2016. 건강보험제도의 현황과 정책과제
· 한국보건산업진흥원, 2014, 의료자원 통계 핸드북
· KPMA Brief, 2016. 01. Vol. 07, 한국제약협회정책보고서
· KPBMA Brief, 2016. 12. Vol. 10, 한국제약협회정책보고서
· KPBMA Brief, 2020. 04. Vol. 20, 한국제약협회정책보고서
· KPBMA Brief, 2020. 12. Vol. 21, 한국제약협회정책보고서
· KPBMA, 2020. 12. 제약바이오산업 DATABOOK 통계자료

- Seung-Lai Yoo, 2020, 중앙대학교, 신약에 대한 환자의 접근성 향상을 위한 한국의 약가정책평가(2007-2018)
- 병원약사회지, 2014, Vol. 31, No. 6, 1044 ~ 1053.
- 한국다국적의약산업협회, 2016, 제약산업발전과 환자접근성 향상을 위한 약가제도 개선 방안
- 국민건강보험공단 공고 제2015-40호(2015.06.04), 약가협상 지침 및 사용량 약가 연동제
- 식품의약품안전처, 2017, 의약품 허가,심사 절차의 이해. 의약품 가이드북 시리즈1
- 국민건강보험공단, 2019년 건강보험 주요통계자료
- 국민건강보험공단, 2020.10. 8, 공고 2020-제7호, 위험분담제 약가협상 세부운영지침
- 식품의약품안전처고시, 2020, 제2020-36호, 의약품의 품목허가·신고·심사 규정.
- 한국임상약학회지, 2018. 제28권 제2호 124-130
- 한국보건사회연구원, 2014, 제222호, 보건복지 Issue & Focus
- 건강보험심사평가원, 2019, 급여의약품 청구현황
- OECD, 2018, Health at a Glance 2018
- 건강보험심사평가원, 신약 등 협상대상 약제의 세부평가기준
- 한국보건사회연구원, 2019, 사회보장제도 노인건강분야 기본평가
- 건강보험심사평가원, 사용범위 확대 약제 약가 사전인하제도
- 한국바이오의약품협회, 2018, 바이오의약품 산업동향 보고서
- 보건복지부 보도자료, 2013.9.16. 사용량-약가 연동제 등 약가 사후관리 개선
- 보건복지부 보도자료, 2016.7.7. 약가 개선·의료기기 신속 제품화로 글로벌 시장진출
- 보건복지부 보도자료, 2019.3.28. 제네릭 의약품 약가제도 개편방안
- 보건복지부 보도자료, 2019.7.2. 건강보험 보장성 강화대책 2년간의 성과 및 향후 계획
- 정재철, 2012, 건강보험료 부과체계의 문제점과 개선방안, 민주정책연구원
- 건강보험심사평가원, 2018, 약제비 본인부담 차등제
- 가천대학교 산학협력단, 2019, 외국약가 참조기준 개선방안 연구
- 국민건강보험공단, 2020, 2019 노인장기요양보험통계연보
- 김혜린, 이재현, 2013, 사용량·약가 연동제 시행 주요 외국의 현황 조사·연구, J Health Tech Assess 2013;1:61-68
- 강예림, 2017, 우리나라의 건강보험 약가 사후관리제도 고찰 및 발전 방안, 약학회지 제61권 제1호 55~63
- 한국보건경제정책학회, 2020, 정부의 '약가제도 개편 및 혁신형 제약기업 지원' 정책의 효과성 연구, vol.26, no.1, pp. 1-39.
- 한국다국적의약산업협회, 2016, 제약산업발전과 환자접근성 향상을 위한 약가제도 개선 방안
- 유미영, 2014, 신약 등의 경제성평가 활용과 약가제도 변화, 병원약사회지, 제31권 제6호, 1044~1053.

- EvaluatePharma, 2019, World Preview 2019, Outlook to 2024
- 감성균, 2020.02.29., 약가제도 개편 무엇이 바뀌고, 어떻게 준비해야 하나, 약사공론 (https://www.kpanews.co.kr/article/show.asp?page=1&idx=211278)
- 건강보험심사평가원, 2017, (보도자료)´17년 상반기 건강보험 진료비 33조 9,859억 원 … 9.2% 증가
- 김정주, 2020, [2020 10대뉴스] ④제네릭 약가개편 시장 왜곡 '파장', 데일리팜 (https://www.dailypharm.com/Users/News/NewsView.html?ID=271590)
- 최은택, 2020.03.02., 생동시험 약가차등제 확정...예정대로 7월 시행, 뉴스더보이스헬스케어 (http://www.newsthevoice.com/news/articleView.html?idxno=10451)
- 신성태, 2007, 성분명 처방제의 문제점, 대한내과학회지, 제73권 부록2호

의약품 약가정책의 현장

발행일 | 2021년 3월 11일

저 자 | 임형식
발행인 | 모흥숙

발행처 | 내하출판사
주 소 | 서울 용산구 한강대로 104 라길 3
전 화 | TEL : (02)775-3241~5
팩 스 | FAX : (02)775-3246

E-mail | naeha@naeha.co.kr
Homepage | www.naeha.co.kr

ISBN | 978-89-5717-532-3 (93320)
정 가 | 20,000원

ⓒ 임형식 2021

* 책의 일부 혹은 전체 내용을 무단 복사, 복제, 전제하는 것은 저작권법에 저촉됩니다.
* 낙장 및 파본은 구입처나 출판사로 문의주시면 교환해 드리겠습니다.